LE CHRIST PHILOSOPHE

FRÉDÉRIC LENOIR

フレデリック・ルノワール

哲学者キリスト

田島葉子 ❖ 訳

トランスビュー

TRANSVIEW

哲学者キリスト＊目次

序　大審問官と対面するイエス

第一章　イエスの物語と歴史上のイエス

第二章　キリストの哲学

第三章　キリスト教はいかにして誕生したか

第四章　キリスト教社会

第五章　キリスト教ユマニスムから無神論ユマニスムへ

第六章　近代世界の母胎

第七章　キリスト教の何が残されたのか

むすび　サマリアの女と対面するイエス

装幀　高麗隆彦

カバー装画＝クロード・メラン作「聖顔」（一六四九）
鼻の頭からただ一本の線によって彫られている。

哲学者キリスト

本文中の〔　〕は訳者による註である。

序　大審問官と対面するイエス

無言の接吻

「この話の舞台はスペインのセビリア、異端審問がもっとも苛烈に行なわれていた時代で、神の栄光のために毎日のように火刑台の薪が燃えさかっていた」、という前置きとともに、ドストエフスキーの名作『カラマーゾフの兄弟』の「大審問官」のエピソードが始まる。ドストエフスキーのキリスト教信仰には理解を示さなかったフロイトも、この小説には「今までに書かれたどの名作よりも人を圧倒する力があり」、「大審問官」の話を「世界文学史上、最高傑作の一つ」[1]と称賛している。

およそ二十ページのこの挿話の中で、ドストエフスキーは、十六世紀のセビリアに再来したキリストの伝説を語っている。キリストは人目を引かないように、そっと姿を現わした。だが不思議なことに、誰もが彼だとわかっていた。「無言で、限りない慈愛の微笑みをたたえて、キリストは群衆に囲まれながら進んでいく。彼の心は愛に燃え、眼から溢れ出る光と英知と力は四方に広がり、人々の心に愛を呼び起こす」。民衆はまるで吸い寄せられるように、歓喜に包まれて彼の後についていく。そしてカテドラル前の広場にやって来たキリストは、埋葬されるばかりになっていた死んだ少女を蘇らせる。

大審問官である枢機卿が現われたのは、その時である。彼は当地を支配し、この広場ですでに百人に及ぶ異端者を火あぶりの刑に処していた。「齢九十にもなろうという大柄な老人で、顔はやせ細り目は落ちくぼんでいたが、その瞳はいまだ鋭い光を放っていた」。老人はすべてを目撃した。男の登場と、歓喜する群衆と、奇跡の一部始終を見ていた。彼はその男を逮捕するよう命じる。「大審問官の権力はきわめて強大だったので、民衆は服従することに慣れ、いつも恐ろしさに震えながら、大審問官の命令に従っていた。だから彼の手下である警官たちが近づくと、群衆はすぐに道を開けた」。

囚人となった男は、宗教裁判所の建物の狭い独房に閉じ込められた。夜が更けたとき、大審問官が一人で牢獄にやって来て、囚人に対面する。「お前か、お前なのか」と荒々しく呼びかけ、「どうして我々の邪魔をしに来たのだ」と迫る。囚人は何も言わず、ただじっと老人を眺めている。そこで老人は、「かつて「あなた方を自由にしてあげたい」としきりに言っていたのは、お前ではなかったか」と切り出す。「ところがどうだ！　ここでお前が目にしたのが、その「自由な」人々なのだ」と皮肉っぽく付け加えると、険しい目でキリストを見つめながら続けた。「そうだ。そのために我々は多くの代償を払ってきたのだ。……しかし今、ついに我々がお前に代わって、この偉業を成し遂げた。……覚えておくがいい。人類は今日、過去のどの時代にも味わったことのない自由を手にしている。それなのに彼らはその自由を、自分たちに与えられた自由を、うやうやしく我々の足下に捧げたのだ」。

それから枢機卿はイエスに向かって、「お前は悪魔の三つの誘惑を決して退けるべきではなかった」と説く。それは「（神の子なら）石をパンに変えてみよ」、「神殿の頂から飛び降りてみよ、天使たちが支えてくれるだろう」、「世界の全王国に君臨することを受け入れよ」（マタイ四章一―一一）という、イエスを試した悪魔の誘いである。これを「退けるべきではなかった」というのは、「奇跡、神秘、権威という三つの力だけが人間の良心を魅了し、支配できるからだ」と続ける。「そしてお前は何も持たず、手ぶらで世に出ることを望み、人々に自由について説き明かす。だが人間たちはその自由を、生来の無知と愚かさゆえに理解することができない。自由は人々を怖がらせる。なぜなら人間とその社会にとって、これほど耐え難いものはなく、過去にもこれほど耐え難いものはなかったからだ。……だから、この自由という賜物を譲り渡せる相手をできるだけ早く見つけ出すこと、人間にとってこれほど痛切な願望はない。……この点でもまた、お前は人間というものを買いかぶりすぎていた。彼らは所詮、奴隷にすぎないのだ。……我々はお前の業績を、奇跡と神秘と権威に基づいて立て直した。人々は再び羊の群れのように導かれ、あれほど苦悩の原因になっていた忌まわしい賜物から解放されて、ほっと安堵している。……明日お前は、私の合図一つで、この従順な羊の群れが火刑台に集まって、燃える薪をくべるのを見るだろう。我々の仕事を妨げに来たという罪で、お前が火あぶりになるのだから」。

大審問官は口をつぐんだ。そして興奮と苛立ちを覚えながら、囚人の返答を待った。囚人は何時間もの間、穏やかだが射るような眼差しで相手を見つめながら、じっと話を聴いていた。「老人は彼に、たとえ辛辣で我慢できない言葉であっても、何か言ってもらいたかった。すると突然、囚人はものも言わずに九十歳の老人に近づき、その血の気のない唇に接吻した。それが答えのすべてだった。老人は身震いし、唇を痙攣させた。それから戸口の方へ行き、ドアを開けて言った。「出て行け、もう二度と戻ってくるな……絶対だぞ！」。そうして囚人は放たれ、町の暗闇の中に姿を消した」。

価値の転倒

この大審問官の話は、キリスト教の歴史に実際にあった事柄を、物語ふうに語ったものである。それは福音の価値の根本的転倒という事実だ。ドストエフスキーがここで浮き彫りにしようとした最大の問題は、キリスト教会が人間の弱さを口実にして、己の権力を安定させるため、キリストの教えを切り捨てたことである。キリストが打ち克った悪魔の誘惑に、教会という組織が屈したことを露わにしようとしたのである。教会組織は長い歴史を経る間に、人々が何よりも求めていた奇跡と神秘と権威をもたらすことで、しだいに人間の良心を支配しようとする欲望に囚われていった。別の言い方をすれば、パンの奇跡（人間を養い、その根源的欲求に応える）、自らの合法性を確立し強固にする玄義（教義）、秩序をもたらす確固たる権力という三つの形で、人間たちに安心感を与えた。そうすることで人々の賛同を得た教会は、彼らの幸福のために行動しているという確信をもって、その自由な良心を奪ったのである。

ドストエフスキーが考え出したキリストの対話者の設定は、明らかに中立的ではない。というのは、そもそも「異端審問」は信じがたい腐敗であり、福音書の教えとは正反対の、原始キリスト教会の草創期には考えも及ばなかった退廃にほかならないからだ。教会という組織は、長い時代を経て徐々に腐敗していったのである。人々を拷問にかけて死に至らせる行為も、「人々の益のために」と、キリスト教的愛の名において行なわれた。

いうまでもなく、キリスト教の歴史は、異端審問の火刑のような腐敗がすべてではない。強制的改宗、広大なローマ教皇領、十字軍、ルネサンス期の教皇たちの放蕩三昧、ガリレオの有罪判決、ユダヤ教徒と異教徒の虐殺、今日の小児性愛問題など、多くの退廃の例が挙げられたとしても、それらが歴史のすべてを語っているわけではない。キリスト教の歴史はまた、貧しい人や病人の受け入れ施設を設立した司教たち、信仰放棄を拒否した殉教者たち、すべてを捨てて世界のために祈ってきた修道士たちの歴史でもある。さらにまた、らい病患者を抱擁し、恵まれない人々のために命を捧げた聖人たち、カテドラルの建設に携わった人たち、信仰から霊感を得て数々の芸術作品を生み出した人たち、学校や診療所を創設した宣教師たち、大学を創立した神学者たち、そして善行によって信仰を実践する純朴な無数の信者たちの歴史でもある。これらについては本書で後に取り上げたい。

だが、キリスト教徒と教会がこの世で施したあらゆる善徳を以てしても、五世紀間にわたり合法的に実施されていた宗教裁判の悪行による汚名と不信感は、決して拭い去ることができない。権力を目当てにしたこういう価値の転倒——善を「悪」と呼び、悪を「善」と呼ぶ——は許しがたく、「私もしくは私の信奉するイデオロギーにとって、お前は危険分子なので死んでもらおう」と言って殺人を犯す者よりも凶悪である。独裁体制や全体主義体制は、いつの時代も常に憎むべきものなのだ。古代ギリシャ・ローマの人々は、都市を守る神々や皇帝たちへの崇拝を拒む者を迫害した。イスラムの征服者はイスラム法に従おうとしない異教徒たちを侮辱し、殺害することを厭わなかった。ヒトラーは何百万というユダヤ人を、人種的動機からためらいもなく抹殺し、彼らの人間性を全否定した。さまざまな全体主義と不寛容の犠牲者を挙げると、長いリストになる。しかし、異端審問には特有の倒錯がある。「霊魂の益のために」と言って肉体に激しい苦痛を与え、「自由の保護」という名目で人々の良心を侵す、という道徳的倒錯である。

キリスト教徒による痛烈なキリスト教批判

このような極度の堕落という問題が起こり得たのは、共同体の拠り所となったキリストのメッセージが、比類のない精神の高みを教示していたからだろう。非力な人間たちに、目がくらむほど高い頂によじ登るよう促したがゆえに、キリスト教は底知れない深淵にはまり込むことになったのだと思う。中世の格言にあるように、「最善の堕落は最悪である」。異端審問の例がインパクトを与えるのは、二律背反の関係にある二者が対峙しているからである。一方は、個人の選択の自由を絶対的なものとし、集団や因習の抑圧から個人を解放しようとしたキリストの革新的なメッセージであり、もう一方は、集団と因習がもたらす利益を守るために、個人の内的自由を否定するに至った教会の習わしである。

こうした根源的倒錯の例は、キリスト教の歴史で特異なことではなかった。教会は拠り所にしていたキリストの要求に対し、単に応えられなかったのでも、的外れだったのでもない。また、厳しすぎる要求をただ軽減し、見直し、緩和したわけでもない。いくつかの本質的な点で、組織としての教会がメッセージを完全に裏返したのだ。価値を転倒させたのである。

それを最も的確に指摘し、断固たる決意で暴き出したのは、無神論の先駆者ではなく……確信に満ちたキリスト教徒だった。その理由は単純である。彼らこそ福音書のメッセージをよく知っていたからである。教えの深遠さに感服し、その妙味を解していた彼らだからこそ、このような倒錯には他の誰よりも敏感に反応し、熱意のないキリスト教徒や非キリスト教徒、あるいは無神論者以上に心を痛めていたのである。

そのうちの一人が、デンマークの哲学者セーレン・キルケゴールである。辛辣な批判を行なう独創的な思想家として知られる彼は、何よりもまず熱心なキリスト教徒で、自らの生活と信仰を一致させようと試みた、苦悩する信仰者だった。彼は「私にはキリスト教徒の資格がない」と言明したが、それほどまでに自身の信仰の足りなさを痛感していたのである。私の知る限りでは、キルケゴールほど教会に対する手厳しい批判の文章を書いた人は、リベルタン（無信仰家）や無神論哲学者、反教権主義の自由思想家の間にさえほとんどいない。

一八一三年にデンマークのプロテスタントの家庭に生まれたキルケゴールが、最初に批判の目を向けたのは教会に対してである。いつも間近に見て、その因襲を知り尽くしていたからだ。しかし、彼の攻撃はデンマークのプロテスタント教会を超えて、教会という組織全体に及び、その後、キリスト教がローマ帝国の国教となった四世紀以降の西欧社会にまで広がった。彼によれば、世俗権力とのこの最初の妥協以来、「キリスト教世界」つまり教会の庇護のもとでキリスト教化した西欧社会は、新約聖書のメッセージに背を向け続け、それによって真のキリスト教が完全に変質することになったのだ。キルケゴールはキリスト教世界を非難するのに、「この犯罪[2]」、「この錯覚[3]」、「この虚偽[4]」、「この気の抜けたソーダ水[5]」、「この胸がむかつくような恋愛遊戯[6]」という辛辣な言葉を吐いているが、それでもまだ不十分だと感じていた。

「教会が語ること、行なうことは、キリスト教が語ること、行なうことである」と錯覚し続けてきた教会は、そのために真のキリスト教を、人々には理解できないもの、近づき難いものにしてしまった。真のキリスト教を隠蔽したのである。キルケゴールは、「神に反逆する人類がキリスト教の支配を揺るがしたとしても、この欺瞞と比べれば、はるかに有害性は低いだろう。教会は自らの勢力をスムーズに拡大するため、キリスト教を抹殺しようとした[7]」とも書いている。彼は、教会のこの欺瞞は聖職者に責任があると非難しているが、無数の信者たちに対しても同様に手加減はしない。彼らは聖職者たちの背信に平然と加担することで、嘘の片棒を担いでいたからである。

しかしながら、教会が抱えるこの根深い矛盾も、礼拝での説教を聖書の言葉に照らし合わせれば容易にわかり、あきれて笑いたくなるほどだ。「豪華絢爛たる大聖堂に、誠に尊く敬うべき最高位の宮廷付き説教師様が姿を現わす。大勢の中から選ばれたその人は、選ばれたエリートの中からさらに選ばれた一団の前に現われ、自分自身で選んだ聖書の一節について感動をこめて説教する。「神は世間で侮《あなど》られた謙虚な者を選ばれた」という一節である。——しかも誰一人として笑わない！」(8)。

キルケゴールはこの価値転倒の理由説明として、「人間に立ったままでいることを要求するキリストの教えの、耐え難いほどの厳しさ」を挙げている。「キリスト教世界とは所詮、人類が四つん這いに戻ろうして、キリスト教を厄介払いするために奮闘しているだけのものだ」(9)。聖書の教えは、頭脳明晰で勇気があり、辛いことでも進んで引き受けられる人にしか実践できないので、大勢の人を改宗させようとするのは、明らかに無駄であり有害でさえある。キルケゴールが、幼児洗礼という慣行に断固として反対している理由はそこにある。彼はそれゆえ、原始キリスト教徒たちが皆、改宗した成人であり、信仰の道の厳しさを自覚していたことを想起している。すべての人に開かれてはいるが、辛く困難な道なのである。

キリスト教を退廃させたもの、それはあまりにも急速な発展と普及であった。このような視点で考えてみると、コンスタンティヌス一世、テオドシウス一世、クローヴィス一世、そしてカール大帝〔いずれもキリスト教の擁護者〕は、キリスト教徒を迫害してきたローマ皇帝たち以上に、真正なキリスト教に害を及ぼしたことになる。迫害した皇帝たちは、かえってキリスト教徒の信仰を強め、キリストの教えをいっそう忠実に守らせることになった。「キリスト教は広く伝播し、名ばかりの信者を増大させることで凋落したが、信者の膨大な数が、キリスト教徒の不在とキリスト教の非実在性を覆い隠している」(10)。

当然のことながら、キルケゴールのこの主張は諸教会を憤慨させた。だが同時にそれは、この百五十年間、キリスト教の思想家の間に静かな波紋も呼んできた。最近では、キリスト教のもう一人の自由電子ともいうべきジャック・エリュール（一九一二―一九九四）が、再び同じような批判を行ない、こうした倒錯がどのようにして起きたかを、より詳しく解明している。この型破りな知識人は、法学者であると同時に歴史学者、神学者、社会学者であり、キルケゴールと同じくプロテスタントの家庭に生まれた。早くも一九五〇年代に、科学技術を盲信するイデオロギーを告発し、その重大な影響、とりわけ環境破壊に警告を発した先覚者たちがいたが、その一人がジャック・エリュールである。

聡明な信徒としてキリスト教に主体的に関わってきた彼は、一九八四年に『キリスト教の崩壊』という、この上なく露骨な表題の試論を出している。作品全体を一貫して流れるテーマは、キリスト教に対する次のような疑問である。「キリスト教社会と教会の発展によって、聖書に書かれた動かしがたい真理、モーセ五書、ユダヤの預言者たち、イエスやパウロらが教えている共通の内容に、ことごとく反する社会、文化・文明が生み出されたのはなぜか。矛盾はある一点ではなく、あらゆる点で生じたのだ」(11)。

エリュールは、「キリスト教が歴史を経て一介の宗教または道徳規範と化し、さらには権力機関となって自らを肥やしたからだ」と説く。福音書のメッセージは、宗教や道徳、権力や金銭について、既成の価値観を根底から覆したが、今度は教会組織が、原初のメッセージにそむくことで、キリスト教の価値観を覆したのである。

キリスト教を、他の多くと同じような宗教（その祭儀と教義によって）、そして普通の道徳規範（義務と服従を課す点で）に引き戻した教会組織は、権力と富に引きずられて堕落していった。エリユールはキリストの教えの根源的新しさが、いかに忘れ去られ、正反対のものに変質したかを明らかにすることで、キルケゴールが始めた批判の仕事を完遂した。そのような変質が起こってからは、原初の聖句を知らない人々にとって、キリスト教は解読できないものとなった。そしてそれが、私がこの本を書きたいと思った理由の一つである。

イエスはなぜ死んだか

私が福音書と出会ったのは十九歳の時である。書物を通して大哲学者たちに触れ、自分の思想を形成し始めた時期だった。それまではキリスト教について知っていることといえば、カトリック教育のおぼろげな記憶と、歴史に残る諸々の乱行ぐらいだった。私の中に、先祖たちの宗教をもっと深く知りたいという気持ちが起こらなかったのも、その歴史的過ちが原因であったと思う。仏教ならまだしも、よりによってキリスト教など！……だから『ヨハネ福音書』の発見は、私にとって目が眩むほどの驚異であり、メッセージの現代性と普遍性への開眼でもあった。そのスケールの大きさは、キリスト教が誕生し発展した文化的背景を、はるかに超えるものだった。その時から福音書は、私の人生に寄り添う座右の書となった。哲学と宗教史を学び始めて三十年になろうとしているが、福音書ほど奥が深く、人間性に溢れ、心を強く動かす文章には、めったに出会ったことがない。

キリスト教に対する的を射た痛烈な批判を、これまで何度耳にしてきたことだろう。そのたびに私は、ヴォルテールやキルケゴール流に、「そういったことはすべて福音書のメッセージとは何の関係もない！」と答えずにはいられなかった。もしキリストの怒りを文字にすれば、丸々一冊の本になるかもしれない。キリストの怒りは、ほとんどすべてが弟子たち（教えを少しも理解せず、早くも内容を変えようとしている）と、当時の宗教家たち（律法学者、ファリサイ人、祭司）に向けられるであろう。宗教家たちが非難されるべきは、その偽善、形式主義、教条主義、道徳至上主義、あるいは聖書の原理主義的解釈である。

イエスの「サタンよ、退け」、「サタンよ、引き下がれ」という有名な言葉は、誰に向かって発せられているのか。イエスを売り渡したユダか、イエスを十字架刑にしようとしているピラトか。いや、違う。砂漠でイエスを試し、地上の全王国を支配するようそそのかした悪魔に、彼は「サタンよ、退け」（マタイ四章一〇）（本文中の聖書の抜粋文は、すべてエルサレム・フランス聖書考古学学院の『エルサレム聖書』（セルフ、二〇〇三年）からの引用である）と答えている。そして、十二使徒のうちの一番弟子であるペトロが、「わたしはエルサレムに上《のぼ》って、そこで死ぬことになる」というイエスの預言的な言葉を、激しく否定したとき、イエスは「サタンよ、引き下がれ。あなたの思いは神からのものではなく、人間たちの思いなのだ」（マルコ八章三三）と吐くように言っている。

キリストの悲劇的な最期を受け入れられなかったペトロの拒絶は、あたかも後の世のペトロの後継者たち〔ローマ教皇たち〕が、十字架を拒むことを予告しているかのようだ。十字架を受け入れるとは、どのような犠牲を払おうと真理にあくまで忠実であることだ。というのも、キリストの十字架の意味は、苦痛に価値を置く犠牲の神学が解釈してきたように、「父なる神の怒りをなだめるために、人の子が犠牲になること」ではないからだ。この問題は本書で再び取り上げるが、十字架に対するそのような見方は、「神は愛である」と説いたキリストの教えと矛盾している。イエスが死を受け入れたのは、己の使命を忠実に果たせる道がほかになかったからである。神から託されたメッセージが、当時の宗教的権威者にとって許し難いものとなった以上、キリストは口を閉ざして姿を消すか、そのメッセージを否定するか、あるいは最後まで責任を果たし、払うべき犠牲を甘受しなければならなかったのだ。福音書を注意深く読むと、それがはっきり示されていることがわかる。

イエスが十字架上で亡くなったのは、神が苦しみを求めていたからではなく、ただ「御父《おんちち》の御旨《みむね》」に忠実に従っただけである。イエスの生死を握っていたピラトの尋問に対して、イエスは「わたしが生まれ、人の世にやって来たのは、ただ真理について証しをするためである」（ヨハネ一八章三七）と答えている。真理をもたらすために来たイエスは、世を去ることによって、身をもってその証明を果たしたのである。それが恐らく、イエスの言葉が二千年経った今も、真実味をもって心に響いてくる理由だろう。福音書に記されているように、イエスは何ものにも屈しなかった。群衆を驚嘆させるために「石をパンに変えてみよ」という悪魔の誘惑にも、イエスを王にしたがる民衆の欲求にも、確実に死ぬとわかっていてエルサレムに上るくらいならむしろ逃亡すべきだ、という使徒たちの忠告にも、何に対しても意を曲げることはなかった。

再びキルケゴールを引用すると、「人々が未来永劫にわたって覚えているものは何か」という風変わりな問いかけをした彼は、「ただ一つ、真理のために苦しんだということだ」という答えを導き出している。この答えには、キルケゴール自身の苦悩と闘いの跡が色濃く残っているとはいえ、私は非常に深い意味が込められていると思う。それは、キリストの生涯に照らしてみると明らかになる。人生で最も決定的なもの、永遠に残るもの――信仰があってもなくても、現実的な意味でも象徴的な意味でも、各人がそう思うもの――は、その人が何か立派なことを言ったか、何か偉大なことを行なったかではない。我々が真理を守るために困難を強いられたとき、どのような犠牲を払っても自分に忠実でいることができたら、それが永遠に残ることなのだ。

同じような経験は誰にでもあるだろう。時にはそのために死に至ることもある。信仰者か無神論者かを問わず、数えられないほどの男性、女性たちが、人間の尊厳という大義に殉じてきたし、友人や抵抗運動の同志を命がけで守ってきた。恥ずべき行為や犯罪行為を犯すことを拒んだために、命を落とした者も多い。たとえば一九八九年六月、天安門広場で戦車の前進を阻もうと生命を賭して立ち向かった中国人青年がいたが、彼の行為は誰もが忘れないだろう。これらの男性たちや女性たちは、極限の苦しみを堪え忍んでまで、人間の尊厳という不変の真理を示したのである。彼らは人類の歴史に残る本物の聖人である。

自らの言行不一致に目をつぶる教会

教会は長い歴史を通じて、貧しい人々や恵まれない人々のために絶えず力を尽くしてきた。諸聖人の誕生を可能ならしめたのも教会である。いかなる乱行があったにせよ、常に福音を告げることをやめなかった教会のおかげで、キリストの言葉が今日まで伝えられ、ほぼすべての言語に訳されてきた。教会はこの福音伝達の使命をしっかり果たしたのである。だが、しばしば避けられてきた問題がある。それは、福音伝達者でありながら、教会の存続と発展を危うくするようなメッセージには耳を傾けず、自らの言行不一致に目をつぶってきたことである。

原始キリスト教徒たちなら、信念を曲げるくらいなら命を捨てることを望んだだろう。それが大きな転換期を迎えるのは、キリスト教がローマ帝国の国教となった時である。信仰のために迫害されていた者が、一気に信仰の名で迫害する側に転じた。教会の人間たちは、自分たちの宗教の目覚ましい発展ぶりに心を奪われ、権力を欲しがるようになった。そして組織が勢力を伸ばしていくと、しだいに当初の目的を見失い、組織自体に意識を向けるようになっていった。福音は常に変わることなく告げられてきたが、キリストが命じていることと教会組織の慣行との溝は、広がる一方だった。存続と発展と支配力を確固たるものにしようと、教会組織が自らの増大する欲求に次々と応じていったからである。

周知のように、異端審問は結局、十八世紀に廃止されることになった。しかしなぜ？　教会が道を大きく踏み外したことに気づき、悔い改めたからだろうか。そうではなく、単に支配力を振るう手立てを失ったからである。教会と国家の分離（これはキリストの教えと完全に合致する）によって、教会がそれに基づいて異端者を死刑にしていた「世俗裁判権」を奪われたためである。そして、ルネサンスのユマニストや啓蒙主義の哲学者たちが、信教の自由をすべての人間の基本的権利とすることに成功したからである。

ユマニスムや啓蒙思想は、今日の欧米では信仰の如何にかかわらず、すべての人に認められた社会通念となっている。それらは教会から生まれたものではない。それどころか、教会に抗して生まれたものである。教会側も、権力と特権を保持するため、(衰えつつある)すべての力を出しきって闘った。ここに大いなる逆説、歴史のこの上ないアイロニーがあった。それは、現代の政教分離や人権の誕生、良心の自由の保障など、十六世紀から十八世紀にかけて聖職者たちの意に反して起こったすべてのことが、暗黙のうちに、あるいは明示的に、福音書の原初のメッセージを拠り所としていたということである。言い方を変えれば、私が「キリストの哲学」と呼んでいる最も基本的な道徳の教えは、もはや教会の扉を通って人々に届けられることが難しくなっていた……それゆえ、ルネサンスのユマニスムと啓蒙思想の窓を通って戻ってきたのだ! 三世紀にわたって宗教裁判を行なった教会組織は、人間の尊厳と良心の自由についてのキリストの教えを十字架にかけたが、その教えはユマニスムによって復活したのである。

エラスムスの意図を生かす

「哲学者キリスト」という表題のパラドックスが、本書の主たるテーマである。マルセル・ゴーシェは、時代を画した試論『脱魔術化』(12)の中で、キリスト教が歴史を経る間に、いかに「脱宗教化した宗教」になったかを明らかにしている。私はこの重要な命題を、本書で私なりに取り上げてみたい。それによって、キリスト教と近代性を対立するものとして語るのは誤りであることがわかってくる。確かに、カトリックの教会組織は、その保護下にあった社会から個人を解放することに反対した以上、近代性と対立させられても仕方がないだろう。だが、福音書のメッセージは明らかに近代性に反してはいないし、キリスト教の歴史的、文化的発展を見ても、そういう部分が少なくない。このことはゴーシェ以前に、トクヴィル、ウェーバー、さらにニーチェのような思想家たちも力説していた。キリストの倫理的教えと、それが西洋の近代化に果たした重要な役割について、私がこうして再考することは、現代のキリスト教をめぐる議論の活発化につながるだろう。欧州のアイデンティティの構築におけるキリスト教の役割が問われ（ヨーロッパの「キリスト教的ルーツ」に関する議論）、欧米でのキリスト教の将来が案じられる今、この考察はそういった問題を解明する手がかりにもなるだろう。

いささか逆説的な表現である「哲学者キリスト」についてひと言。哲学とは、理性の働きのみで人間世界を認識しようとする学問である。絶え間なく神の声を聴きながらメッセージを告げたキリストという人物に、はたしてその哲学を結びつけることができるのか。反論があって当然であり、私もそれを重々承知している。厳密に言えば、キリスト教哲学などナンセンスである。哲学は信仰と結びついたとき、神学の召使いとなり、哲学という学問の独自性を失うからである。しかし同時に、イエスのメッセージはさまざまな観点から読み取ることができる。なかでも特に重視されてきたのが、「イエスはユダヤ教の改革者もしくはキリスト教の創立者である」という宗教的次元である。実際、キリストは自身の神性との出会いに基づく新たな信仰の道を開き、その奥義を伝授した。だがそれだけでなく、イエスは誰にでもわかる倫理的教えを説いた。非暴力、すべての人間に平等に与えられた尊厳、公平と分かち合い、集団に対する個人の優位、選択の自由の重要性、政治的なものと宗教的なものとの分離、敵さえも許し愛する隣人愛、がそれである。この教えは「神は愛である」という啓示に基づき、超越的な観点で語られている。とはいえ、それが極めて理性的かつ合理的であることに変わりはない。この倫理的教えこそ、古代ギリシャの哲学者たちが言おうとしていた真の叡智である。啓蒙主義の哲学者たちが、西欧社会を教会の支配から解放することに成功したのは、この教えに立脚していたからであり、彼らの一般道徳や人権についての理にかなった草案は、突きつめて言えば、「神不在の世俗化したキリスト教倫理」ではないだろうか。

私が読者に何よりも伝えたかったのは、キリストのメッセージのこの上ない普遍性、信者の集まりや教理問答の枠をはるかに超えた叡智である。そのことを作品のタイトルでわかってもらうには、キリストを哲学者として紹介した方がいいと思ったのである。というのも、彼はユダヤの預言者、奇跡を行なう人であったと同時に、仏陀、ソクラテスに並ぶ偉大な賢者だったからだ。信者であれば、それに「神の子」を付け加えるだろうが……。

キリストを哲学者と見なし、彼の教えを普遍的な哲学として語るのは、もちろん私が最初ではない。「キリストの哲学」という表現は、数年前、エラスムスの文章を読んでいて発見した。当時、私は十六世紀を舞台とする小説[13]を書いており、ある登場人物のモデルとして、ルネサンスのユマニスムを象徴する歴史的人物を探していた。そこで浮かび上がってきたのが、エラスムスの人物像である。大学で哲学を専攻した時は、彼の思想の概要を大まかに学んだだけだったので、それからさっそくエラスムス全集を読みふけった。

その時代の思想家たちの大半がそうであるように、エラスムスの学問は、今日の大学にあるどの学科にも分類できない。オランダに生まれた彼は、生涯たゆむことなくヨーロッパ中を歩き回った。真摯なカトリック教徒であると同時に根っからの反教権主義者、哲学者であると同時に神学者、文法学者、風刺文の書き手でもあった。「ギリシャ語、ラテン語、ヘブライ語を話せなければ、新約聖書を本気で学ぶことはできない」と断言したのも彼である！　要するに、エラスムスは博学多識な何でも屋で、あらゆる分野の知識を自分の手中に収めようとしていた……そういうことが、この時代にはまだ可能だったのである。彼が「キリストの哲学」という表現――おおもとは二世紀のアレクサンドリア派の護教教父たちからの借用――をはじめて用いたのは、パウル・ヴォルツ宛の書簡の中である。彼がそこで言及しているユマニスム教育案は、キリスト教を複雑にしている神学的論拠を持ち出さずに、キリスト教の本質、つまり「キリストの哲学」を理解できるようにすることを目指している。

その頃から、私の中に本書の構想が芽ばえ、イエスの基本的な教えを解説する部分に、重苦しくする神学的表現や注釈は除いて、エラスムスの教育案を反映させようと考えはじめた。それに、本書の目的の一つが、「いかにして福音書のメッセージが、ユマニスムの観点から、近代性の中心に据えられるに至ったか」を明らかにすることにあるので、エラスムスを参照することは当を得ていると思う。

不確かなイエス伝の革命的メッセージ

最後に本書の方針について手みじかに説明しておこう。イエスの生涯について述べた第一章で、私は歴史家や聖書注釈者たちの最近の研究に基づき、原典批判を行なっている。そこでわかってくるのは、イエスの生涯の数多くの出来事や、福音書に詳述されている彼の言葉について、歴史的現実性を確信することがいかに難しいかである。したがってそれ以降は、特にキリストのメッセージを取り上げた第二章では、「ある言葉が本当に語られたのか、ある出来事が実際に起こったのか」ということは、追究しない方針を採った。それが私の一番伝えたいことではないからだ。

福音書は、イエスの死後何十年も経って、信者共同体によって書かれたものが最終的形態となった。仏陀の死後五世紀近くを経て文字に表わされた仏教経典よりは、はるかにましだ！　そうはいっても、あまりにも遠い昔の話であり、聖書外典〔聖書正典から除外された文書群〕などで証明できることはわずかしかないため、何が歴史的事実で何が神学的創作に由来するものか、確固とした正解はない。実際、福音書の執筆に携わった人々やグループは、事実を客観的に伝えるのと同じくらい、語る相手を説得することに力を入れていた。福音書の聖句はつまり、単に知らせることを目的とする事実報告ではなく、知らせると同時に教えることを意図して、語り手が主体的に関わっているレシ（物語）なのである。現代の科学的な聖書解釈学のあらゆる努力にもかかわらず、この二つの側面を分離することは極めて困難である。だがそれも、結局のところ、私の論述にさしさわるような重大なことではない。

なぜなら、私がここで最も力を注いでいるのは、史実に基づくイエスの伝記を記すことではなく、福音書のメッセージと、それを源とする精神史上の出来事を明らかにすることだからだ。そのため、現存する聖句が何を語っているか、それが歴史にどのような影響を与えたか、が重要になってくる。マタイはイエスの口から「裁いてはならない」と言わせているが、たとえこれがイエスの発した言葉ではなかったり、正確な言葉ではなかったとしても、大切なのはこの言葉が存在していることである。その言葉には、人の生き方を決める力があるからだ。

私は哲学者として、プラトンを読むように福音書を読んだ。ソクラテスが実際に何と言ったかは誰にもわからないが、プラトンが『対話篇』でソクラテスに言わせた言葉は、含蓄に富んだ偉大な教えとして世に残っている。同様にイエスの言葉の信憑性についても、私に理性的な確信はまったくないが、だからといって、話の内容が変わるわけではない。福音書が伝えているままのキリストの叡智が、人類史に重要な変革をもたらしたことを示すこと、それが本書の目的である。キリストのメッセージは桁はずれに革新的、革命的であったため、長い歴史の途上で、それを世に伝える責任があった人々によって歪められ、改変されてしまった。それについては第三章以降で明らかにしたい。そこではまた、キリスト教の歴史と西洋的近代性の誕生に、キリスト教がどのような役割を果たしたかについて、かなり広範にわたり抱括的な説明を行なっていく。

「むすび」では、再び私的な思いを交えながら、ドストエフスキーが提起した問題に話を戻したいと思う。それはキリストの教えの中核をなす、人間の自由に関する問題である。そのためにヨハネ福音書の傑出した一節、「イエスとサマリアの女との出会い」を取り上げ、聖句を一つずつ子細に検討しながら、それらの言葉が何を意味しているかを明らかにしたい。そこには、あらゆる宗教組織に一撃を喰らわせるような意味内容が含まれている。それは「唯一の神聖なもののために、〔神聖視されていた〕世界を徹底的に脱神聖化すること」であり、その神聖なものとは「人間の良心」である。別な言い方をすれば、イエスの願いは新しい宗教を興すことよりも、宗教的慣習の重圧から人間を解放することにあったと思う。そのために、個人の自由と信仰生活の内面性の重要さを強調したのである。それはまさに、歴史に残る最も偉大な賢者たちに共通する価値観にほかならない。

第一章　イエスの物語と歴史上のイエス

エルネスト・ルナンのベストセラー

イエスは本当に実在したのか。西洋では千八百年もの間、そういう疑問が生じたことはなかった。イエスの実在性についても、彼の生涯にまつわる驚異的な出来事の信憑性、歴史性についても、キリスト教国の人々はほとんど疑いを抱いてこなかった。学校のカテキズム（公教要理）や誰もが行く日曜のミサで、そのように教わっていたのだ。

それが十八世紀末になると、啓蒙主義思想と科学の発達の相乗的な作用を受けて、西洋社会は大きく変化することになった。あらゆる伝統的知識や価値観が、批判的理性の篩《ふるい》にかけられたのである。まだ一握りではあったが、ドイツの聖書学者や神学者たちが、キリスト教と聖書の研究に科学的手法を用い始めた。フランスでもこの動きが見られ、カトリック教会の強い反対にもかかわらず、十九世紀前半にストラスブール学派と呼ばれるグループが、この研究方法を引き継ぐことになった。

後に『神学評論』を創刊したエドワール・ルス（一八〇四―一八九一）とティモテ・コラーニ（一八二四―一八八八）が、その代表的研究者である。彼らは、ドイツでの議論の内容を自らの研究結果で補い、この分野の限られた専門家たちに知らしめた。これらの研究は、聖職者層に猜疑《さいぎ》心《しん》を抱かせるという理由から、一般にはいっさい公表されなかった。しかし、当人たちの意図はイエスの実在を否定することではなく、信仰という余計な要素を取り除いたイエスをもっと知ることにあった[1]。

ここに一人の扇動家が現われる。キリスト教の礎である聖書原典についての歴史的、批判的研究は、この人の登場がなければ秘匿されたままだったかもしれない。その人とは、ストラスブールの聖書学者たちと親交があった著名な作家、エルネスト・ルナンである。彼は「イエス」というテーマを、その道のプロから奪い取ったかたちで、書くことへの情熱をすべてそれに捧げ、一八六三年に『イエス伝』を出版した。この本は、教会側と聖書学者側の双方から激しい抗議を受けたにもかかわらず、たちまちベストセラーとなった。教会側は信仰を揺るがすという理由で、聖書学者側は描かれた人物があまりに現実離れしているとして非難した。大衆はといえば、今までにない斬新なイエス像を描き出したこの本を、奪いあうように買い求めた。

ルナンは第十三版の序文で、このテーマへの自分のアプローチ方法を弁明しているが、現代の聖書学者であればそれに賛同するだろう。「福音書が他と同じれっきとした書物ならば、私のやり方は正しかったといえる。それは古代ギリシャ研究家、アラビア研究家、インド学者が、研究対象である伝説の文献を扱うのと同じ方法である」。彼は自らを、「学芸と真理を何よりも大事にする」歴史家と位置づけ、「己の学説にしか関心がない」神学者と対比させている。こうしてルナンは、教養ある一般人の意識に突破口を開いた。また研究を続ける聖書学者たちは、聖書の歴史的、考古学的研究の新しい原理に基づきながら、前人未踏の道を開拓していった。

なぜキリストは実在したといえるのか

この二世紀の間に積まれた科学的な聖書研究の業績によって、新約聖書のそれぞれの物語が書かれた背景と著者たちの意図が、以前とは比較にならないほど明らかになってきた。それだけでなく、まだかなり不完全ではあるが、聖書の中で歴史的信憑性が高い部分と、そうでない部分――とくに伝説的な物語と思われる箇所――とを見分けることも可能になった。もっとも、すべてを考慮した上で判別することは極めて困難なので、聖書学者たちの意見が一致することはごく稀である。考え方や分野の違いを超えて、研究者たちの間で真にコンセンサスを得ているのは、「イエスは歴史上、確実に存在した」という一点だけである。

確かに、イエスが実在したという確固たる科学的証拠はない。例えばユリウス・カエサルであれば、貨幣や考古学的遺物、多彩な文献を通して存在を立証することができる。イエスの場合、立証は困難であるが、それでも「イエスという名のユダヤ人が現実に存在していた」と断言できる十分な判断材料がある。イエスが紀元前五、六年頃（紀元〇年ではない）、ガリラヤのナザレ（ユダヤのベツレヘムではない）に生まれ、西暦三〇年代に短い宣教生活を終えて、エルサレムでポンシオ・ピラトの管轄下で十字架にかけられたことは、確かなようである。その大筋は、聖書をはじめとするキリスト教資料だけでなく、いくつかの非キリスト教資料、さらにはナザレ人〔ユダヤ人によるキリストの呼称〕に敵対する側の資料からも知ることができる。世に認められた研究者で、反対の説を唱えている人は一人もいない。

　新約聖書物語が作り話だとしたら、はるかに多くの難問が突きつけられることになる。どのようにしてこれだけ多彩な役者を登場させ、このような話を一から十まででっち上げ、しかもこれほどのインパクトを持たせることができたのか、とうてい説明がつかない。科学主義の最後の砦である「合理主義者同盟（ユニオン・ラショナリスト）」〔一九三〇年にポール・ランジュバンによりパリに設立された、あらゆる非合理と闘う科学者・作家の会、現在はキュリー夫人の孫娘が会長。「合理主義学会」とも訳される〕のメンバーたちは、「イエスは伝説上の人物である」と主張し、「すべてが初期教会によって作られた寓話でしかない」ことを証明するため、キリスト教関連の資料に見られる矛盾点を並べ立てている。

　だがそれも空しく、彼らの論拠は結果的に、彼ら自身を不利な立場に立たせている。寓話を作り上げたのだとしたら、その話に一貫性を持たせようとするのが普通だろう。四つの福音書の間にわざわざ矛盾点を捏造したりはしないはずだ。矛盾点だけでなく、後で示すように、教会組織にとってあれほど迷惑で、不可解で、常識破りのイエスの言葉まで考え出したというのか。そのうえ、イエスが十字架刑で亡くなり、弟子たちに裏切られたことは、誰の目にも明らかな挫折であるのに、そのような失敗に基づく宗教を創り出すとは、なんという思いつきだろう！　我々の意識にはキリスト教が深く入り込んでいるので、今日ではその挫折さえも感嘆すべきこと、感動的なことに思えるかもしれない。しかし当時は、神から遣わされたと自称する者がそのような運命を辿ったことは、本来の意味で信じられないことであり、躓《つまず》きの因《もと》でもあっただろう。

イエスの目撃証言とされている聖書原典に、教会があえて手を加えなかったことは、教会がそれを真実と見なしていた証拠である。イエスの生涯についての各資料間に矛盾――その生涯とメッセージの本質には関わらない矛盾――があることは、かえってイエスの歴史的実在性と、資料のそれなりの信頼性（証人たちの記憶の欠落、出来事についての解釈の違い、護教を目的とした加筆などはあって当然である）を示す有力な証拠とはなっても、「教会の陰謀」説に有利に働くことはないだろう。要するにまったくの作り話という説は、キリストの存在を史実とする実在説より、はるかに非合理的かつ非理性的なのである。

歴史家たちの描写によってしだいに輪郭が見えてきた歴史的イエス像は、信仰の対象としてのイエス像を曇らせ、損なっただろうか。神学者たちはむしろ、「歴史的イエス像はこれまでのイエス像を新しい知識で照らし出した」という聖書学者エルンスト・ケーゼマンの言を、好んでくり返している。ケーゼマンが一九五三年にドイツで講演した際、その主張の大胆さに警戒心を強める聴衆の前で言い放った言葉である。その三年後、フランスではモーリス・ゴゲルが、著書『イエス』の中で次のように書き記している。「歴史学の役目はもっぱら事実を確認し、事実間の関係を見出すことにある。歴史学には史実に最終的な解釈を施す資格はない。だからといって、歴史に対する別の見方がないわけではなく、最終的解釈を下すことが正当化されうる立場もある。神の介在という観点で、歴史を完全解明しようとする宗教家がそうである。歴史家には宗教家のそういう権利に異議を唱える資格はないし、宗教家がとった立場を擁護する力もない[2]」。

非キリスト教徒の信頼に足る証言

ナザレのイエスに関する文献は、非キリスト教資料の中には極めて少ないが、それでも、イエスの歴史的実在を示す信頼できる情報源となる。

フラウィウス・ヨセフス

なかでも特に有力な証拠となるのは、ギリシャ語を話すユダヤの歴史家フラウィウス・ヨセフス（西暦三〇―一〇〇）の証言である。西暦九二、三年頃の著書『ユダヤ古代誌』に、イエスに関する数行の文章があり、何カ国語にも翻訳されてキリスト教世界に広まっていった。その過程で加筆された箇所がいくつかある。たとえば、イエスを指し示す時の「この人こそメシアだ」という表現、処刑から三日後の「イエスの亡霊を見た」という言明などである。アメリカの神学者ジョン・メイヤーは各翻訳版を比較検討し、信仰を表明した加筆箇所を翻訳版から削除するとともに、『古代誌』原語版の他の章節との照合も行なっている[3]。彼によれば、フラウィウス・ヨセフスは次のように書いた「可能性が高い」。

「同じ頃、イエスという賢人（彼を人と呼ぶべきであれば）が出現した。というのは、実際イエスは奇跡を行なう人であり、喜んで真理を受け入れる人々の師と仰がれる人だったからだ。彼は大勢のユダヤ人だけでなく、ヘレニズム世界の多くの人々からも信頼を得ていた。その後、ピラトが高位の者たちの指示に従い、彼を十字架刑に処すことになったが、最初から彼を敬愛していた人々は、それでも変わらずに敬愛し続けた。彼の名にちなんでクリスチャン（キリストの仲間）と呼ばれている一族は、今日まで消滅せずに生き残っている[4]」。

『古代誌』の別の章節にも、イエスにまつわる記述がある。そこでは、ユダヤ代官フェストゥスの死から後継者アルビヌスの任官までの空位期、つまり西暦六二年の出来事が語られている。大祭司アンナス二世はこの空隙を利用し、数々の死刑宣告——本来はローマの高官だけに与えられた特権——に自ら関与した。「彼はサンヘドリン（最高法院）の裁判官を召集し、キリストと呼ばれていたイエスの弟ヤコブと、その他数名を出頭させた。そして、律法に背いたとして、ヤコブたちの身柄を引き渡し、石打ちの刑で殺させた[5]」。

タキトゥスと小プリニウス

その他の非キリスト教的文書でも、間接的にではあるがイエスについて言及している。そのうちの一つが、古代ローマの歴史家タキトゥス（西暦五七—一二〇）の『年代記』である。そこにはイエスの宣教生活について詳述した文章があったが、その大半が消失してしまった。それでも『年代記』の別の箇所には、イエスと関連のある事柄を記した一節がある。世間では「皇帝ネロのしわざに違いない」と噂されていた、西暦六四年のローマ大火に関する記述である。タキトゥスは火災の描写の後、次のように続けている。

「そこでネロは噂をもみ消そうと、放火犯の身代わりを立て、手の込んだやり方で彼らに拷問を加えた。犯人にされたのは、異教信仰の故に周囲から嫌悪されていた人たちで、世間ではクレスティアーニ（クリスチャン）と呼ばれていた。この呼び名は、始祖のクリストゥス（キリスト）から来ている。彼はティベリウス帝の治世下、総督ポンシオ・ピラトによって死刑にされた。この腹立たしい盲信はいったん沈静化したものの、その悪の発生源であるユダヤで再び勢いを盛り返し、それのみならず、今度はローマにも浸透した。ローマには、世界中から醜悪で破廉恥なありとあらゆるものが押し寄せ、それを引き立てる支持者も数多くいるのだ」(6)。

三つ目の歴史的資料は、ローマの属州ビティニア（小アジア）の総督だった小プリニウスが、一一二年頃にトラヤヌス帝に宛てて書いた手紙である。その中で彼は、「クリスチャン」たちが数多《あまた》の罪を犯していると報じ、とりわけ皇帝崇拝を拒否し、代わりに決まった曜日に夜明けから集会を行ない、その間じゅう「キリストを神のごとく」賛美する歌を歌っている、と訴えている。彼らはそのほか、人食いや近親相姦などの罪も着せられていたが、「クリスチャンたちにそれらの罪はない」と明言しているプリニウスも、一方では、ローマの市民権を持っていない彼らを何人か処刑し、残りの人たちを裁判にかけるためローマに護送している(7)。

バビロニア・タルムード

イエスの時代、多くの預言者や説教師がパレスチナを縦横無尽に行き交っていたが、ユダヤ教の宗教文書には、彼らに関する記述がほとんど見られない。当時、ユダヤ教は一枚岩どころか、さまざまな流派に分かれていた。バビロニア・タルムード〔ユダヤ教の聖典の一つで、モーセが伝えたとされる「口伝立法」を収めた文書群〕のサンヘドリン篇には、二カ所にイエスについての記載があり、ともに手厳しい言葉で彼を非難している。四三a節で「イェシュとかいう人」と呼ばれたイエスは、「魔術をおこない、イスラエルの民を誘惑し、錯乱させた」後、過越《すぎこし》の祭の前日に、十字架にかけられたとされている。同節には、魔術師イェシュの弁護のために、伝令官が四十日の間、証人たちに出廷を呼びかけたことも書かれている。[8] また一七〇b節でも「イェシュは魔術をおこない、イスラエルの民を惑わした」と、同じ非難の言葉がくり返されている。

それに対して、エッセネ派の蔵書であるクムランの写本群（死海文書）には、イエスに関する記述が一つも見当たらない。エッセネ派はユダヤ教の一宗派で、律法を厳しく守って禁欲生活を送り、水による清めを励行していた。[9] イエスの教えには、エッセネ派の影響があったのではないかと思わせる箇所があるが、歴史的イエスに関する諸研究を見る限りでは、彼がこの宗派の人たちと交わっていたとは考えにくい。

イエスの物語の本当らしさとは

イエスはまちがいなく読み書きができたと思われる。だが自筆原稿は一つも残さなかった。我々がイエスという人物について知っていることは、その大半が、彼の死後少なくとも二十年経って、信徒たちが書き残したものに基づいている。

聖書正典

イエスに関する最大の情報源は、マタイ、マルコ、ルカ、ヨハネによる四つの福音書に書き留められた内容である。マタイが定義づけた「福音」という言葉には、「喜ばしい知らせの宣布」（マタイ福音書四章二三、九章三五）と、「イエスの生涯の物語」（二四章一四、二六章一三）という二重の意味がある。四福音書ほどではないが、パウロの書簡からも重要な情報が得られる。

その他、いくつかの聖書外典もある。キリスト教の正典に加えられなかったため、長い間なおざりにされてきたが、今日では歴史家や聖書学者たちの注目を集めている。外典には分析検討の対象となるだけの情報が揃っており、そこから諸事実を引き出すことは十分に可能である。イエスの生涯が文書化された時期があまりに遅かったため、「これらの文献に歴史的価値は認められない」と主張する人たちもいる。この説は一時期かなり支持されていたが、現代の聖書解釈の進展によって退けられるようになった。

四福音書のうち最も古い『マルコ福音書』は、西暦六六年から七〇年にかけて制作された。イエスと行動を共にし、出来事を実際に見た人たちが、まだ生存していた時期である。一八〇年頃のイレニウスの記述によれば、マルコは「ペトロが説教したことを文書にし、我々に伝えたペトロの弟子であり通訳者」[10]であった。

四世紀の歴史家カエサレアのエウセビオスは、その著書『教会史』の中で、マルコの働きとその後の聖書制作を裏づける証言を引用している。一二〇年頃、ヒエラポリス（エフェソスから一〇〇キロの所にある都市）の司教をしていたパピアスの証言である。「（マルコは）主《しゅ》によって語られ、行なわれたすべてのことを極めて正確に、しかし無秩序に思い出すまま書き連ねた。というのは、彼は主《しゅ》の話をじかに聞いたことも、主《しゅ》に随行したこともなかったからだ。だがその後、前述したように、マルコはペトロのお供をするようになった。ペトロは必要に応じて教えを授けていたが、主《しゅ》が語ったことを総括的に述べることはしなかった。マルコは思い出すままに書くことで誤りを犯したわけではない。彼が意図していたのは、自分が聞いたことを何一つ漏らさずに書き残すこと、自分が伝える内容にまちがいがないようにすることだけだった(11)」。

マルコはペトロの記憶以外にも、おそらく原始キリスト教団で伝えられてきた言い伝え――この時代には口伝が一般的だった――を基にして、福音書を書いたと思われる。成人してからのキリストについての彼の記述は、「受難」のすぐ後で終わっている。

『マタイ福音書』と『ルカ福音書』は、並行している部分が多い。ともに西暦八〇年から九〇年にかけて書かれており、マタイはシリアのユダヤ人キリスト教徒、ルカはアンティオキアの異教からの改宗者で、ギリシャ語を話した。この二人の福音史家は、まちがいなくマルコから想を得ている（とりわけルカは、先人たちの貢献に感謝し、彼らが「われわれの間で実際に起こった出来事」に基づいて物語を書き上げたことを認めている）。しかし二人は、出来事を年代順に配列するマルコのやり方を踏襲しなかっただけでなく、イエスの少年時代について触れた二章と、未発表のイエス語録から引用した言葉を、同じように付け加えている。二百三十に及ぶ言葉を収めたこの語録（ロギア）の存在は、十九世紀後半にドイツの聖書学者たちによって確認され、Q資料（ドイツ語で「資料」を意味するQuelleの頭文字を取ったもの）の名で知られている。さまざまな説がある中で、「Q資料はイエスの語録集という形で存在していたが、紀元一世紀の終わりまでに消失した」という説が有力である。

『ヨハネ福音書』はもっとも遅く、西暦一〇〇年頃に、ギリシャ語を話すユダヤ人の読者に向けて作成された。この福音書は、「共観福音書」と呼ばれる他の三つの福音書とはかなり異なっている。というのは、共観福音書は相互に比較参照できるほど、並行記事が多いからである——年代の食い違いはあっても、表現、内容、構成に多くの共通点がある。たとえばイエスの布教活動がガリラヤで行なわれていたこと、最後にはじめてエルサレムへ行って、そこで十字架にかけられたことは、三人の福音史家で一致している——。ヨハネも彼らと同じく目撃者たちの証言を参考にしていたが、彼の場合は、イエスの宣教の地を主にガリラヤとユダヤに設定しているし、エルサレムには少なくとも四回行ったことになっている。イエスの少年時代のことを語っていない点は、マルコと同じである。しかし、キリストの教えの提示の仕方に大きな違いがある。共観福音書が短い言説とたとえ話を書き連ねているのに対し、ヨハネ福音書はよくまとまった、説教らしい説教で構成されている。さらに、共観福音書には見当たらないテーマも取り上げている。永遠の命、闇と対比される光、世の「しるし」となる奇跡といった哲学的主題がそれである。

新約聖書には四福音書のほか、二十三の文書が収められている。個人または共同体に宛てられた手紙あるいは使徒書簡、キリストの教えをローマにまで広めた使徒たちの足跡を、ルカが物語ったとされる『使徒行伝』、そして最後に、世の終わりについて語った異例の書、『ヨハネ黙示録』がある。使徒行伝と書簡は、すでにイエスを知っている人々に向けて、当時の教会の指針となるべく書かれたものではあるが、イエスの生涯に関する記述も豊富に含まれている。パウロの七通の手紙は、まちがいなくパウロ自身の手紙であり、他に先駆けて書かれただけに最も興味深い文献である――初期の手紙は、イエスの十字架刑から約二十年後に書かれている――。

パウロは西暦一〇年頃、キリキア州（今のトルコ）の都タルソのユダヤ人家庭に生まれた。つまりイエスの同時代人である。「異邦人の使徒」と言われたパウロは、ダマスコへ向かう途上で回心の時を迎えるまでは、キリスト教徒の迫害者だった。その時から頑強なキリスト教徒となって、四〇年から六〇年にかけてイエスの教えを述べ伝えた。この時期は福音書の制作が始まる前である。彼自身はイエスと出会っていないが、相当数のイエスの弟子や使徒たちと親しくしていた。その中には、ペトロ（ガラテヤ人への手紙一章―二章参照）やイエスの弟ヤコブも含まれていた。

パウロは手紙の相手に、次のような基本的事実を思い起こさせている。イエスがダビデの血を引くユダヤ人であり、イスラエルの民を導くために「割礼を受けた者たちの僕《しもべ》」となったこと（ローマ人への手紙一五章八）、イエスが離婚を禁じていること（コリント人への第一の手紙七章一〇―一一）、働く者は報酬に値すると力説していること（コリント人への第一の手紙九章一四）、そして何よりも隣人愛に基づく掟を説いたこと（ガラテヤ人への手紙五章一四）である。パウロはまた、「（イエスが）売り渡された夜」、何が起こったかをよく知っていると断言し（コリント人への第一の手紙一一章二三）、イエスの死に対するユダヤ教指導者の責任を明確にしている。そして最後に、復活の問題を取り上げている。

聖書外典

前述した新約聖書の二十七の文書が、教会によって定められた正典である。この二十七書を指し示す「カノニカル（教会法に従った）」という言葉は、三六七年にアレクサンドリアのアタナシウスによって初めて用いられた。これらは三九七年のカルタゴ公会議で、「神聖な書」と宣言され、最初の三世紀に書かれたその他の書簡、福音書などの文書は、この「カノン（正典）[12]」から外された。歴史上のイエスについて言い伝えられてきた事柄に準じて、信憑性がないと判断された文書である。その中でも特に、『ヤコブ原福音書』や『トマスによるイエスの幼時福音』のような、「幼時福音書」と呼ばれる書物がよく知られている。この二つは紀元二世紀に書かれ、イエスの幼少時代を描いている。そこには「幼きイエスが粘土でできた小鳥たちに命を与える」といった奇跡や、不思議な逸話が満載されている。

その他の文書はグノーシス主義に由来する諸要素を併せ持ち、キリスト教の教義からかけ離れていた。グノーシス主義は、叡智の光と世界の神秘に到達させる「秘儀参入」によって、人間を肉体から解放することができるとする思想で、当時は多くの人々を惹きつけていた。つい最近新たに発見された『ユダの福音書』が、この流れを汲んでいる。さらにまた、初代教会の教父たちによって引用されていながら、今日ではその断片しか知ることができない文献もある。二世紀に書かれた『ナザレ人福音書』、『ヘブル人福音書』、『エビオン人福音書』がそれである。

最近になって、希有な存在である聖書外典の歴史的価値が認められるようになった。代表的なものが『トマスによる福音書』で、三世紀の教父たちがよく引用していた文献である。三五〇年に訳されたそのコプト語版が、一九四五年にエジプトで、ナグ・ハマディによって発見された。「第五の福音書」ともいわれるこの聖書外典のオリジナル版は、『マルコによる福音書』以前に存在していたという説があり、研究者たちはその可能性を排除していない。この福音書は二世紀になって、グノーシス派の刻印を押された。それが窺われるのは、イエスを永遠なる「神の子」として描き、彼は物質世界に完全に受肉したわけではないと言っている点、悪神によって創造された悪なるこの世界に降臨したイエスは、精神の目覚めと物質からの解放を手助けする存在だとしている点である。

譬え話も物語（レシ）もないこの福音書は、百十四のイエス語録から成り、各文が「イエスは言った」という導入句で始まっている。そのうちの半分に、正典福音書との一致が見られる。たとえば「イエスは言った「収穫は豊かだが、働く人が少ない。だから、働く人を収穫に送ってもらえるよう主《しゅ》に祈りなさい」」（語録七三）は、マタイ（九章三七）とルカ（十章二）に相当する文章が見られる。未発表のイエス語録は、やはりイエス自身が発した言葉だった可能性がある。「イエスは言った「行きずりの人でいなさい」」（語録四二）、「イエスは言った「わたしのそばにいる者は火のそばにいる。わたしから遠くにいる者は神の国から遠い」」（語録八二）。一方、後から加えられた語録にはグノーシス思想の特徴が表われており、偽作の可能性が高い。この福音書の冒頭に掲げられた「これらの言葉を解釈することができた者は、死を味わうことがないだろう(13)」という一節が、その典型である。

信憑性の判断基準

これらのキリスト教文書は、宗教的には議論の余地がないほど高い価値を有しているが、史料として活用する研究者たちからは、慎重に扱われている。イエスのメッセージをより偉大に感じさせるため、さまざまな潤色が加えられているからである。歴史資料から誇張や粉飾を削ぎ落とすことは、研究の重要な作業の一つなのである。そこで、信憑性に関する厳しい判断基準が定められ、聖書の各節がそれに適合するかどうかの確認作業が行なわれている。

最も重視されているのが、「教会の妨げになるもの」（ジャック・シュロッセに言わせれば「でっち上げようがない」）という基準である。初期のキリスト教徒にとっては信仰を妨げる困惑の種であったにもかかわらず、資料群にそのまま書き残されてきたイエスの言行がそれである。たとえば、イエスによって選ばれた十二使徒の中に裏切り者ユダが入っていたこと。あるいは「罪なき者」と見なされていたイエスが、バプテスマのヨハネから洗礼を受けたこと。ヨハネはイエスより下の立場であるうえに、「罪の許しを得させる」ために洗礼を宣べ伝えていたからである。この出来事を、マルコはありのまま伝えるにとどめている（マルコ一章四―一一）が、マタイは説明を加え、自分より上の人への授洗を拒んだバプテスマのヨハネに、イエスが指図をして洗礼を授けさせたとしている（マタイ三章一三―一七）。ルカは洗礼者の名を挙げずにイエスの受洗について語っており（ルカ九章一九―二二）、『ヨハネ福音書』には取り上げられていない。

また、イエスのことを「食をむさぼる者、大酒を飲むもの、徴税人や罪人の味方」（ルカ七章三四）と蔑むような発言も、明らかに教会の妨げになる。キリスト教徒たちから神格化されていたイエスが、世の終わりの正確な日時について、「その日、その時がいつであるか、神の子さえも知らず、父なる神のみが知っておられる」（マルコ一三章三二）と、自分が知らないことを認めている事実もそうであり、さらにまた十字架上での「わが神、わが神、どうしてわたしをお見捨てになったのですか」（マルコ一五章三四、マタイ二七章四六）というイエスの叫びも、この基準を満たすものである。

第二の基準は「とっぴさ、または強烈な独創性」といわれている基準で、イエスの奇抜な行為やまったく新しい発言、発想に関するものである。[14] この枠内に入れられるのは、ユダヤ教の掟によって要求される断食を拒否したこと（マルコ二章一八―二二）、離婚を禁じたこと（マルコ一〇章二―一二、ルカ一六章一八）、あるいはまた「わたしはサタンが電光のように天から落ちるのを見た」（ルカ一〇章一八）という――悪がすでに滅びたことを言い表わしている――驚くべき発言などである。

第三の基準は「証言内容の重複」、つまり複数の福音書に、同じ話の要素がくり返されていることである。神殿の破壊や最後の晩餐に関する語録が、これに当てはまる。

そのほか歴史家たちが重きを置いている基準は、「一貫性があるか」（イエスの行為と教えが一致しているか）ということ、そして主だった出来事に歴史的真実性があるか、言い換えれば、一世紀初頭にガリラヤで生きた一人のユダヤ人の物語に本当らしさがあるか、ということである。

イエスの生涯

四福音書の中でマタイとルカは、母マリアによるイエスの処女受胎を明記し、ヘロデ大王の治世（前三七—前四）の末期に、ベツレヘムで生誕したと書いている。ルカはさらに、キリニウス総督の統治下で行なわれた人口調査のために、ヨセフとマリアはベツレヘムに行っていたと説明している（ルカ二章四）。だが、キリニウスがシリア州を治めたのは、西暦六年以降のことである。歴史家たちの一般的見解では、「ナザレ人」と呼ばれるイエスが生誕したのは、前六年ないし五年頃、つまりヘロデ王の治世の終わり頃であり、場所はヨセフとマリアの故郷の町ナザレとされている。

ルカによれば、ナザレはマリアが受胎告知を受けた場所であり、マリアはそのナザレからユダの町へ行って、未来のバプテスマのヨハネを身籠もっていた、親戚のエリザベツを訪問したことになっている。生誕地をベツレヘム〔旧約聖書の英雄ダビデ王の出身地〕にしたのは、イエスがダビデ王の血統であることを示すための神学的潤色かもしれない。当時、ヤーウェ神との契約（「お前〔ダビデ王〕の亡き後、私はお前の子孫を増やすであろう」）に基づくユダヤ教の口伝により、「メシアはダビデの子孫から出るだろう」と言われていた。初期キリスト教徒にとって、これは何より大事な要素だったのである。パウロも書簡で、そのことをしっかり書き残している（ローマ人への手紙一章三）。

イエスの時代のパレスチナ

イエスの家族はとても敬虔だった。パレスチナの農村部の人々は、総じて信仰が篤かったのである。彼らは律法にこだわり、男児の割礼を行ない、安息日と祝祭日を重んじ、神殿詣でを励行していた。イエスが誕生すると、家族はイエスをエルサレム神殿に献げた。男児が生まれると、旧約聖書に登場する族長たち、たとえばヨセフ、シモン、ユダあるいはイェシュアという名前を付けるのが一般的だった。イェシュアはイエスのヘブライ語名で、イェホシュア（ヨシュア）の愛称である。ヨシュアはモーセの後継者で、イスラエル民族を約束の地カナンに導き入れた指導者である。イェシュアはユダヤ人によくある名前だったが、キリスト教徒たちのイエスとの混同を避けるため、二世紀以降は使われなくなった。

イエスが「幼な子」（マタイによって用いられたpaidionという語は、新生児というより幼い子供を意味する）だったとき、ヨセフと家族はエジプトに逃れたといわれている。ヘロデ王の命令で二歳以下の男児に対して行なわれた殺戮から、イエスを守るためである。彼らはその後ナザレに戻り、そこに住み着いた。ナザレはガリラヤ地方にある、人口およそ二万人の村だった。首都エルサレムが前六三年にポンペイウスに征服され、それ以来、パレスチナはさまざまな危機に晒されていた。ローマ人の占領によって文化面ではヘレニズム化し、宗教面ではユダヤ的であったパレスチナは、ユダヤ民族主義グループによって引き起こされた政治的・宗教的騒乱の舞台となっていたのだ。彼らは民族の純血性を、イスラエル王国の再興と結びつけていた。

それだけでなく、砂漠で隠遁生活を送り、民衆に教えを説いて歩く「預言者」たちに先導されて、各地でメシア運動がくり広げられていた。当時もてはやされていたメシア運動とその指導者たちを、フラウィウス・ヨセフスは次のように描写（そして非難）している。「四四年頃、テウダという者がヨルダン川の水を二分すると約束したので、群衆はそれを見ようと後について行ったが、彼は結局つかまって首を斬られた。無名の者たちが、一緒に来た人々に奇跡を見せようと豪語している。この預言者たちの中には、エゼキアの息子ユダ、ヘロデ王の奴隷になったシモンのように、「私は王である」と公言している者もいる。ローマ人や権力者たちは彼らに脅威を感じ、その説教を通じて反乱が起きるのを心配している」。

フラウィウス・ヨセフスが『古代誌』で示しているように、ユダヤ教は四つの主な宗派に分かれていた。サドカイ派は有力者や高位聖職者から成り、ユダヤ教徒が集まる神殿を取り仕切っていた。すべてのユダヤ教徒が神殿に供え物をし、ここで水による清めの儀式などの祭儀を行なっていたのである。ローマ占領軍と折り合いをつけ、税金を集めていたサドカイ人たちは、ユダヤ社会に対する行政的・政治的権力を有していた。

ファリサイ派は最も人数が多く、『モーセ五書』と神殿の同等の権威を主唱していた。異教徒との接触を拒むほど純粋な血統にこだわり、律法の厳守に専心していたファリサイ人は、「ダビデの子」として神の祝福を受けた者、つまりメシアを待ち望んでいた。このファリサイ派とサドカイ派では、教義上の違いも数多く見られる。古代ユダヤ教に執着するサドカイ派に対し、ファリサイ派は律法を現実に即して捉え、いわばその「現代化」に努めている。さらに『モーセ五書』の枠を越えた終末論的内容も教義に組み入れている。「サドカイ人は実際、復活も天使も霊も存在しないと言っているけれど、ファリサイ人はそれらはみな存在すると主張している」と、『使徒行伝』（二三章八）にも記されている。ファリサイ派はさらにいくつものセクトに分かれていたが、どれも多かれ少なかれ律法尊重主義であった。

第三の宗派はエッセネ派である。瞑想する苦行者たちで、砂漠に引きこもって共同生活を送り、清めの水浴と集団祈禱をくり返していた。神殿の権威を認めず、祭儀にも参加しなかった。クムランの僧院とつながりのある修道者の独居庵が、村はずれに次々と作られていった。今日では、エッセネ派にも複数の支流があったことが知られているだけでなく、ユダヤ教神秘主義であるメルカバー神秘主義から、数多くの思想運動が生まれたこともわかっている。その指導者たちは神通力があるという評判だった。

フラウィウス・ヨセフスが最後に挙げているユダヤ教の第四の分派は、神の名において軍事力を説き勧める反逆者たちで、後にゼロテ党員と呼ばれるようになった。しかしながら、これらの宗派や団体はみな、『モーセ五書』と一神論、そして同じ民族への帰属感で結びついていたのである。

ユダヤ人家庭

イエスの生涯の最初の三十年については何も知られておらず、キリスト教では「隠された時代」と言い伝えられてきた。ルカは「子供は成長し、強くなっていった」（二章四〇）、そして「知恵が増し、背丈も伸びて、神からも人々からも寵愛を受けるようになった」（二章五二）と書いている。ルカによれば、イエスの家族は毎年、過越《すぎこし》の祭りのためにエルサレム神殿に行っていたようだ（二章四一）が、イエスが十二歳のとき、神殿で律法学者たちと議論したという彼の記述（二章四二―

五〇）は、歴史家による確証が得られていない。

だが、当時のパレスチナについて知られている事実をもとに、いくつかの仮説を述べることは可能である。イエスは、大工ヨセフ（「大工」は今日の「木工職人」を指す）の「初子」だった。このことから、彼は中流下層階級に属していたといえる（当時のパレスチナでは、木工職人は下層階級ではなく中流階級であったが、その中流階級の中でも下層に属していた）。ユダヤの大部分の子供たちのように、イエスも思春期までシナゴーグ（ユダヤ教の会堂）付属の学校で教育を受けていた。長男だった彼は、おそらく十二歳を過ぎても勉学を続け、しばらく経ってから父親の仕事を継いだと思われる。実際、イエスが会堂でナザレ人たちに話を聞かせていたとき、彼らはイエスのことを、「あの人は大工ではないのか？」（マルコ六章三）と職業名で呼んでいた。この問いかけをマタイは、「あの人は大工の子ではないのか？」（マタイ一三章五五）に変えている。また、イエスが日常語であるアラム語のほか、シナゴーグで習ったヘブライ語を話していたことは確かである。そしておそらく、ローマ帝国全土で用いられていたギリシャ語も話しただろうし、エリートの言葉であるラテン語も、断片的には解していたと思われる。

イエスに兄弟姉妹がいたかどうかは、マリアの処女性という定説と関連して、かなり早い時期から問題になった。マルコおよびヨハネ福音書に、イエスの「兄弟」の名が挙げられている。受難後キリスト教団を率いることになるヤコブ、ヨセフ（ヨセ）、ユダ、そしてシモンの四人である。そして少なくとも二人の姉妹がいたようだが、その名前は記されていない（マルコ三章二一、三一―三五、六章三。ヨハネ二章一二、七章三―五、一〇）。この兄弟たちのことは『使徒行伝』や『使徒書簡』にも述べられている（使徒行伝一章一四、コリント人への第一の手紙九章五、ガラテヤ人への手紙一章一九）。

ただし、ここで「兄弟」を示しているギリシャ語の「adelphos」は、ヘブライ語「ach」の訳語であり、それは兄弟、異母（異父）兄弟、従兄弟を意味する。だがこの曖昧さも、「本当の兄弟」と見なすテルトゥニアヌス、エジェジップら二世紀の教父たちによって、きっぱりと退けられた。エジェジップによれば、ユダの孫たちは「ダビデの一族であるとして」、ドミティアヌス帝（在位八一―九六）の前に直訴され、祖父のユダは「（イエスの）血を分けた兄弟と呼ばれていた」という。[15]ところが、これと同時代に書かれた『ヤコブ原福音書』には、イエスの兄弟は「ヨセフの前の結婚で生まれた異母兄弟、異母姉妹である」と明記されている。この可能性は東方教会が取り上げたものの、カトリック教会は聖ヒエロニムスの意見に同調した。聖ヒエロニムスはラテン語聖書の翻訳者であり、四世紀に「このachという語は従兄弟を指す」と断言したのである。プロテスタント教会はといえば、イエスが兄弟姉妹の長兄であることを否定はしていない。

もう一つの問題はイエスが結婚していたかどうかである。新約聖書には妻のことも子供のことも言及されていないが、イエスの後について歩いた女性たちの名が挙げられている。マグダラのマリア、ヤコブとヨセフの母マリア、ヘロデ王の執事クーザの妻ヨハンナ、ゼベデオの子らの母、スザンナ、サロメ……。イエスもユダヤの慣習に従い、この女性たちのうちの誰かと結婚したのだろうか。だが、それはユダヤ教の多様性を考慮に入れなければの話である。現に、エッセネ派のような集団や巡回預言者たちは、独身を勧めていた。したがって、福音書に示されているように、イエスがずっと独身でいたということは、十分あり得る話である。そうでなかったとしたら、福音書はなぜ彼の結婚の真実を伏せておこうとしたのか、理由が不明である。預言者にとっても、結婚は異常でも何でもないことだろう。ダン・ブラウンには悪いけれど、イエスが一度も結婚していない可能性はかなり高いといえる。

巡回説教師

ポンシオ・ピラトの統治下、イエスの公的活動は（共観福音書によれば）一年、あるいは（ヨハネによれば）三年続いたとされている。彼の生涯の短いこの時期だけが、さまざまな歴史資料で取り上げられている。ナザレ人イエスは「およそ三十歳の時」（ルカ三章二三）、バプテスマのヨハネと再会している。ヨハネはザカリヤの息子で、すでにヨルダン川の近くのベタニアで宣教を始めていた。

当時、パレスチナにおけるローマ帝国の同化政策（文化的同化）に対して、ユダヤ人の間から強い反発が起こっており、ヨハネはそこから生まれた預言者世代の一人であった。エルサレムではポンシオ・ピラトが、多神教の占い杖が刻まれた貨幣を発行した。ユダヤでは、ヘロデ大王の後継者となった息子、ヘロデ・アンティパスが新しい都ティベリアを造ったが、その場所はユダヤ人にとって、不浄の地である墓場の跡地であった。彼は宮殿を彫像（つまり偶像）で飾り、異母兄弟の妻であるヘロデアと結婚している。このようなヘロデの律法違反を批判していたバプテスマのヨハネは、水によって罪を清める洗礼を施し、群衆の心を捉えていた。彼はメシアの到来が近いことを告げ、最後の審判に備えて「悔い改めよ」と訴えていたのである。

そのヨハネがヘロデに捕らえられ、処刑されたのは、イエスが彼から洗礼を受けたすぐ後のことである。フラウィウス・ヨセフスは『ユダヤ古代誌』の中で、バプテスマのヨハネについて詳説している。「ヘロデの軍隊が壊滅したのは神の意志によるものであり、洗礼者と呼ばれるヨハネの正当な報復だ、と考えるユダヤ人たちがいた。実際、ヨハネは善なる人だったのに、ヘロデは彼を殺させたのである。ヨハネはユダヤ人たちに徳をおこない、人に対して正しく神に対して敬虔であるよう促し、洗礼を受けることを勧めていただけだ……。多くの人がヨハネの周りに集まっていた。そして話を聞いている時はとても興奮していた。ヘロデは、ヨハネのこのような説得力が反乱を引き起こすことを心配していたのだ。群衆が、この男のどんな意見にも追従しかねなかったからだ。そこでヘロデは、問題が起きる前にヨハネを捕まえることにした。もし何か騒ぎでもあったら、己の身を危険に晒したことを後になって悔やむよりは、その方がましだと考えたからである。ヘロデの猜疑心のおかげで、ヨハネはマケラオ城に送られ……そこで殺されることになった」[16]。

イエスがヨハネのそばに居たかどうかは知られていない。確かなことは、彼がヨルダン川での受洗のすぐ後に宣教を開始したことである（使徒行伝一〇章三七―三九）。イエスには、洗礼を授けた人の刻印が残されており、その洗礼者について、イエスは次のように言っている。「女から生まれた者の中でヨハネより偉大な者はいない。しかし、神の国で最も小さい者でも彼よりは偉大である」（ルカ七章二八、マタイ一一章一一）。

イエスは神学者でも政治的扇動者でもなく、独立した巡回預言者だった。集落を回って悪霊祓いと病気治癒をおこない、愛と非暴力を説いた。イエスが巡回したのは、ティベリアやセフォリスのような大都市ではなく、カファルナウム、カナ、コロザインといった小さな町や村だった。彼が都会の人と接触していたとは考えにくい。彼を取り巻いていたのは十二人の男性（イスラエルの十二部族と関係のある象徴的な数）と、しだいに数を増す信奉者の一団であった。そのうち福音書に名が挙げられているのはレヴィ、バルティマイ、ナタナエルである。

疎外された人々と共に

女たちもまたイエスに付き従ったが、それは当時の社会では驚くべきことだった。ずっと若い頃に、父親の庇護を離れて夫の庇護下に入った彼女たちは、いわば永遠の未成年者だったのだ。しかも、社会から締め出された女たち、たとえば寡婦や娼婦、「悪霊や病から癒された女たち」（ルカ八章二）が多かったからである。

そういう女たちを、イエスは劣っているとは思っていなかった。男であれ女であれ、義人であれ罪人であれ、あらゆる弟子が平等・同等であることを、何度もくり返し語っている。そして、すべての人に徹底した生き方を求めた――おそらくパレスチナを巡回していた他の預言者たちもそうだったのだろう――。この厳しい生き方の規範は、マルコとマタイが明らかにしている。イエスに従う者は財産のすべてを、着替えのチュニカ（長衣）までも捨てなければならない。弟子となる者は、「パンも、ずだ袋も、帯に入れる小銭も」持ってはならず、「ただサンダルを履くだけ」にしなければならない（マルコ六章八―九）。

さらに、ルカが付け加えているように、イエスは家族との絆を絶つことも要求した。イエスに付き従う前に「父親を葬らせてほしい」と頼んだ人に向かって、イエスは「死人を葬ることは死人に任せておくがいい。あなたは行って神の国を告げ知らせなさい」（ルカ九章五九―六〇）という言葉を返している。また、「家族に別れを言いに行きたい」と言った人には、「鋤に手をかけてから後ろを見る者は、誰であれ神の国にふさわしくない」（九章六一―六二）と答えている。イエスはいっさい自己弁護をしなかった。「なぜなら、わたしが来たのは人をその父と、娘をその母と、嫁をその姑と仲違いさせるためである」（マタイ一〇章三五）。彼自身、自分の家族に対してとても冷たい言葉を発している。イエスは母親と兄弟たちが自分を迎えに来たことを知って、「わたしの母とは誰のことか。わたしの兄弟とは誰のことか」と答えている。そして自分を取り囲んで座っている人々を指さし、「ここにわたしの母と兄弟たちがいる」と言っている（マルコ三章三一―三四）。

イエスの弟子たちは働いていなかったし、住む家も生活の手段もなかった。当然のことながら、どこで寝て何を食べていけばいいのかと心配する者たちもいた。そういう彼らにイエスは、「信じて任せよ」と言っている。「何を食べようかと命のことで思い煩い、何を着ようかと体のことで思い煩うな」（ルカ一二章二二）。イエス自身が放浪者で、神を頼みとして暮らしを立てていたのである。自然の中から模範例を引き出す詩人でもあり、神は「カラスを養って下さる」（ルカ一二章二四）、「畑を装って下さる」（ルカ一二章二八）と語っている。

また、招かれた所にはどこへでも弟子たちを連れていった。それはイエスを支援する人たちの家であったり、ザアカイのような徴税人たちの家であった。徴税人は、ローマ人から税金の徴収権を買い取る大金持ちのユダヤ人であったが、そのことで憎まれ、宗教的にのけ者となっていた（ルカ一九章一—一〇）。食事は家族、近親者、友人たちと共にするのが習わしだった社会で、イエスはそういう人たちと食卓を囲んだのである。

イエスがまず声をかけたのは、疎外された人々だった。彼は貧しい人、体の不自由な人、社会ののけ者、罪人、犠牲者や異端者、女たちや子供たちなど、すべての声なき者たちと連帯していた。彼らと交わることを非難した保守的な人たちに、イエスは「医者を必要とするのは健康な人々ではなく、病人たちである。私が来たのは義人を招くためではなく、罪人を悔い改めさせるためである」（ルカ五章三一—三二）と、巧妙な答えを返している。そしてすべての疎外された人々に、「あなた方は最初に神の国に入るだろう」と約束している。パレスチナには、世の終わりが近いことを告げた黙示的終末思想が浸透していたため、この約束は真剣に受けとめられたのである。

イエスは律法に何を見たか

イエスの律法に対する自由奔放さも、敬虔なユダヤ人たちの非難の的となった。彼は安息日の律法に違反しただけでなく、らい病患者、長血〔長期間の出血をともなう婦人病〕をわずらう女、死人らの、汚れた者たちの体に触れて、ユダヤ教の清浄規定を無視した（マタイ八章二、マルコ五章二五—三四、ルカ七章一四）。また、離婚は夫が言い出した場合にのみ律法で認められていたが、彼は無条件で離婚を禁止した。

それでもイエスは敬虔なユダヤ教徒だった。頻繁に会堂へ行って人々に話しかけ、律法の専門家たちと議論していた。教えを説いたのも、主にユダヤ教徒に対してである——カファルナウムの町の百夫長〔百人から成る歩兵小隊（百人組）の隊長〕のような異教徒も、弟子として迎え入れていたが——。そしてユダヤの慣習に従ってパンを裂き（マルコ六章四一、八章六）、裾に房がついた衣を着て（マルコ六章五六、マタイ九章二〇、ルカ八章四四）、少なくとも一度は、過越の祭のためにエルサレム神殿を訪れた——これが彼にとって宿命的な訪問となった——。

イエスが問題にしたのは律法そのものではなく、人間社会における律法の適用の仕方だった。安息日に奇跡を行なった彼は、律法違反を次のように釈明している。「あなた方のうちで、自分の息子か牛が井戸に落ちた時に、安息日という理由ですぐに引き上げてやらない者がいるだろうか」（ルカ一四章五）。ユダヤ教徒たちの頑《かたく》なさに苛立ちを覚えた彼は、「人の子（イエスのこと）がまさに安息日の主人なのだ」（マルコ二章二八）という言葉を吐いている。清浄規定〔ユダヤ教における食物の浄・不浄を定めた掟〕に対しても、自ら律法の主人をもって任じていた。「外から人の中に入って、人を汚し得るものは何もない。逆に、人の中から出てくるものが人を汚すのである」（マルコ七章一五）。微に入り細にわたって検討されてきた律法解釈を、イエスはことごとく却下した。「盲目の案内者たちよ。あなた方は細かい網で蚊を取っているが、ラクダは飲み込んでいる」（マタイ二三章二四）。似たような対比が「塵と梁」〔兄弟の目にある塵が見えるのに、自分の目に梁（丸太）があるのに気づかない〕（ルカ六章四一―四二）、「ラクダと針の穴」〔金持ちが神の国に入るのは、ラクダが針の穴を通るより難しい〕（マルコ一〇章二五）の比喩にも見られる。

バプテスマのヨハネと違って、イエスは政治権力をじかに非難することはなかった。社会的反乱や富裕層の打破を呼びかけることもなかった。もっと卑近で日常的に、裕福な人々に分け与えるよう促し、物質的富の虚しさを説いていたのだ。「あらゆる貪欲を警戒しなさい。どれほど裕福に暮らしていても、人の命は財産では保証されないからである」（ルカ一二章一五）。結局、彼が何よりも批判していたのは、信心家ぶった人たちの偽善的な宗教心だったのである。

ヤーウェ〔ユダヤ教の神、エホバ〕が示した律法の中に、イエスは別のものを見ていた。それは分かち合いの精神の大切さであり、内的自由と暴力放棄への呼びかけであり、そして何よりも愛への招きであった。彼にとって愛は、律法の成就であり完成にほかならなかった。それがなければ、神殿に供え物をささげても何の価値もない。「もし兄弟が何かあなたに不満を抱いていることを思い出したなら、その供え物を祭壇の前に置いて、まず行って兄弟と和解しなさい。それから戻ってきて供え物をすればいい」（マタイ五章二三—二四）。イエスはこれを、さらに高度な要求へと発展させ、しばしば極端なまでの一徹さを見せた。「『隣人を愛し、敵を憎め』と言われているのは、あなた方も聞いたことがあるだろう。だが、わたしならこう言おう。「あなた方の敵を愛し、迫害する者のために祈りなさい」と」（マタイ五章四三—四四）。

イエスの愛への招きが至上命令的に語られているのは、「時は満ち、神の国は近づいた」（マルコ一章一五）からである。この間近に迫った神の国は、彼の説教にくり返し表われるテーマである。「わたしは他の町々にも神の国の福音を宣べ伝えなければならない。わたしが遣わされたのはそのためなのである」（ルカ四章四三）と、カファルナウムの町を去る時に言っている。イエスのさまざまな倫理的要求は、まさに神の国が実現した世を創り出すためのものであった。他の預言者たちが告げていたメシア待望の時代とは対蹠的に、徴税人や娼婦たちの方が、義人と自称する人々より優先されるような（マタイ二一章三二）、新しい時代を切り開こうとしていたのである。

イエスが言っている「神」は、イスラエルの神である。それは聖書の用語では「主」「天」「父」の呼び名で示され、「裁きの神」であると同時に、善意に満ちあふれた神として描かれている。「天の父は悪人の上にも善人の上にも太陽を昇らせ、正しい者の上にも正しくない者の上にも雨を降らして下さるからである」（マタイ五章四五）。驚くのはイエスが神に対して、ユダヤ教では聞いたこともない「アッバ」という呼び方をしていることである。これは子供が父親に語りかける時の「パパ」という意味である。そしてエルサレム神殿を、「わたしの父の家」と呼んでいることである（ヨハネ二章一三―一二）。神とのこの親密さ――これは歴史家たちが挙げている強烈な独創性という基準を満たす――こそが、多くの相手に衝撃を与え、イエスを死に導くことになる。

イエスの複雑な人物像

イエスという実在の人物は、何世紀ものあいだ思い描かれてきた敬虔なイエス像より、はるかに複雑である。親切にふるまい、疎外された人々に手を差し伸べる人でありながら、とげとげしい言葉を口にすることも、ある町に呪いの言葉を吐くこともあった。彼を迎え入れることができなかったカファルナウムの町に、「おまえは黄泉《よみ》にまで落とされるであろう」と言っている（ルカ一〇章一五）。「わたしと共にいない者はわたしに敵対する者である」（ルカ一一章二三）という言葉には、彼の偏狭さがうかがわれる。怒りっぽい性格でもあり、食事に招待したファリサイ人が、お返しに非難を浴びせられることさえあった。「まったく、あなた方ファリサイ人ときたら！　杯や盆の外側は清めたとしても、あなた方の内側は強欲と悪意に満ち満ちている」（ルカ一一章三九）。人の非を咎めたり、身内に何かを要求するときは、「あなた方も完全な者になりなさい」（マタイ五章四八）というような威圧的な物言いをする。イエスのことを「よき師よ」と呼んだ役人には、「なぜわたしをよき者と言うのか。神ひとりの他によい者はいない」（ルカ一八章一八―一九）という言葉を返している。

しかしながら、至高のヒューマニズムを示したのもこの人である。苦しんでいる人たちをはじめ、すべての人に救いの手を差し伸べた。福音書に登場するイエスは、さまざまな状況で「気の毒に思い」、「励まし元気づける」ことを知っている人として描かれている。彼自身もみずからを、「柔和で心のへりくだった者」（マタイ一一章二九）と言っている。兄弟ラザロの死を嘆き悲しんでいるマルタを見た時のように、「動揺し」、「涙を流す」（ヨハネ一一章三三―三八）こともあった。アンデレとピリポ（ヨハネ一二章二七）、そして十二人の弟子たちに（ヨハネ一三章二一）、いよいよ自分の時が来たことを告げたときも、彼の心は騒いでいたが、それでも愛に満ちた祈りを捧げている。「あなたがわたしを遣わし、わたしを愛されたように、彼らのことも愛されたことを、世の人々にわからせてください」（ヨハネ一七章二三）。権力に支配された父権社会を相手に、父の愛について語っているのだ。この祈りは、今日の我々には月並みに思えるかもしれないが、この時代には、社会的、宗教的風習を変えようとする革新的な祈りだったのである。

奇跡を行なう人

新約聖書によれば、病を癒し、悪霊を祓い、奇跡を行なうのがイエスの主な活動であった。それによって彼のカリスマ性が正当なものと認められ、語る言葉にもいっそう威厳が加わった。彼自身、奇跡についてくり返し言及しており（ルカ七章二一―二二、一〇章一三―一四、一一章二〇、一三章三二）、奇跡は神の力を見せ、神に立ち返らせるものだ、と説明している。「わたしが神の指で悪霊を追い出すとしたら、それは神の国がすでにあなた方のところに来ているからだ」（ルカ一一章二〇）。奇跡の現実性について、歴史家たちは見解を明らかにしていないとはいえ[17]、奇跡の数は驚くほど多い。それらを順に拾っていけば、イエスの足取りを辿ることができる。共観福音書によればガリラヤの各地を巡り、ヨハネ福音書によればユダヤにも赴き、さらにティルスまで足を延ばしたとされている。マルコ福音書の四分の一は、奇跡に関係する記述である。マタイとルカはそれらを選別すると同時に、他の奇跡を書き加えている。ヨハネはそのうちの七つだけを選び、詳しく述べている。

こうしてイエスは、らい病患者を癒し（マルコ一章四〇―四五）、中風患者（マルコ二章一―一二）、片手の萎えた人（マルコ三章一―六）、盲人たち（マルコ八章二二―二六、一〇章四六―五二、マタイ九章二七―三一）を治した。また、悪霊に憑かれた者たちから霊を追い出し（マルコ一章二三―二八、五章一―二〇、マタイ八章一六―一七）、死人を生き返らせ（ルカ七章一一―一七、ヨハネ一一章三八―四四）、パンや魚を増やし（マルコ六章三二―四四、八章一―一〇、ルカ五章一―一一）、海の上を歩き（マルコ六章四五―五二）、嵐を静めた（マルコ四章三五―四一）。彼が通りかかった町々では、「夕暮れになり日が沈むと、人々は病人や悪霊に憑かれた者たちを皆、イエスのもとに連れてきた。そうして、町中の者が戸口の前に集まっていた。彼はさまざまな病を患っている多くの人を癒し、多くの悪霊を追い出した」と、マルコが概観している（マルコ一章三二―三四）。イエスは「行ないにも言葉にも力のある預言者」（ルカ二四章一九）だったのである。

受難

亡くなる一週間前、過越祭を祝うためにエルサレムに上《のぼ》って行ったイエスの周りには、全ディアスポラ〔四散したユダヤ人共同体〕から来た何万人というユダヤ人が集まっていた。民族主義のメシア運動が高まっていたこの時期、イエスを慕う弟子の数のおびただしさは、地方の役人やユダヤ人、ローマ人の権力者たちに不安を抱かせていた。エルサレムに着いたイエスは神殿に赴いた。おそらく教えを宣べ伝えようとしたのだろう。ところがイエスは、神殿で生け贄用の動物を売っていた商人たちを見ると、容赦なく責め立て、両替商たちのテーブルをひっくり返した。両替商は生け贄の支払いをする巡礼者たちに、異教徒の貨幣と交換でユダヤの金銭を渡していたのだ。神殿は当時、社会的・経済的役割の中心を担い、礼拝儀式に参加するユダヤ人が各地から押し寄せる場所になっていた。その時イエスは、「『わたしの家は、すべての民の祈りの家と呼ばれるだろう』と書いてあるではないか。それなのにあなた方は、それを強盗の巣にしてしまった」（マルコ一一章一七）と言っている。四人の福音史家が取り上げているこの言葉は、エルサレムの祭司たちの権威を脅かすものだった。その後イエスは、「人の手で造った」この神殿の終わりを告げている（マルコ一四章五八）。

祭司たちがイエスの活動を終わらせることに決めたのは、祭りの準備の最中に起こったこの騒動の後のようである。彼らの敵意が増しているのを感じ、自分の断罪が避けられないことを悟ったイエスは、十二使徒を集めて最後の晩餐を行なった。四人の福音史家は、その日を木曜日としている。ユダヤ教の伝統に従って、イエスはパンを裂き、ぶどう酒を分け与えると、「これはわたしの血、多くの人のために流される契約の血である」（マルコ一四章二四）という言葉を残している。彼を裏切ったのは、そこに列席していた身内の一人、使徒のユダである。民衆暴動の危険を冒さずにイエスを捕らえることができる場所と時間を、ユダが祭司長たちの護衛隊にひそかに知らせたのだ。そして夜が明け、イエスはサンヘドリン（最高法院）に出頭させられた。それは宗教的、世俗的、法的権限を与えられたユダヤの最高評議会である――本来は、死刑宣告の資格を有していたのはローマ政府だけであった――。

サンヘドリンの議長を務めていた大祭司カイアファ（在位一八―三六）は、イエスにメシアであるか否かを詰問した後、冒瀆の罪で彼を有罪とした。「安息日を破ったばかりでなく、神を自分の父と呼び、自らを神と等しい者にしたから」（ヨハネ五章一八）である。その後、ローマ総督ポンシオ・ピラトのもとに連れて行かれたイエスは、「おまえはユダヤ人の王なのか」と問いただされる。弟子たちは逃げ去ったが、不思議なことに彼らが官憲から追及されることはなかった。ピラトがイエスに言い渡した十字架による死刑は、逃亡した奴隷や政治的扇動者に科せられる刑罰である。しかし、イエスが政治的活動のために死刑を宣告されたとはとうてい思えない。ピラトによる判決の速さから考えられることは、彼がただ、サンヘドリンの祭司長らの執拗な頼みに応じるために、この判決を下したということだ。ヨハネ福音書に裏づけられた仮説である。

ローマ兵たちに鞭打たれ、嘲弄されたイエスは、エルサレム郊外のゴルゴタの丘で、その日のうちに十字架にかけられた。ある歴史家たちによれば、この出来事が起こった日は三〇年四月七日の金曜日、あるいは三三年四月三日の金曜日の可能性が高いとされている。[18] 神学者たちは総じて、前者の三〇年四月七日を採り上げているが、日付を曖昧なままにし、「三〇年頃」としている歴史家が大半を占める。イエスはその日のうちに、つまり安息日が始まる金曜の日没前に埋葬された（ユダヤ教では金曜の日没から土曜の日没までが安息日である）。享年三十五歳、もしくは三十六歳だった（イエスの誕生は、紀元前四年のヘロデ大王の死よりも前であったが、誕生の年を西暦〇年とする誤ったこだわりから、長い間、イエスは三十三歳で亡くなったといわれてきた）。

ヨーゼフ・クラウスナーの表現を借りて言えば、「ここでイエスの生涯は終わり、キリスト教の歴史が始まる」[19]。その歴史は安息日の翌日、イエスに付き従っていた女性たちが、「用意しておいた香料を携えて墓に行った」（ルカ二四章一）ときに動き始めた。墓が空になっていたのだ。そして復活の噂が広まっていく……。

キリストの復活をめぐって

福音書によれば、イエスの遺体は埋葬された翌々日に消えたという。「マグダラのマリア、ヨハンナ、ヤコブの母マリア、そして彼女たちと一緒にいた他の女性たち」が、安息日と過越祭で中断していた伝統的な防腐処置（遺体に香料や香油を塗る）を続行するため、その日に墓を訪れたのである。彼女たちは仰天して使徒たちのところに飛んで行った。しかし使徒たちは、彼女たちの話を「たわごと」だと思い、「信じようとしなかった」。そこでペトロが確かめようと墓に駆けつけたが、彼も「すっかり驚いて」戻って来たのだ（ルカ二四章一〇―一二）。エルサレム神殿の祭司長らが広めた噂のとおり、遺体は弟子たちによって盗まれたのだろうか（マタイ二八章一一―一三）。イエスが蘇ったという説は、聖書正典で断定されているとはいえ、四人の福音史家が強調しているように、最初は人々に強い疑念を抱かせた。ところが、それから何時間か経って、イエスが弟子たちの前に姿を現わしたのである。その時から、復活説はまぎれもない事実となった。

この復活がどのような過程でなされたかについて、四人の福音史家はいずれも語っていない。そのため、復活は信じる人だけに関わりがある「神秘」となった。この空隙を埋めようとして、聖書外典ではさまざまな驚嘆すべき話が伝えられてきた。復活したイエスの特徴についても、正典の方は一度も描写していない。その外見は、近親者たちでさえ彼だとわからなかった（マルコ一六章一二、マタイ二八章一七、ルカ二四章一五）のだから、目に見えて違っていたのだろう。マグダラのマリアは、彼を庭師とまちがえた（ヨハネ二〇章一五）ほどである。

しかも四人の福音史家の間で、イエスの出現に関する話にくい違いが見られる――福音書の作成が後になるにつれて、しだいに詳しくなっている――[20]。マルコはごく簡単にしか述べていない。マタイの話では、十二使徒（ユダの裏切り以来、十一人になったが）をガリラヤに差し向けたのは、出現したイエスである。「彼らはそこ（ガリラヤ）でわたしに会えるであろう」（マタイ二八章一〇）とことづけした後、ガリラヤに赴いた使徒に会って、「すべての国の人々」に福音を伝えに行くよう命じている（マタイ二八章一九）。ルカによるイエスの出現は、エルサレムとその近辺に限られている。「エルサレムから始めて、すべての国の人々に」（ルカ二四章四七）教えを広めるよう呼びかけている点は共通するが、ルカが描いたイエスは、「何か食べる物」があるかと尋ね、「焼いた魚を一口味わう」（ルカ二四章四一―四二）ほど、肉体を持った人間の特徴を留めている。食べたり歩いたり話したりしているので、生身の人間が死を超えて現われたということである。その存在は、人々が目で見ることも触れることもできた。「あなたの指をここに当てて、わたしの手を見なさい。あなたの手を伸ばし、わたしのわき腹に入れてみなさい」というイエスの言葉は、「自分の指をその釘跡に入れてみる」までは信じようとしなかったトマスに向けて言われている（ヨハネ二〇章二五―二七）。

しかしながら、蘇ったイエスには人間的特徴だけが見られたわけではない。福音書には、超自然的存在であることを表わす一連の所作も例示されている。イエスは、弟子たちが鍵をかけた家の戸を通り抜けて入ってきたり（ヨハネ二〇章一九、二六）、集まって話している最中に突然現われたりした（ルカ二四章三六）。また弟子たちに「息を吹きかけ」、「聖霊を受けよ」と言いながら、人々の罪を赦す権威を彼らに与えた（ヨハネ二〇章二二）。

イエスが十字架上で息を引き取ったとき、百夫長が感嘆の声をあげ、「まことに、この人は神の子であった」と言った（マルコ一五章三九）。イエスの復活を信じるようになった弟子たちにとって、この言葉は明白な事実として真に重みのある言葉となった。それまで彼らを途方に暮れさせていたイエスの死に、ここで意味が与えられたのである。復活はまた、不可解で理解されなかったイエスの言葉を解明するものでもあった。彼はラザロの姉妹であるマルタに向かって、「わたしは復活であり、命である。わたしを信じる者は、たとえ死んでも生きるだろう。また、生きていてわたしを信じる者は、誰でも決して死ぬことはない」（ヨハネ一一章二五―二六）と言っていたが、その意味がこの時に明らかになった。こうして弟子たちは、「神を自分の父と呼んでいた」（ヨハネ五章一八）人が、まちがいなく神の子であり、主《しゅ》であると[21]確信するようになったのである。

第二章　キリストの哲学

宗教とは別の二つの側面

イエスはユダヤ人として生まれ、ユダヤ人として死んだ。彼が生前、主にユダヤ人に向けて説教するユダヤ人とみなされていたことは明らかである。イエスがユダヤ民族に属し、ユダヤ教徒の一人であることに異論を差し挟む者は、敵対者の中にはもちろん、弟子たちの中にもいなかっただろう。ローマ人にとってのイエスは、「ユダヤ人の王」と自称する者であった。イエス自身がこの称号を受け入れたことは一度もなかったが、ローマ人たちはそう思っており、しかもそれがピラトによる死刑宣告の表向きの理由となった。周知のとおり、十字架の頂に掲げられた銘板（罪状書き）には「ユダヤ人の王」と記されていた（マルコ一五章二六）。

ユダヤ人にとってのイエスは、紀元前二世紀のマカベア（ユダヤ教徒による王朝）時代以降に現われた多くの改革者の一人であった。ギリシャ思想の流入と流行に対抗するため、ユダヤ教が刷新を図る必要に迫られていた時期である。紀元前三三〇年頃、アレクサンダー大王の軍隊と共にオリエントにもたらされたギリシャ思想は、プトレマイオス朝の首都アレクサンドリアで発展し、紀元前二世紀にこの地方を征服したローマ人が、それを普及させることになった。ユダヤ人たちは伝統の一新を試みる一方で、ギリシャ語を学び、学校へ通い、ギリシャ人が生み出した思想に魅了されていたのである。

キリストの時代、正統派ユダヤ教というものは存在しなかった。数多くの異なるグループが敵対し、ヤーウェと聖書をそれぞれの視点でとらえ、自分たちのものだと主張していた。そして大勢の預言者たちが、身の清めと世の終わりを説いて回っていたので、イエスが「そのうちの一人にすぎない」というシナリオもあり得ただろう。イエスも彼らと同じように弟子に囲まれ、パレスチナの砂漠や小さな村を巡り、群衆にメッセージを伝えていた。彼らのうちの多くがそうだったように、彼もローマ人の手にかかって死んだ。

しかしながら、死後もそのメッセージが生き残り、人類全体にかかわる大激変をもたらしたのは彼だけである。この「イエスという神秘」は、彼のことをキリスト（救世主）と呼び、神の子として理論づけた信徒たちにとっては、まさにイエスの神性から来るものである。だが歴史的、哲学的視点から見ると、この影響力と強いインパクトは、ナザレのユダヤ人大工が発した革命的かつ普遍的なメッセージに起因するものである。

成立当初から、教会はこのメッセージの宗教的内容を伝えようとしてきた。その宗教性が顕著に表われている例としては、イエスがユダヤ教の改革者として登場していること、イエスが自分を表わすのに、「神から遣わされた者」「父の子」「人の子」というメシア性を示す表現を用いていること、そして最初の弟子たちが、イエスを待望のメシアとして認めるようになったことが挙げられる。そのほかにも、イエス自身が「わたしは律法を廃するために来たのではない」と言っていること、彼によって定められたいくつかの行為、とりわけ最後の晩餐における象徴行為が、教会に新しい典礼（ミサ）を誕生せしめたことなどがある。こういった純粋に宗教的な側面については、キリスト教の誕生をテーマとする次の章で取り上げたい。

しかし、イエスの教えには別の二つの側面がある。言い方を変えれば、宗教ではない別の二つの視点から、それを読み解くことができる。この異なる視点に立つことで、メッセージの根本的な独創性と普遍的な性格が、いっそう際立って見えてくる。

一つ目は精神的と形容できる側面である。この側面に光を当てることは、人としてのイエスと向き合うことでもある。宗教的な諸制度から距離を置き、それと闘うことも辞さなかったイエスは、人類に救いの新しい意味を教えようとした。救われるとは、信仰の務めを果たすことでも、供え物をすることでもなく、キリストの人格に触れ、キリストと直接結ばれることだというのである。二つ目は、一つ目との微妙な違いを表わすため、哲学的と形容したい側面である。それは人間に向けられたイエスのまなざし、深い洞察力のある普遍的な視点から生まれたもので、基本的な倫理原則の礎を築いた。そして、それらの倫理原則が基盤となって、ずっと後に「人権」と呼ばれるものが確立することになる。

キリストの教えの精神性

ユダヤ教はユダヤ民族の長い歴史を通じて形成された宗教であり、旧約聖書に語られているように、数々の預言的啓示が豊富にちりばめられている。そのユダヤ教とは対照的に、キリスト教は、イエスというただ一人の人に依拠して成り立った宗教である。受難のすぐ後に誕生した教会とイエスとの強い結びつきは、当初から誰の目にも明らかであったので、信徒たちはすぐに「キリストという人の弟子」、すなわち「クリスチャン」と呼ばれるようになった。イエスの死後、三十年から六十年の間に書かれた『使徒行伝』によれば、この呼び名はアンティオキアで初めて用いられたという（使徒行伝一一章二六）。

イエス以前のユダヤ人預言者で、共同体に自分の名前を冠するほどの影響力を残した人は一人もいない。預言者たちは皆、ヤーウェ神の名において語り、その陰に隠れた存在だった。彼らは自分たちを、神と民の仲介役をする神の代弁者と見なしていたのである。ところがイエスは、過去の預言者たちとは異なり、イエス自身の名において語った。彼は威厳をもって「わたしは」と言い、しばしば「わたしはあなたがたに言う」という表現を用いた。また、話の区切りに「アーメン」というヘブライ語を入れているが、それはイエス自身が語る言葉の権威を強調するためである。「アーメン」とは「まことに」、「その通り」という意味で、二回続けて言われることもある（『ヨハネ福音書』には「アーメン、アーメン（まことに、まことに）」という表現が二十五カ所に見られる）。

イエスはまた、先人たちの教えを躊躇なく一掃しようとした。それが顕著に表われているのは、古い律法を改めて新しい掟を定めた「山上《さんじょう》の垂訓《すいくん》」である。イエスは集まった群衆に向かって、「あなたがたも聞いているとおり、昔の人は「……」と命じられていた」と切り出した後、「しかし、わたしはあなたがたに言う」と続ける。「山上の垂訓」で述べられた六つの教えは、すべてこの二つのフレーズで始まっている（マタイ五章二一―四八）。

イエスは自らを「ただひとりの教師」（マタイ二三章一〇）、唯一の仲介者であるとし、「わたしは道であり、真理であり、命である。わたしを通らなければ、だれも父のもとに行くことができない」（ヨハネ一四章六）と明言している。イエスが行なった数々の奇跡に関していえば、それは彼の救済能力が具体的に表われたものにほかならない。実際、外面的治癒は、より本質的な治癒である精神的解放の反映なのである。宗教の儀式や制度――神殿に象徴されるその腐敗を、イエスは再三にわたり指摘している――とは無関係に、ひたすら信仰と回心により、イエスと出会った者たちに与えられる内的解放である。なぜなら、彼を信じる人たちにとって、「人の子は地上で罪をゆるす権威を持っている」（マタイ九章六）からである。

わたしについて来なさい

一人称で語るこの権威、この資格は、イエスを遣わした神、すなわち彼の「アッバ（父）」から与えられたものである。イエスはそう断言しており、「わたしを拒む者は、わたしを遣わされた方を拒むのである」（ルカ一〇章一六、マルコ九章三七）と言っている。イエス自身が、神と救いに至る道なのである。「永遠の命を得るには、どんな善いことをすればいいのでしょうか」と尋ねたユダヤの金持ちの青年に対して、イエスはまず、モーセの十戒を一つ一つ挙げていく。「殺すな、姦淫するな、盗むな、偽証するな、父と母を敬え、また自分を愛するようにあなたの隣人を愛せよ」と。だが青年は満足がいかない。イエスはそこで、真実の救いの道を明かす。「もしあなたが完全になりたいと思うなら……わたしに従ってきなさい」（マタイ一九章一六―二二）。

各人の心に訴えかけてくるこの言葉に、キリストの教えの精神性が集約されている。そこには、いかなる外的要素も介在しない。各人はこの呼びかけに、自由な意志で応答するよう求められている。イエスが語っているのは、預言者たちが力説していたような、神に選ばれた民の救済についてではない。そうではなく、キリストの足跡に従って歩む一人ひとりの救いが問題なのである。「わたしは世の光である。わたしに従って来る者は、闇のうちを歩くことがなく、命の光をもつであろう」（ヨハネ八章一二）。

しかし、「イエスについて行く」とはどういう意味だろうか。キリストの真の弟子であるとはどういうことか。その答えには二つのレベルがあり、ともに福音書の中に与えられている。第一のレベルは、イエスとその教えについて明確な知識を持っている人々が対象であり、その答えは「イエスの言葉に耳を傾け、それを実践すること」にほかならない。イエスの教えを総括する「山上の垂訓」は、次のような言葉でしめくくられている。「わたしのこれらの言葉を聞いて実行する者は皆、岩の上に自分の家を建てた賢い人に似ている……。わたしのこれらの言葉を聞いても実行しない者は皆、砂の上に自分の家を建てた愚かな人に似ている」（マタイ七章二四、二六）。

結局のところ、この教えは神への愛と隣人への愛に行き着く（マタイ二二章三六―三七）。もともとユダヤ教の律法の中心にあった掟であるが、イエスはその刷新を図ったのである。効力を失い、窒息状態にあった掟を、偽善と律法主義から解き放ち、掟に本来の意義を持たせたのである。こうして新しくなった掟は、イエス自身がその生涯と行為を通して身をもって示した掟でもあった。「あなたがたに新しい掟を与える。わたしがあなたがたを愛したように、あなたがたも互いに愛し合いなさい」（ヨハネ一三章三四）。イエスはその言葉と行ないによって、すべてのキリスト教徒の手本となったのである。「イエスの足跡に従って歩む」とは、つまり恵みによって彼と結ばれ、彼が示した愛の道を、彼の後について行こうとすることである。

第二のレベルで示されている答えは、「イエスが教えた叡智によって生きること」である。イエスのことを知らなくても、彼の教えについて知識がなくても、隣人への愛と貧者、弱者への思いやりを実践することで、彼が伝えた叡智を生きることができる。イエスはそう教えているのである。それは福音書全体を貫いている主要なテーマであり、教えのキーポイントでもあるので、これについては本書の「むすび」で詳述したいと思う。「神は愛である」から、まさにそれが神の定義であるから、信徒であるか否かを問わず、愛する人はみな真理の中に生きる。媒介としての宗教の役割、信仰表明の絶対義務を相対化するイエスのこの教えは、ヨハネの次の一節に見事に要約されている。「愛する者たちよ、わたしたちは互いに愛し合おうではないか。愛は、神から出たものなのである。すべて愛する者は、神から生まれた者であって、神を知っている。愛さない者は、神を知らない。神は愛だからである」（ヨハネの第一の手紙四章七）。

神の国のパラドックス

　イエスは救いを約束すると同時に、神の国という新しい世界の到来を告げた。神の国は、彼が公的宣教を始めた時から、説教の中心的役割を占めていた。洗礼者ヨハネが捕らえられた後、ガリラヤへ赴いたイエスは、「時は満ち、神の国は近づいた。悔い改めて福音を信じなさい」（マルコ一章一五）という言葉で福音宣教を開始している。しかしながら、すべての説教に必ずといっていいほど登場する――三つの共観福音書の中に合計九十九回も出てくる――この王国について、イエスは詳しく語っていない。それは幸福と正義の国で、すでに存在する――「神の国はあなたがたの間にある」（ルカ一七章二一）――と同時に、来たるべき王国である。それまでの預言者たちと同じように、イエスも説教の中でたびたび終末について言及している。話に耳を傾ける人たちに、世の終わりの時が来る前に早く回心するよう促すためである。その時には災いが地を荒廃させ、「民は民に、国は国に敵対して立ち上がり」、飢饉や地震が人類を絶望させるが（マタイ二四章六―九）、最後の審判と神の国は、その後に到来する。「そのとき、人の子が大いなる力と栄光をもって、雲に乗って来るのを人々は見るであろう」（マルコ一三章二六）というのである。この神の国はまた、人間の外側にも内側にもあるものとして提示されている。

　キリストの有名な説教である「真福八端《しんぷくはったん》」（八つの至福の教え）は、神の国ではすべての価値が転倒することを告げている。「幸いである」人とは、もはや強者でも猛者でも金持ちでもなく、満ち足りた人でも権力者でもない。反対に貧しい者たちが富み、後の者たちが先になるだろう。飢えている人たちは満ち足りるようになり、満腹している人たちは飢えるようになる。泣いている人たちは笑うようになり、笑っている人たちは泣くようになる。人々に憎まれ、罵られている人たちは喜び踊るようになる（マタイ五章一―九、ルカ六章二〇―二六）。

後にこれを、パウロは「福音のメッセージの狂気」と呼んでいる（コリント人への第一の手紙一章二一）（日本語訳聖書のこの箇所は、「神は宣教の愚かさによって信じる者を救おうとした」と書かれている。パウロのいう「宣教」の愚かさとは、一見馬鹿げて愚かに思われるイエスの教えや、十字架につけられたイエスを世に知らしめることである）。そしてイエスはこの教えを、弟子たちの足を洗うという、当時奴隷のみが行なっていた行為によって体現した。「わたしがあなたがたにしたとおりに、あなたがたもするように、わたしは手本を示したのだ」（ヨハネ一三章一五）と弟子たちに説いている。なぜなら神の国においては、「あなたがたの間でかしらになりたいと思う者は、すべての人の僕《しもべ》とならねばならない」（マルコ一〇章四四）からである。

我々はここで、キリスト教的精神性の中心テーマと向き合うことになる。私の考えでは宗教史上、他に類を見ないものである。イエスは目に見える力や成果を基準にした人間の序列、その支配構造をことごとく覆した――「先のものが後になるだろう」――が、それだけではない。さらにもっと踏み込んで、「恵みは貧困、苦しみ、罪、弱さの中に宿る」と言い切ったのである。イエスは、不幸のただ中にある至福を告げ知らせに来たのだ。成功、権力、富は従来、神に祝福されたしると見なされてきたが、イエスは正反対のことを主張している。神は取るに足りない者、苦しんでいる者、侮られている者の心の奥に居て、これまでのように加害者側ではなく、犠牲者側の味方であるというのだ。イエスはまた罪を犯している人、自分の弱さに押し潰されそうな人にも寄り添い、立ち直ろうとする彼らの助けになることを約束している。「わたしが来たのは、義人を招くためではなく、罪人を招くためである」（マタイ九章一三）。

死と苦しみに新しい意味を与える

パウロの書簡をもって成立した「十字架の神学」は、最高の犠牲を自ら引き受けた人間キリストを軸に構築されている。「わたしたちは十字架につけられたキリストを宣べ伝える。このキリストは、ユダヤ人には躓《つまず》かせるもの、異邦人には愚かなものである」（コリント人への第一の手紙一章二三）。残念なことに、この神学は曲解され、特に十一世紀の聖アンセルムス以降、血なまぐさい犠牲の論理へと変質した。神の子キリストが生まれたのは、十字架上で死ぬことにより、父なる神の怒りと悪魔の支配から人類を救うためであった、という発想である。神の計画をそのようにサド・マゾ的視点で捉えれば、「最も苦しむ者たちがキリストの真の弟子である」という考え方に行き着く。そこから生まれたのが「ドロリズム（苦痛主義）」（肉体的、精神的苦痛の価値効用を主張する考え方）と呼ばれる苦痛礼賛で、多くのキリスト教徒がその魅力の虜となった。

しかし、キリストはそのような死を望んだわけではない。自ら求めたわけでも欲したわけでもない。そのことは、福音書にはっきりと記されている。逮捕される前の晩、彼は神に、この試練を免れさせてほしいと懇願している。「父よ、もしできることなら、この杯をわたしから遠ざけてください」。それと同時にイエスには、この苦しみの杯が避けられないものだとわかっていた。彼の教えが当時の宗教指導者層から理解されることは、もはや不可能だったからである。あまりにも斬新で常識破りで、しかも秩序を破壊する教えであったから、彼らには許すことなどとうていできなかっただろう。

「序」で述べたように、イエスの死が救いに繋がったのは、それが父なる神を喜ばせたからではなく、彼の人類への愛、真理への忠実さの証が、究極の形で示されたからである。イエスは恐怖のあまり断念したりはしなかった。苦痛と死を受け入れるほどの愛を証明した。それによって彼は死と苦しみを変容させ、そこに新しい意味を与えたのである。自分を裏切るしか回避するすべがないとき、それを自ら引き受けるならば、死と苦しみは人間を打ち砕くのではなく、逆に大きく、気高くする。イエスはそう教えたのである。

ソクラテスに関しても同じことが言えるかも知れない。彼が心穏やかに死を受け入れたことに、弟子たちは強い衝撃を受けた。しかしながら、この二人の偉大な賢者の間には相違点がある。イエスはただの人間ではなく、神から遣わされた者、父なる神の最愛のひとり子とされていた。信徒でない者にとっては、それで何かが変わるわけではない。しかし、信じている弟子たちやキリスト教徒にとっては違う。神の全能をもってすれば苦しみと死を免れることができたはずの神の子が、人生の最後の試練を人として引き受け、乗り越えたという事実、それはすべてを変えることだった。典礼文にあるように、「彼はその死によって、死に打ち勝った」のである。キリストの復活と顕現〔復活後に弟子たちの前に現われたこと〕の意味もそこにある。つまり、死はもう一つの次元の生命への通過点に過ぎないこと、別次元での新しい生命は、いかに生き、いかに死ぬかにかかっていることを、イエスは身をもって示したのである。そしてそれが、キリスト教徒の希望のすべてとなった。

苦痛に関して言えば、それ自体はまったく無益である。イエスは、それがいかに凄まじいかさえも証明した。苦しみという悪の問題に直面したイエスは、それに対する納得のいく答えも神学的な答えも与えていない。一つの行為を残しただけだ。この説明できない悪を自ら乗り越えるという行為である。しかし、回避しがたいこの悪を自ら引き受けることによって、イエスは信じる者に一つのことを伝えている。どうしても免れ得ない苦――病気、死別の悲しみ、死の不安、断末魔の苦しみ――には、甘受する道があるということである。その道は、人の心を思いもかけぬ新しい次元へと導き、寛容と愛と憐憫の情を呼び覚ます。イエスは人間存在の悲劇的現実を打ち消そうとはしなかった。彼はすべてを甘受したのである。キリストに近づくために、彼を真似ていると信じ、自ら求めて自分の体を苦しめ、苦行する苦痛礼賛者たちの見解は、イエスの教えにはほど遠い。

もう一つ付け加えておきたいのは、キリストの犠牲が、古来の生け贄の思想を根底から覆したことである。ルネ・ジラールは二つの代表作の中[1]で、犠牲の論理は、人間社会に内在する暴力を回避する必要性から生まれた、と主張している。きわめて妥当な説だと思う。ある人間を、さもなければある動物を生け贄として捧げるのは、悪を追い払い、それを生け贄に取りつかせる必要があるからである。特定の敵に狙いを定めたり、他者を悪魔に仕立てようとする性向は、現代社会にもまだよく見られる。この自然な欲求が、犠牲の論理を作り出したのである。悪の権化と見なした人を生け贄とし、血なまぐさい儀式を行なっていた古代人たちは、まさにこの論理に支配されていたのだ。

ところがキリストの犠牲によって、「スケープゴート理論」の空虚さと欺瞞性が明らかにされた。犠牲になった人が無実であることは疑いの余地がないからである。ルネ・ジラールは次のような説明をしている。「十字架の犠牲が、古来の生け贄の構造を再現しているのは、それを転換するためであり、この転換は、「世の初めから」逆さまになっていたものを元に戻すものである。そこに十字架のパラドックスがある。生け贄になった人は罪人ではない。したがって暴力を吸収することはできない。イエスの十字架は、社会通念を崩壊させる真理を啓示するものである[2]」。

キリストが教えた普遍的な倫理

それまで効力のあった道徳規範をことごとく覆したイエスは、人と神との関係だけでなく、特に人と人との関係の新しいあり方を定めることで、まったく異なる生き方を教示した。彼が打ち立てた規範は、アガペすなわち神の愛を拠り所にしている。しかし、後で述べるように、これらの規範はキリスト教という宗教的枠組みには収まらなかった。歴史を経る間にその枠を大きく越えて、普遍的な倫理を生み出したのである。すべての人間の平等性、友愛、選択の自由、女性の地位向上、社会正義、非暴力、政教分離などがそれであるが、今日の西洋では、それらは世俗的（非宗教的）倫理だと思われている。

万人平等という一大革新

イエスは、「すべての人間が等しく尊重される権利を有する」と力説することで、普遍救済主義の立場を明らかにするとともに、全人類を対象とする倫理を打ち立てた。それは当時の道徳――哲学的であれ宗教的であれ――との決別でもあった。それまでは同じ民族、同じ階層、同じ地域に属する仲間や身内の中にしか、隣人と呼べる人間はいなかったからである。当時のユダヤ人にとって、ユダヤ人と非ユダヤ人（異邦人）の間に平等など存在しなかった。古代ギリシャ人にとっても、ギリシャ人とバルバロイ（蛮族）の間には、また男と女、市民と奴隷の間にも、平等はあり得なかった。しかしイエスにとっては、すべての人が同じ父なる神の子であるから、人は皆兄弟であり、それゆえ皆平等である。

人は皆兄弟というこの考え方、つまり人類という倫理概念は、西洋の思想ではまったく新しいものであった。私が「西洋の」と言ったのは、表現の仕方は違えども、この考え方はすでに存在しており、特に仏陀と中国の思想家である孟子[3]に、はっきり見られるからである。いずれにせよ、当時の文化的背景から隔絶したこの考え方は、キリストの教え全体の基底をなすだけでなく、神の国を表わす根本原理でもある。イエスが宣言した「神の国」という新しい社会は、この考え方を礎石にして、その時からすぐに建設が始まったのである。

イエスが平等を説くとき、貧乏人、病人、疎外された人たちなど、当時の「下層民」を前面に出しているのは、教えの重要性と革新性を、聞き手によく理解させるためである、イエスは、「天国を閉ざして人々を入らせない」（マタイ二三章一三）律法学者やファリサイ人の、差別的な慣行を激しく批判した。彼の平等主義は、その時代の社会規範に反し、ひいてはモーセの律法とも対立するものだった。ユダヤ教の浄・不浄の区別を拒否し、らい病患者、徴税人、娼婦のもとを訪れ、弟子たちが師への敬意から遠ざけようとした子どもたちにも進んで話しかけ、信徒たちの集まりの中に異教徒を迎え入れた。異教徒ローマ人であるカファルナウムの百夫長の話を聞いて、「イスラエル人の中にも、わたしはこれほどの信仰を見たことがない」（マタイ八章一〇）と、驚きの声を上げている。

イエスは年齢、社会的地位、性別、人種による差別をなくそうとした。彼が関心を持っていたのは、神によって造られ、神から無条件に愛された一人ひとりの人格である。イエスの他者性のとらえ方は革新的で、「他者は誰であろうと私の隣人である」と考えていた。隣人という言葉の意味を尋ねた律法学者に、イエスは善きサマリア人のたとえ話で答えている。

ある人が盗賊に襲われて身ぐるみ剝がれ、死んだ者として道端に捨てられていたが、通りかかった司祭とレビ人《びと》は、この可哀想な男から顔をそむけて遠ざかった。そこに、ユダヤ人たちから汚れた異邦人として扱われていたサマリア人が現われる。この見知らぬ男を気の毒に思ったサマリア人は、彼に近寄って傷の手当てをし、宿屋に連れて行って介抱した後、宿屋の主人に世話に必要な費用を渡した。「この三人のうちの誰が、盗賊に襲われた人の隣人として振る舞ったと思うか」というイエスの問いかけに、相手は「その人に慈悲深い行ないをした人です」と答える。そこでイエスは、「行って、あなたも同じようにしなさい」（ルカ一〇章二九―三七）と命じる。この一大革新を、パウロは次のように端的に言い表わしている。「もはやユダヤ人もギリシャ人もなく、奴隷も自由人もなく、男も女もない。あなたがたは皆、キリスト・イエスにおいて一つだからである」（ガラテヤ人への手紙三章二八)。

「神の前ではすべての人が平等である」というこの根本原理を、原始キリスト教徒たちは直ちに実行に移した。会食の時も、少し後に始まった聖餐式〔パンとぶどう酒を聖体に変える儀式〕に際しても、参加者間の序列は撤廃されたので、貧乏人も金持ちも、有力者も平民も、みな隣り同士で同じ食卓を囲んだ。万人平等の必要性は、混成共同体の形成とともに増していく。もとはユダヤ教徒であれ異教徒であれ、すべての信徒に同じ尊厳を認めるには、この原則が不可欠だった。四世紀には聖ジェロームが、平等は「すべての人間の本性が単一であることを示す印」であるとし、以下のように端的に表現している。「われわれが軽蔑し、一緒にいることが耐えられない人、一目見るだけでも吐き気を催すような人でも、われわれと同じ人間であり、まったく同じように土から造られ、同じ要素で構成されている。その人が耐え忍ぶすべては、われわれもまた耐え忍ぶことができる[4]」。

個人の自由

個人の自由はイエスのもっとも基本的な教えの一つであり、彼が説いた個人的な救いの道とつながりが深い。イエスは、「運命はあらかじめ決められている」とする運命論や決定論の考えを斥け、「各人は自分の道を切り開くことができる」と明言している。人はよりよく見るために「自分の目から梁《はり》を取りのける」(ルカ六章四二)ことも、あるいは反対に、彼の教えをはねつけることもできる。「滅びにいたる門は大きく、その道は広い。そして、そこから入って行く者が多い。しかし、命にいたる門は狭く、その道は細い。そして、それを見出す者が少ない」(マタイ七章一三―一四)。

イエスは教えのすべてにおいて、個人の選択の自由を強調している。いかなる運命に翻弄されようとも、またいかなる定めを受けようとも、基本的な選択を行なう可能性は残されている。

だからといって、個人の自由を阻害する心理操作や内的抑圧があり得ないわけではない。イエスはその可能性を認めていた。それだからこそ、フロイトが無意識の抑圧を説く二千年も前に、「人を裁くな」（マタイ七章一）という、当時では考えも及ばないような言葉を発したのである。イエスがここで言わんとしているのは、人間の偉大さは心の奥に、大なり小なり損なわれていたとしても、自らの意志で選択する自由（自由意志）を持っている点にある、ということである。

この世に生まれた時から、人は誰でも民族的、社会的、宗教的、家庭的束縛を受けているが、イエスに従いたいと思う人は、まずこれらのしがらみを断ち切らなければならない。イエスはそう要求した。万人平等と同じように、この教えも革命である。その影響の大きさは、今日なお計り知れない。昔の社会は、伝統の権威や個人に対する集団の優位性を前提に機能していた。それはあらゆる伝統社会の特質でもある。しかるにイエスは、個人を集団から解放しようとした。それも、家族という最も強い絆を断ち切ることから始めようというのだ。前章で述べたように、イエス自身が自分の家族や一族のもとを去っていた。そして、弟子たちにも同じことをするよう求めている。「わたしよりも父や母を愛する者は、わたしにふさわしくない。わたしよりも息子や娘を愛する者も、わたしにふさわしくない」（マタイ一〇章三七、ルカ一四章二六）。

また、慣例によって善とされてきたことを躊躇なく批判し、各信徒が自分の目で善悪を判断するよう促している。彼は「山上の垂訓」において（マタイ五章―七章）、長老たちが固執する律法やその解釈に対して、いくつかの点で異議を唱えており、とりわけ宗教的偽善に対しては容赦なく、歯に衣《きぬ》着せぬ批判を浴びせている。反座法（「目には目を」のように被害者と同程度の苦痛を科すという決まり）に対しては、融和の精神をもってそれに代え、隣人愛に対しては、敵への愛をそれに付け加えた。宗教家たちのこれ見よがしな態度には強い抗議の声をあげ、反対に人知れず善を行ない、隠れて祈るようにと教えている。

イエスは社会の階級秩序を根底から崩した。彼が真っ先に語りかけた「貧しい人々」は、当時の社会では――ユダヤであれギリシャ・ローマであれ――哲学的な事柄にまったく疎い人々だと思われていた。祭司や律法学者や名士のような知識階級の人ならともかく、貧しい彼らが自らの力で、叡智に至る道を理解できるとは考えられなかったのだ。しかし、イエスから見れば、「貧しい人々」など存在しなかった。彼の目に映っていたのは、その生活環境がどうあれ、正しい道を選んでいける人たちだけである。善悪を判断する力が誰にでも具わっている以上、既定の宗教規範に命じられるままに動くのではなく、何事も個人が自らの責任で選択しなければならない、とイエスは教えている。「口に入るものが人を汚すのではなく、口から出るものが人を汚すのである」（マタイ一五章一一）と、食物の厳格な清浄規定を批判したイエスは、それ以上に厳しい「個人倫理」という掟を提示している。宗教的、社会的規範を超越するイエスの掟は、個人の良心に訴えかけ、その声に従うよう促してくる。

その一方で、イエスは豊かさに対して警戒感を示し、真の自由を得るには、地上の富や権力から離脱しなければならないと考えていた。「自分の命を救おうと思う者はそれを失い、わたしのために自分の命を失う者は、それを救うであろう。たとえ全世界を手に入れても、自分を見失ったり身を滅ぼしたりしては、何の得があろうか」（ルカ九章二四―二五）。イエスに従って来る者は、背負う必要のないこれらの重荷を下ろしたとき、ようやく彼のメッセージを聞き入れることができる。それ自体で解放をもたらす福音のメッセージである。イエスは自分を信じたユダヤ人たちに、「わたしの言葉のうちにとどまっているなら、あなたがたは本当にわたしの弟子である。あなたがたは真理を知り、真理はあなたがたに自由を得させるであろう」（ヨハネ八章三一―三二）と言い、解放を約束している。

そうはいってもイエスは、呼びかけに応えない者たちを脅すようなことはしなかった。その逆である。弟子たちに語った「放蕩息子のたとえ話」が、それをよく表わしている。父親に財産の分け前を要求し、遠い国に旅立った放蕩息子は、そこで財産を使い果たし、貧困のどん底に落ちる。飢えに苦しんだ末、息子は父親のもとに帰り、許しを乞うことを決意する。罪を犯した以上、もはや息子としてではなく、雇い人の一人として受け入れてもらえれば十分である。遠くに息子の姿が見えると、父親は駆け寄って彼を迎え、抱きしめて接吻を浴びせる。肥えた子牛を屠《ほふ》らせ、祝宴を開くよう命じた父親は、召使いたちに向かって、「この息子は死んでいたのに生き返り、いなくなっていたのに見つかったからだ」と説明する（ルカ一五章一一―三二）。キリストによれば、神は人間にこれほどの選択の自由を与えたのである。神の最高の贈り物であるこの自由意志によって、人は神のもとを去り、望めば神のもとに帰ることができる。その場合でも、裁かれたり断罪されたりせずに、いつでも迎え入れてもらえるのである。キリストが語る言葉には、「大罪（死に至る罪）」とか「背教罪」のような概念はなかった。

この自由についてはパウロが後に、改宗を躊躇していたガラテヤ人への手紙の中で、考えを明確に述べている。彼は異教的慣習と硬直化したモーセの律法の両方を、キリストの教えに逆行するものとして厳しく批判している。「今では神を知っているのに……どうして、あの無力で価値のない諸霊力のもとに逆戻りし、またもやその奴隷になろうとするのか。あなたがたは日や月や季節や年に囚われている！……今のエルサレムは、その子供たちと共に奴隷となっている。しかし、天のエルサレムは自由で、これがわたしたちの母である……。兄弟たちよ、わたしたちは女奴隷の子ではなく、自由な身の女から生まれた子なのである」〔「アブラハムには二人の子があって、一人は女奴隷から、もう一人は自由の女から生まれた」という聖書の言葉が背景にある。異教的習慣や律法に囚われた改宗者たちを、パウロは女奴隷の子供たちと言っている〕（ガラテヤ人への手紙四章九―一〇、二五―二六、三一）。

女性の解放

イエスの時代、寡婦のように男性の庇護を受けない女性たちは、社会からのけ者扱いされていた。離縁された女性や独身女性はなおさらであった。娼婦や異邦人の女に至っては「汚れた者」と見なされ、モーセの律法に定められた福祉的規定の恩恵を受けることさえできなかった。イスラエルの民のうち、「清い者」たちだけに与えられた律法だったのだ。イエスはこういった区別を無視し、すべての女性を同じように受け入れた。中には、マルタとマリアのような「きちんとした」女性もいて、イエスを家に迎え入れている。妹のマリアは家事を放り出して、男性がするようにイエスの足下に座り、その教えに聞き入っていた（ルカ一〇章三八—四二）。

そして特に、罪深い女たちの存在は大きい。イエスがファリサイ人の家で食卓についたとき、一人の罪深い女が泣きながらイエスに近寄り、涙でその足をぬらし、自分の髪の毛でぬぐって香油を塗った。髪を布で覆うことが律法で定められていたが、彼女はそれを守っていなかったのだ。驚いている家主のシモンに対し、イエスは彼女を引き合いに出し、次のような話をする。「この女を見なさい。わたしがあなたの家に入って来たとき、あなたは足を洗う水をくれなかった。ところが、この女は涙でわたしの足をぬらし、髪の毛でふいてくれた。あなたはわたしに接吻をしてくれなかったが、彼女はわたしが家に入った時から、わたしの足に接吻してやまなかった。あなたはわたしの頭に油を塗ってくれなかったが、彼女はわたしの足に香油を塗ってくれた。だから、言っておく。彼女が多くの罪を赦されたことは、わたしに示した愛の大きさでわかる」（ルカ七章三六—五〇）。

また長血を患っている女が、汚れの身でありながらイエスの衣に触れてきた時も、イエスは冷たくあしらうようなことはしなかった。それどころか、「恐れおののきながら」イエスの前に「ひれ伏す」彼女に、イエスは温かい言葉をかけている。「娘よ、あなたの信仰があなたを救ったのだ。安心して行きなさい」（マルコ五章三四）。

女性たちがイエスのもとで得た自由は、ごく当たり前の自由である。イエスから見れば、女性は男性と対等の存在だったのである。姦通罪（いうまでもなく女性側の罪）を死刑によって罰する社会で、姦淫の現場から連れて来られた女に、イエスは救いの手を差し伸べている。律法学者やファリサイ人たちが律法の規定に従い、その女を石で打ち殺そうとしていたのだ。意見を求められたイエスはただ一言、「あなたがたの中で罪のない者が、まずこの女に石を投げつけるがよい」と答える。これを聞いて皆が立ち去り、彼女は自由を得ることができた（ヨハネ八章三―一一）。

イエスによる全人類の救いは、異邦人であるカナンの女が、その扉を開かせたともいえよう。イエスに娘の病気を治してほしいと懇願した彼女は、異邦人であるために最初は受け入れてもらえなかったのである（マタイ一五章二一―二八）。また、イエスが最も重要な教えの一つを説いたのも、異邦人であるサマリアの女に向かってである。その女は五回も離縁した後、別の男と同棲していたのだが、イエスはユダヤのしきたりに反して、二人だけでいる時に彼女に話しかけた。戻ってきた弟子たちは、差し向かいで話をしている二人を見て驚くが、何の話をしているのかと尋ねる勇気はない（ヨハネ四章五―三〇）。そして福音書に明記されているように、イエスが受難の後で最初に姿を現わしたのも、女性であるマグダラのマリアの前である。イエスはさらに、復活の知らせを弟子たちに告げる使命を彼女に託している。弟子たちは受難後、ずっと引きこもっていたのだ。マグダラのマリアは、使徒の中の使徒であった。

イエスはきっと、その時代にしては現代的すぎたのだろう。原始キリスト教徒の中でも、キリスト的な意味で最も革新的だったパウロでさえ、イエスが示した道を最後まで歩みきることは難しかった。確かに、理論の上では男女の平等を認めているパウロであるが、『コリント人への第一の手紙』の中で、「女のかしらは男である」（一一章三）と言い、女性は集会では黙っているよう命じている。「（婦人たちは）もし何か学びたいことがあれば、家で自分の夫に尋ねるがよい」（一四章三五）。

社会的公正

すでに述べたように、イエスは同時代の他の預言者たちとは異なり、社会的、政治的な反乱を呼びかけたり、富裕層や支配階級の打倒を訴えたりはしなかった。当のローマ人たちも、彼を扇動者とは見ていなかった。

イエスは貧しい人々と親しくし、進んで彼らに声をかけていたが、だからといって裕福な人々を、裕福であることを理由に軽視していたわけではない。懇意にしていたマルタ、マリア、ラザロは豊かな暮らしをしていた。徴税人に対しても同様で、彼らの家で食卓を共にしていたイエスが、彼らに職業を変えるよう求めたことはない。税金を取り立てる際に誠実であれ、と言っているだけである（ルカ三章一三）。弟子たちの中でより完全な者たちには、全財産を捨てることを要求しているとはいえ、大部分の人には、財産を無駄に貯め込まないように、と言っているだけである。富や作物を蓄えることばかり考えてきた人が、もしその夜死ぬことになったら、彼が大量にたくわえた穀物は何の役に立つというのか（ルカ一二章一六―二一）。イエスが戒めているのは金銭ではなく、金銭欲である。「だれも、二人の主人に仕えることはできない。一方を憎んで他方を愛するか、一方に親しんで他方を軽んじるか、どちらかである。あなたがたは神と富とに仕えることはできない」（マタイ六章二四）。

福音書が伝えようとしている中心的メッセージは、富の制限や軽視ではなく、分かち合いの必要性である。身近にいる貧しい人々を顧みずに富を貯めこむ者たちを、イエスは非難しているのである。「金持ちとラザロのたとえ話」は、これについて多くのことを教えている。

ある金持ちの男は生きている間、ラザロという貧しい男のことを気にかけたこともなかった。ラザロは全身ができ物でおおわれ、犬が来てはそのでき物をなめていた。「できれば金持ちの食卓からこぼれ落ちるもので、飢えをしのぎたかったことだろう」（ルカ一六章二一）。そのラザロが死に、魂は天国へ行った。金持ちも死んだが、彼は黄泉《よみ》で苦しむことになった。彼はその渇きを少しでも癒すため、アブラハムに「ラザロを遣わし、一滴でもいいから水を持って来させてください」と嘆願する。アブラハムは「二つの世界の間には大きな溝が横たわっているので、これを越えて来ることはできない」と説明する。すると金持ちは、「ラザロを私の兄弟たちのところへ遣わし、死後にこんな苦しい所へ来なくてすむよう、私みたいに自分勝手に生きるなと彼らに警告してほしいのです」と頼む。それに対してアブラハムは次のように答えている。「彼らは施しを義務づける律法の教えを守っていないのだから、死人の中から蘇った者を見たとしても、その態度を改めることはないだろう」。

このたとえ話は、「この世では何も変えてはならない」というメッセージとして受け取られる可能性があった。貧乏人は天国へ行くのだから、貧乏人のままでいればいい！　と解することもできるからだ。だが、イエスが言わんとした分かち合いと慈愛の大切さは、明らかにそれとはまったく逆のメッセージである。

古代の文明社会では、施しは王族や選民だけが行なうものであり、食べ物の配布は街中の乞食や貧窮者たちに仰々しく告げ知らされた。イエスの時代のパレスチナにおいては、モーセ五書で定められた慈善行為は、主にシナゴーグの周辺で行なわれていた。しかし熱心なユダヤ教徒たちは、汚《けが》れた人々を慈愛の対象から外していたのだ。イエスによる主要な刷新の一つが、この慈愛の実践に劇的変化をもたらしたことである。この慈愛の実践は、最初のキリスト教共同体が誕生した時から、キリストの弟子たることを示す証として重要視されることになる。イエスの兄弟のヤコブも、「行ないを伴わない信仰は、死んだも同然である」（ヤコブの手紙二章一七）と言っている。

「施し」（原語の don は、「恵みを与えること」を意味する）についてのキリストの教えは、『使徒行伝』の次の一節に端的に言い表わされている。「受けるよりも与える方が幸いである」（使徒行伝二〇章三五）という有名な聖句だ。パウロはこれを、イエスが言った言葉としており、大多数の聖書学者もその信憑性を認めている。イエスは、施しが金持ちの独占行為であってはならない、と力説していた。各人が自分にできる範囲で恵みを与えればいい、ということである。

この教えをわかりやすく説くため、イエスは一人の貧しい寡婦《やもめ》の話をする。彼女は神殿の賽銭箱の前にやって来たが、そこでは多くの金持ちが大金を投げ入れていた。小銭（レプトン銅貨）を二枚しか持っていなかった彼女は、それを賽銭箱に納めた。「あの貧しい寡婦は、賽銭箱にお金を入れている人たちの中で、だれよりもたくさん入れたのだ。皆はあり余る中から入れたが、彼女はその乏しい中から、自分が持っているすべてを、生きるのに必要なすべてを入れたからである」（マルコ一二章四四）。その一方、永遠の命を得る方法について矢継ぎばやに質問する金持ちの青年に対しては、「天に宝を積む」ため、財産をすべて貧しい人々に施しなさい、という究極の助言を与えている（マタイ一九章二一）。

イエスはまた、「求める者には与えよ」（マタイ五章四二）と言っているが、その教えは次のような警告を伴っている。「施しをする時には、偽善者たちが人に褒められるため会堂や町の中でするように、自分の前でラッパを吹き鳴らしてはならない。……施しをする場合、右手のすることを左手に知らせてはならない。あなたの施しを人目につかせないためである。そうすれば、隠れたことを見ておられる父が、報いてくださるだろう」（マタイ六章二―四）。キリスト教徒の中に深く根づくことになったこの信条を、ヨハネが『第一の手紙』で次のように表明している。「世の富を持っていながら、兄弟が困っているのを見て、あわれみの心を閉じる者に、どうして神の愛がとどまっているだろう。子供たちよ、わたしたちは言葉や口先だけで愛するのではなく、行ないと真実をもって愛し合おうではないか」（ヨハネの第一の手紙三章一七―一八）。

ここで明確にしておこう。イエスは人々のいう正義ではなく、人と人との間の正義、すなわち社会的公正を前面に出したのである〔原語の justice は「正義」「公正」「正当性」など多様な訳語がある〕。「あなたを訴える人と一緒に道を行く時には、その途中で早く仲直りをしなさい。そうしないと、その人はあなたを裁判官に引渡し、裁判官は下役に引渡し、そしてあなたは牢に入れられるだろう」（マタイ五章二五）。イエスが予告する公正な社会では、各人が慈悲心をもって他者を思いやり、互いに正当に評価し合い、許し合うことができなければならない。天の父がわれわれを正当に評価し、われわれの過ちを赦すのと同じように（マタイ六章一四）。

宗教権力と政治権力の分離

イエスが用いる語彙の中には、宗教権力を表わす言葉はない。ただし、神殿の祭司や律法学者たちの話をするときは別で、彼らの権力への執着を、イエスは厳しく糾弾している。彼自身は一つの権力、一つの王国しか認めていなかったのだ。それは神の権力、神の国である。しかしこの神は、王というより父親のような存在であり、助け、与え、許し、守り、愛を施す神である。それと同時に、イエスは政治権力の存在も忘れてはいない。それに立ち向かうことはなかったが、警戒を促し、何よりもそれを相対化した。「体は殺しても、魂を殺すことのできない者どもを恐れるな。むしろ、魂も体も地獄で滅ぼすことのできる方を恐れなさい」（マタイ一〇章二八）。

だからといって、徴税人に対し、ローマ人のために税金を徴収することを禁じたわけではない。単に、「決まっているもの以上に取り立てない」よう求めただけである。（ルカ三章一三）。イエスはまた、神殿税のような税金は、「神の子たちの自由」（「神の子たちは律法から自由であり、神殿税を支払う義務はない」という観点から）に反する不当なものだと考えていたが、それでも神殿に、二枚のドラクマ銀貨を納めることを拒否しなかった。「彼ら（徴税人）をつまずかせないため」である（マタイ一七章二四―二七）。

人間たちの正義は神の正義ではない。姦通した女に石打ちの刑を科すよう定めている旧約の掟は、この二つの次元を混同している掟であり、イエスの目から見れば守る価値のない掟であった。実際、イエスのメッセージは、宗教の領域と政治の領域との混同を戒めるものである。彼にとって、この二つは相容れないものだった。イエスを罠にかけるために送り込まれたファリサイ人やヘロデ派の人たちが、皇帝に税金を払うことの是非を問うてくる場面があるが、イエスがかの名言を発したのは、そういう観点からである。まずデナリ銀貨を持って来させたイエスは、それを見ながら「これは誰の肖像か、また誰の銘か」と尋ねる。「カエサルのものです」と答えた彼らに、イエスは「カエサルのものはカエサルに、神のものは神に返しなさい」という言葉を返し、彼らを驚嘆させたという話である（マルコ一二章一三―一七）。イエスは、民衆が自分を王に祭り上げることを拒み、「ユダヤ人の王なのか」と問い詰めるピラトに対して、「わたしの国はこの世のものではない」と言明している（ヨハネ一八章三六）。

　このように、宗教的権威と世俗的権威の分離をはっきりと断言したイエスであったが、キリスト教徒の社会的立場に関する彼の逆説的メッセージは、深い矛盾を孕んだまま引き継がれることになる。キリスト教徒はこの世の中で生きると同時に、この世に属する者であってはならず、「練り粉の中のパン種」（神の国はパン種のようなもので、それが練り粉全体を大きく膨らませるという福音書の教えより）でありながら、民法上の規定に従わなければならない。体はこの世にあっても、信仰が心をこの世の外に置くからである。かなり居心地の悪いこの中間状態は、キリスト教の歴史を通じて大いなる創造性の源泉になり、また多くの矛盾の原因ともなっていく。

非暴力と赦し

　物売りや両替商の台をひっくり返した、神殿におけるあの印象的な怒りの激発（マルコ一一章一五―一九）を別にすれば、イエスはあくまでも平和主義者だった。神の国、すなわち正義と自由の社会の到来を宣言したイエスであるが、それを築くために暴力を用いることは断固拒否した。「剣をとる者はみな、剣で滅びる」（マタイ二六章五二）からである。インド独立のための非暴力闘争は、ガンジー自身がくり返し述べているように、福音書から深く影響を受けたものである。事実、イエスは暴力が終わりなき報復の連鎖を生むことを、人々にわからせようとしていた。暴力を受けた人が暴力でやり返せば、暴力を振るった人の暴力が助長されるだけだ、ということである。この悪循環は、個人レベルでも集団レベルでも起こり得る。次の段階にエスカレートするたびに、それぞれが報復する正当な理由を見つけ、しまいにはもう誰が、この連鎖を巻き起こした仕掛け人だったかさえわからなくなる。

イエスが教えているのは、この際限のない悪循環にはまらないことである。そのために取るべき方策は一つしかない。暴力を振るう相手の挑発には決して乗らないことだ。暴力を受けた人が暴力的な反応を示さないことが、暴力を振るった人を最も動揺させる。現代心理学で明らかにされているように、他者に攻撃を仕掛けて、自分の暴力に他者を巻き込もうとする人間は多い。彼らが相手に期待しているのは、自分の闘争本能や攻撃衝動を後で正当化できるような反応、つまり暴力的反応である。これがいわゆる挑発行為と呼ばれるものだ。イエスはこの挑発行為に応じることを、断固として禁じている。攻撃してくる相手の期待とは正反対の態度を取ることまで教えている。相手の心の武装を解くのに、これ以上の良策はないだろう。それに、暴力に応えないことによって、挑発者の欺瞞も露わになる。

モーセ五書は、人間倫理のめざましい進歩を示すものであったが、それでも復讐は禁じていない。

「命には命、目には目、歯には歯、手には手、足には足、焼き傷には焼き傷、打ち傷には打ち傷、切り傷には切り傷をもって償わなければならない」（出エジプト記二一章二三―二五）。それに対して、イエスは根本的に姿勢を変え、古い律法を超えるよう呼びかけている。「「目には目を、歯には歯を」と言われていたことは、あなたがたの聞いているところである。しかし、わたしはあなたがたに言う。悪人に手向かってはならない。だれかがあなたの右の頬を打つなら、左の頬をも向けなさい。あなたを訴えて下着を取ろうとする者には、上着をも取らせなさい」（マタイ五章三八―四〇）。

だが、キリストはさらに先へ行った。暴力に対して暴力で応えることを戒めただけではない。攻撃者の期待とは正反対の態度を取って、その欺瞞を暴くことを示唆しただけではない。キリストは攻撃者を愛することまで求めたのである。「「隣人を愛し、敵を憎め」と言われていたことは、あなたがたの聞いているところである。しかし、わたしはあなたがたに言う。敵を愛し、迫害する者のために祈れ。こうして、天にいますあなたがたの父の子となるためである。天の父は悪人にも善人にも太陽を昇らせ、正しい者にも正しくない者にも雨を降らせて下さるからである」（マタイ五章四三―四五）。

とても美しいアニメーション映画、『キリクと魔女』には、年老いた意地悪な魔女が登場する。キリクの祖父は孫との対話の中で、魔女の背中には棘が打ち込まれており、それが彼女の行動の原因であること、つまり「彼女が意地悪なのは苦痛を抱えているからである」と説明する。イエスはまさにこのことを教えていたのだ。理由のない悪意や暴力衝動はきわめて稀である。多くの場合、残酷な行為には原因があり、その原因が行為を――正当化はしなくても――解明してくれる。たとえば暴力的な父親は、子供時代に暴力を受けている可能性がある。女性が自分の子供を捨てられるのは、彼女自身が母親から捨てられたり、育児放棄された場合である。もっと月並みな例で言えば、自分の犬を蹴とばす男は、日中、雇い主から侮辱を受けているのかもしれない。それだから許されるというわけではない。しかしそう考えることで、悪い事をした人たちを憎まず、反対に愛そうと試みることが可能になる。自分が被害者である場合は、なかなか難しいことではあるが。

それが同情というもの、赦しというものであり、おそらくここに、キリストの叡智の極致を見ることができる。しかも、その赦しには限界がない。「そのとき、ペトロがイエスのもとに来て言った、「主よ、兄弟がわたしに対して罪を犯した場合、何度まで赦すべきでしょうか。七度までですか」。イエスは彼に言った、「わたしは七度までとは言わない。七度を七十倍するまで赦しなさい」（マタイ一八章二一―二二）。

赦しは忘却ではない。なされた悪を忘れることは、一種の否認である。赦しはまた、正義の不在でもない。正義感に訴えて自分を守ること、被害者を守ること、そして攻撃者を彼自身の暴力から守ることは、必要欠くべからざることである。イエスが教えた赦しは、人間の心が憎悪と暴力の魔の連鎖にはまり込むのを防ぐ、能動的な心の行為なのである。

イエスは赦しを教えただけでなく、自らそれを実践した。愛する者たちに裏切られ、捨てられ、不当な刑罰を受け、拷問され、侮辱され、嘲笑され、十字架にかけられた彼は、息を引き取る前に神に向かって叫んでいる。「父よ、彼らをお赦しください。彼らは何をしているのか、わからずにいるのです」（ルカ二三章三三）。

境界なき隣人愛

「何事でも人々からしてほしいと思うことは、人々にもその通りにせよ」（マタイ七章一二、ルカ六章三一）。主要な倫理道徳を説いた「山上の垂訓」の中で、イエスが教えの一つとして掲げているこの「黄金律」は、世界のほぼすべての宗教や哲学に見出される。イエスがこの後で「これが律法であり預言者（たちが教えてきたこと）である」と付け加えているのは、旧約聖書の教えの真髄がここにあると考えていたからである。この黄金律の言葉は、イエスが新しく考え出したわけではない。実際、旧約聖書外典の中に、トビトが息子に与えた助言の一つとして、「人からされたくないことは、誰にもしてはならない」（トビト書四章一五）と記されている。

これは古代ギリシャの哲学者たちが好んで口にした道徳律でもあった。たとえばアリストテレスは友だちに対して、「自分たちが接してほしいと思う態度で接する」よう助言している[5]。ローマ皇帝たちも、これを権力行使における原則としていた。皇帝ネロの家庭教師だったローマの哲学者セネカは、この道徳律を貴族階級の人々にくり返し述べ、彼らの恩恵を民衆に分け与える際、「自分たちが受けたいと思うように」与えることを勧めている[6]。

しかし、イエスが意図していたのは、古来の道徳律にただ立ち返らせることではなかった。彼はその道徳律を、民衆に向けて語った説教の中心に据え、誰にでも適用される普遍的原理にしたのである。別の言い方をすれば、イエスのメッセージに一貫して見られる普遍性が、古い道徳律に与えられたのである。「わたしがあなたがたを愛したように、あなたがたも互いに愛し合いなさい」と弟子たちに命じ、これを「新しい掟」として提示した（ヨハネ一三章三四）イエスは、それまでのものを一掃しているかのように見える。だが、隣人愛はすでに旧約聖書で説かれており（レビ記一九章一八）、ラビ・アキバ〔この名で知られるユダヤ教最高の律法学者、アキバ・ベン・ヨセフのこと〕のようなタルムードの賢者たちも、隣人愛の掟を「律法の中で最も偉大な掟」として最重視していた(7)。

しかしながら、旧約聖書における「隣人」の定義は狭く、ほとんどの場合、同じ民族に属する者同士に限定されていた。その定義を異邦人にまで押し広げたのは、一世紀前半に登場したユダヤ人の哲学者フィロンである。豊かなギリシャ哲学の知識を身につけ、初期キリスト教徒に影響を与えた彼は、「単に友人や親族を愛するようにではなく、自分自身を愛するように(8)」愛することを説いている。「黄金律」は、ギリシャ人にとっては友人と上流階級の人たちのために、ユダヤ人にとっては神に選ばれた選民たちのためにあったが、イエスによってすべての人間関係を導く原理となった。彼が抱いていた人格という概念のみに依拠し、階級、民族、性別、年齢、その他の外的特性の違いを超えた普遍的法則となったのである。

イエスはまた、この黄金律に変化を加え、より完全な倫理性を求める一連の要求を織り込んでいる。イエスが求める弟子たちとは、あらゆる面で異邦人より優れ、律法学者やファリサイ人を超えていなければならない。そうでなければ、「どんな優れたことをしたことになろうか。異邦人でさえ、同じことをしているではないか。だから、あなたがたの天の父が完全であられるように、あなたがたも完全な者となりなさい」（マタイ五章四七―四八）と、厳しい要求がなされている。イエスの言う完全への道は、当時の宗教家が命じていたような、掟への盲目的服従によっては歩むことができない。人間関係における個人の、より高い倫理性が求められる、はるかに困難な道である。「だから、あなたがたは」とイエスは強調し、話に耳を傾ける一人ひとりの心に訴えかける。集団のために仕立てられた一般的規律から離れて、個々人を自分の良心と向き合わせるためである。

すべての教えに共通して言えることだが、イエスはこの新しい福音的黄金律についても、いくつかの具体例を挙げてわかりやすく説明している。日常生活から拾い上げられたそれらは、今すぐに見習うことができ、また見習わなければならない模範である。「上着を奪い取る者には、下着をも拒んではならない」（ルカ六章二九）。「求める者には、だれにでも与えなさい。あなたの持ち物を奪う者から取り返そうとしてはならない」（ルカ六章三〇）。「人を裁くな。あなたがたも裁かれないようにするためである」（マタイ七章一）。「あなたがたは自分の量る秤で、量り返されるだろう」（マタイ七章二）。

キリストのメッセージの新しさは、ここでもまた概念を自分のものとし、徹底化させたことにある。イエスは隣人愛の概念を突きつめ、愛をすべての掟の上に位置づけたのである。「『心を尽くし、知恵を尽くし、力を尽くして神を愛し、また隣人を自分のように愛する』ことは、どんな生け贄や犠牲よりもずっと大事なことである」（マルコ一二章三三）。そして、自分のように愛さなければならない隣人の定義には、いかなる境界線も設けなかった。このようにしてイエスは、この新しい愛の掟を、イエスの弟子たちの共同体のきわだった特徴となさしめたのである。「互いに愛し合うならば、それによって、あなたがたがわたしの弟子であることを、すべての者が認めるであろう」

（ヨハネ一三章三五）。

人格という概念

イエスはその教えを通して、それまで支配的だった概念や考え方をいくつも覆すことになった。この大変革において、特に重要な影響を及ぼしたのが新しい人間観である。イエスは人間を自立した主体として捉え、今までにない価値を人間に与えるとともに、年齢、性別、社会的地位、宗教などのあらゆる外的条件を超えて、個々人に人間の十全な尊厳と自由を取り戻させたのである。

古代文明においては、君主をのぞいて、自立した主体としての個人は存在しなかった。社会の底辺にいる恵まれない人々はなおさらである。個人はより大きな集団（氏族、部族、共同体、都市国家、民族、帝国）の構成要素に過ぎず、個人ではなく集団の意思に従って社会が機能し、諸価値の等級が定められていた。各人の生命は重要性をもたず、集団の生命のみが努力と犠牲に値するものだったのだ。

この全体主義的な考え方――個人は全体の中に組み入れられ、その一部と見なされる――は、地中海文明において支配的だった「終末論」にも色濃く反映されている。死後の魂の存続や個人の救済は、ほとんどの場合、完全にそこから締め出されていた。善人でも悪人でも、最終的未来は無に帰すか、地獄のような環境――メソポタミアのアラル海や、旧約聖書に登場するシェオル（黄泉）のような場所――で、幽霊として疑似存続するかであった。エジプト人は魂の死後存続への道を開くために、ミイラ作りと土葬の儀式にお金を注ぎ込んだ。それでもやはり個人の価値は、その人が持つ社会的地位と富で決まっていた。ゾロアスター教も同様に、天国、地獄、個人の裁きという観念を生み出した点では革新的であったが、個の概念も人間の尊厳という概念も持たなかった。紀元前七世紀頃、ペルシャの預言者ゾロアスターがこの宗教を創設したとき、彼のメッセージの底流にはその概念があったと思われるが、彼自身がそれを言葉で明示せず、後継者たちが発展させることもなかったからである。

そして旧約聖書の誕生とともに、神の似姿として創造された人間は（創世記一章）、その尊厳を大いに高めることになった。それでも個人の生命は、依然として集団にかかっており、ここでは特に選民全体の運命と切り離すことができなかった。ギリシャ人の場合も同様で、彼らは常にポリス（都市国家）を個人に優先させていたし、すべての人間に同等の倫理的、政治的重要性を与えていたわけではない。しかしながらギリシャ人のおかげで、ある重要な哲学的概念が誕生するに至った。その概念が後に決定的な鍵となり、人間とその尊厳についてのキリストの考えを、この上なく明確に示すことができたのである。それが「人格（ペルソナ）」という概念である。

古代ギリシャにおいて、〝ペルソナ〟とは演劇俳優がかぶる仮面のことであった。英雄、寡婦、反逆者、密使、奴隷などの舞台上の役柄を示すために、役者たちは定められた規範に従い、それぞれの仮面をつけていたのである。別の言い方をすれば、それは公的な登場人物を指し、その社会的役割が仮面となって、個人を覆い隠していたのである。

古代ローマでは、ペルソナは法律上の概念であった。世界的に適用されたローマ法に関する限り、ペルソナは主体性を持つ個人ではなく、他の人々と同じ権利と義務を与えられた個人を示していた。法の前のすべてのペルソナの平等については、異論を唱える余地がない。「真の法が一つある。それは正しい理性であり、すべての人にあまねく広がった自然本性に適合し、常に自分自身と一致し、滅びることがなく、われわれが否応なく自分の務めを果たすよう促し、不正行為を知らせ、そこから回避させる……。この法はアテネとローマで違っていたり、昨日と今日で異なっていたりはしない。すべての国民を支配し、いつの世でも変わることがない、唯一かつ同一の永久不変の法である」と力説したのは、紀元前一世紀に活躍したキケロである[9]。しかしながら、このペルソナ概念は市民に対してのみ適用されていた。奴隷や外国人や子供たちは除外されていたのである。

このように、ギリシャ人にとってもローマ人にとっても、人格という概念にヒューマニズム的要素はなかった。古代ギリシャ・ローマの哲学者たちの大半がこの概念を取り上げていないのは、それが人間性を表わす概念ではなかったからである。彼らの考えでは、社会を形成しているのは個人ではなく、都市国家に従属する集団であった。彼らはギリシャ人か蛮族（つまりすべての非ギリシャ人）、自由人か奴隷、商人か軍人……というふうにグループ分けされていた。それゆえソクラテスは、死刑宣告を受けた後の話だが、彼に国外逃亡を勧める友人クリトンの必死の説得にも応じなかったのである。ソクラテスは彼との対話の中で、「（悪法でも）法に従わないことは、たとえ個人の生命を救うためであっても、アテネに対する犯罪であり、それが混乱と秩序破壊への道を開くことになる」と反駁している。

ところが紀元前三世紀以降、ストア派の哲学者たちがしだいにペルソナの概念を発展させ、仮面の下の人間を発見していくことになる。この概念の発達に大きな影響を与えたのは、ローマ法に精通していたローマのストア派の人々である。彼らは個人というものを厳密に捉え、外的な社会的人格を内的な自己と対比させている。いわば「内側の砦」である後者が、もっぱら自分自身に向かっているのに対して、前者はもっぱら他者の方を向いており、(演劇の仮面と同様に)自分の運命に従うものなので、我々がこの人格を思い通りにすることはできない。ストア派の倫理学もこの二元性に基づいている。主として知恵を、すなわち幸福を追求した彼らは、徳のある行ないをすることが幸福になる道だと教えている。そして彼らのいう徳とは、あらかじめ決められた、逃れられない自らの社会的人格と社会の秩序を受け入れることである。反対に不徳と反逆は、不幸と苦しみしか生まないというのである。紀元一世紀の初頭、ローマの哲人セネカは、「幸福な人生とは、要するに自分の自然本性と一致した人生である」[10]と述べている。

　ストア派の人々の知恵は、この仮面と上手に折り合いをつけて生きることにあった。そのため、内的自己にはプロアイレシス、つまり選択の自由が与えられている。ただし、自分の役柄を選ぶのではなく、仮面のかぶり方を選ぶのである。それによって外的な役柄が仮面以上のものになっていくが、それは仮面の下に隠された自分自身でもある。「よく覚えておきなさい。君は劇詩人が思いのままに創作する作品の中で、ある役柄を演じる一人の役者である。作者が短い役にしたいと思えば、その役は短く、長い役にしたいと思えば、その役は長くなる。作者が君に乞食の役をさせたがっているなら、その役を巧みに演じられるようにしなさい。足の不自由な人の役であれ、執政官の役であれ、普通の人の役であれ、細心の注意を払って演じなさい。君に与えられた役を上手に演じること、それが君の領分だからである。しかし、その役を選ぶのは他人の領分である」[11]。こう確言したのは、一世紀末に現われたローマのストア派の哲学者エピクテトスである。

仮面のかぶり方の自由を持つことで、人間は動物から区別され、また人間同士が互いに区別される。「投げ出さないで、君の仕事を成し遂げなさい。そして、善人の役を演じるのだ」[12]と力説したセネカは、人格の概念に含まれる内面性をはじめて浮き彫りにした。「善人になる」とは道徳的選択であり、自由意志で自分自身の主人になることである。下僕であれ皇帝であれ、自分の運命に縛られてはいても、自分を思い通りにする自由を有している。したがって、役柄以上に重要なのは、各人がそれぞれ固有の能力を生かし、自分の役をいかに演じきるかである。ローマの大弁論家キケロが言うように、「われわれは身体面で著しく異なっている（ある人たちは競走における速さに秀でており、他の人たちは格闘における強さに秀でている。また見た目では、ある人たちには威厳があり、他の人たちには魅力がある）が、精神面ではさらにもっと多様性に富んでいる」[13]からである。

こうして出現したのが第二の役柄、あるいは第二の人格という概念である。各個人に一つしかないそれは、自分の奥底にある「人間」にほかならない。「青年よ、美しくなりたかったら、人間に固有の完璧さを得る努力をしなさい」と、エピクテトスは言っている[14]。あるべき自己を実現し、人間らしい人間になろうとすれば、結局は自分自身を錬磨することが必要になる。各人に割り当てられた外的な役柄が何であれ、それは変わらない。ストア派の哲学者をはじめギリシャ・ローマのすべての哲学者たちが、常に視野に入れていた都市国家の利益のために、各人がどのような社会的役割を演じなければならないとしても、大切なのは己を磨くことである。そのように考えられるようになった。

ストア派の人々はこのようにして、普遍的な人格概念の礎を築いた。社会的地位とは無関係に、すべての人間が内在的な価値を有しており、内的自己あるいは「第二の役柄」に固有の自由意志の働きによって、あるべき自己を実現し、より完全な人間になることができる、という普遍的なビジョンを示したのである。

初期の時代のキリスト教神学者たちは、ストア派の人々が練り上げたペルソナの概念を用いて、三位一体論の明文化を試みた。彼らは役柄の固有性という概念を出発点にし、この固有性を神における形而上学的実在、つまり福音書で「父と子と聖霊」と呼ばれているものに与えようとした。唯一の神のうちに三つの絶対的固有性、すなわち三つの人格（ペルソナ）〔ここで用いられているpersommeという語は、人間、人格、位格（ペルソナ）の意味を持つ〕があると主張したのである。また、完全に人間であると同時に完全に神であるキリストの存在は、人間に新たな尊厳を付与することになった。それは神の子という尊厳である。

このような哲学と神学の複合的なアプローチを通して、人格という概念は新しい意味を持つに至ったのである。神学者たちが、ギリシャ哲学のペルソナから引き出した内的自己、すなわち「第二の人格」という概念は、神の働きを受ける「唯一の人格（人間）」という概念に発展し、それが神の似姿である人間の尊厳についての聖書的概念と結びついて、豊かな広がりを持つようになった。われわれは今日、たとえば譲渡できない権利や、人格の絶対的価値と尊厳について語る時など、宗教とは無関係なものとして人格の概念を捉えているが、その生成にはキリスト教神学における推敲が不可欠であった。ギリシャ・ローマのストア派哲学とユダヤ教の教義、そして人であり神であるキリストについての神学的考察が結び合わされて、入念に練り上げられたものが、われわれの知る人格概念なのである。

イエス自身はどうだったかといえば、「人格」という言葉は一度も口にしていない。しかし、彼が人間に向けた眼差しは、神学者たちが明示したこの概念に完全に一致していた。イエスは人間の神聖さと万人の等しい尊厳性を強調し、すべての人が同じ父なる神の娘、息子として同等であり、神から見れば同じ絶対的価値がある、とくり返していたからである。彼の生涯はこの信条の実践であった。個人的な出会いを通して教えを垂れることが多かった彼は、相手が男であれ女であれ、社会的アイデンティティを問うことはなかった。反対に、彼のところに来る者は無条件で受け入れ、人々にもそれを求めた――このことが主な要因となって、ファリサイ人との衝突が生じることになる――。イエスはこのように振る舞うことで、神との深い関係を保ち続け、その絆を守り抜いたのである。「父がわたしを愛されたように、わたしもあなたがたを愛したのである。わたしの愛のうちにいなさい」（ヨハネ一五章九）。

以上見てきたように、イエスの眼差しと教えは、人間の尊厳の普遍性と、一人ひとりの独自性の両方を際立たせるものであった。それ自体で神の関心――他者の関心はなおさらのこと――に値する人格というものが、イエスによって究極の形で顕現したのである。そして、キリストの哲学の基盤をなす自由で自立した個人が、ここに出現することになった。それが後の歴史に与える影響は、計り知れないものとなるだろう。

第三章　キリスト教はいかにして誕生したか

イエスは新しい宗教の創始者ではない

「わたしが律法や預言者を廃するために来た、と思ってはならない。わたしは廃するためではなく、成就するために来たのである」と、イエスは山上に教えを聴きに来た群衆に向かって述べている（マタイ五章一七）。イエスは確かに、宗教の偏向を正してきた旧約の大預言者たちの系譜に連なっている。ところが、そのイエスがユダヤ教を覆すことになった。それまでいかなる預言者も成し得なかったし、成そうとも思わなかったことである。だが彼自身は、ユダヤ教からの逸脱を意図していたわけではない。ユダヤ教の基本に戻り、その信条と伝承を源泉として、後回しにされてきた教えを前面に押し出すとともに、掟の遵守のような形骸化した慣行を一掃しようとしたのだ。それだけでなく、人格と結びついた新しい精神性と、誰にでもわかる普遍的な倫理を、自身の行為と訓戒を通して打ち立てようとしたのである。

したがって福音書に描かれたイエスは、特別なカリスマをもって奇跡を行なう人、霊的指導者、模範的な生活と革新的な説教をする賢者であったのに加えて、まちがいなくユダヤ教の偉大な改革者であったといえよう。そのようなイエスを、新しい宗教の創始者と見なすことができるだろうか。ヤーウェの神に祈り、神殿に詣で、シナゴーグで説教していたナザレの人イエスは、ユダヤ教徒ではあっても、キリスト教徒ではなかった。キリスト教的イデオロギーに支配されていた時代が終わって、今日ではそれを否定する人はほとんどいない。何よりもまずイエス自身が、先祖代々の宗教を捨てたとは一度も言っていないからである。それに、教えの最も革新的な部分を見ても、彼が意図していたのは、律法と祭儀の遵守に拘泥する従来の信仰姿勢を乗り超えること、そのために、神に直結した自己の内面的精神性を優先させることだったとわかる。そんなイエスが、どうして新しい宗教を創始しようとしただろうか。それには聖職者と教義が必要であり、受け継いできた伝統との断絶も必要である。彼自身は伝統を破棄するのではなく、非絶対化しようとしていただけであった。ところが、イエスの死後数十年の間に、新しい宗教が誕生することになった。どのような経緯でそうなったのかを、本章で見てみることにしよう。

ユダヤ教の革新

イエスは常に、ユダヤ民族を決定づけたモーセの律法と深い結びつきを保っていた。それでも彼の律法に対する自由さ、こだわりのなさは他に類を見ない。その理由はイエスが、「律法そのものより律法の基本精神を優先させる」という原則に立脚していたからである。ユダヤ教の諸教派が清浄規定について意見を対立させているような場合、イエスはこの原則に従い、まさに清浄の名において、すべての規定を一掃しようとする。食事を共にしようとイエスのもとに集まった、ファリサイ人と律法学者たちに向かって、「このようにしてあなた方は、自分たちが受け継いだ言い伝えによって、神の言葉を無にしている」（マルコ七章一三）と戒めている。そして、カナの婚礼ではじめて奇跡を行なったときは、水を「よいぶどう酒」に変えるために、清めの儀式用の水瓶を使い〔ユダヤ教のしきたりの象徴で、身を清める儀式に使う水が入っている〕（ヨハネ二章六―一〇）、最初の「不敬」を働いている。

また、神学的論争を超えてあらゆるユダヤ人が尊重している安息日も、イエスから見れば神聖視すべきものではなかった。休息の日と定められていた安息日に、お腹をすかせた弟子たちが麦穂を摘んでいたため、非難の言葉を投げたファリサイ人たちに向かっては、「安息日は人のためにあるもので、人が安息日のためにあるのではない。したがって、人の子は安息日の主人でもあるのだ」（マルコ二章二七―二八）と言い返している。イエスはその他のあらゆる清浄規定も同様に、そんなものは存在すらしていないかのように扱っている。なんの疑問も抱くことなく、少しのためらいもなく、らい病患者や死人や異教徒の身体に触れていたし、ユダヤ教徒が言っているように、そういう人たちと接触するだけで不浄になるとは、考えてもいなかった。「ある戒律を守ったとしても、それで救いが保証されるわけではない」というイエスの主張は、ユダヤ教はもちろん、古代のどのような宗教の視点に立っても、きわめて大きな革新だったのである。

他方、イエスが帰依《きえ》し祈りを捧げていたのは、疑いなくイスラエルの神であった。「あらゆることを成し得る」（マルコ一〇章二七）がゆえに、願いを聞き入れ、求めに応じてくれる個々人の神、「選民たちを正しく評価してくれる」（ルカ一八章六）神、各人の「こころ」を知っており、「どんな僕《しもべ》も二人の主人に仕えることはできない」（ルカ一六章一三）という原理に基づき、ひたむきな服従を要求する排他的な神である。

しかしながらイエスは、モーセ五書では副次的でしかない神の特性を前面に押し出している。そしてそれが、後にキリスト教の礎石となった。イエスが全能、遍在、栄光の神を拠り所としていたことはまちがいないが、彼が最も重要な概念として強調しているのは「父性」である。イエスの神は、何よりもまず「父なる神」なのである。そして人類は「神の子」である。しかもそれは、絶対的な権威を有していた当時の父親像とはかけ離れた、愛情深い父であり、イエスが情をこめてアッバ（父よ）と呼んでいる存在である。四福音書のロギア（イエス語録）では、神はほとんどの場合「父」という語で呼ばれており、アッバという韻律に富んだ語が、それを引き立たせている。二人の登場人物を中心とするイエスのたとえ話は、大半が「愛情深い父とその息子」という設定で、この父性について説いたものなのである。

イエスの神の第二の特性は「慈悲」である。それは旧約聖書のヤーウェのような「裁きの神」である以前に、まず「愛の神」であり、慈悲による罪の赦しは、悔い改めて神のもとに戻る人々に無条件に与えられる。なぜなら「罪人が一人でも悔い改めるなら、悔い改めを必要としない九十九人の正しい人にもまさる大きな喜びが、天にはある」（ルカ一五章七）からである。イエスは「神ひとりの他によい者はいない」（マルコ一〇章一八、マタイ一九章一七、ルカ一八章一九）と明言している。また、弟子たちに「あなた方の敵を愛し、迫害する者のために祈りなさい」と命じた後で、「天にいますあなた方の父の子となるためである」と付け加えることを忘れていない（マタイ五章四四―四五）。

三つの新しい象徴行為

そのようなわけで、ユダヤ教の批判者であると同時に実践者でもあったイエスを、ユダヤ教から切り離して考えることは不可能である。だがイエスは、象徴的な役割をもつ儀礼行為を、ただ引き継ぐことはしなかった。その奥義を伝授し、行為に新しい意味を持たせたのである。イエスの十字架刑からほどなくして教会が設立されたが、その時からそれらの行為が教会の絆となった。一つめは「洗礼」（語源は「浸水」を意味するギリシャ語 baptismos）である。前述のとおり、イエス自身もヨルダン川でバプテスマのヨハネから洗礼を受け、この儀式のあと宣教を始めている。洗礼者はヨハネだけではなかった。エッセネ派の人々は日々清めの沐浴を行なっていたし、他の預言者たちもパレスチナを行き交い、弟子たちを水で洗い清めていた。たとえば、フラウィウス・ヨセフスが挙げているバンヌスという預言者も、「清浄への気遣いから、夜昼なく頻繁に冷水沐浴による洗礼を施していた」[1]ようだ。

しかしながらヨハネのように、「罪の赦しを得させる悔い改めの」（マルコ一章四）バプテスマを授けていた洗礼者は稀であった。後に教会に受け継がれるのは、そういう目的での洗礼である。そして、ヨハネ自身が「私は水で洗礼を授けたが、その方は聖霊によって洗礼をお授けになる」（マルコ一章八）と告げているように、彼の洗礼は予備段階であり、イエスによってその予備段階が超えられることになる。しかし福音書には、受洗者イエスが自ら洗礼を授けたという記載はまったくない。宣教を開始したばかりの頃、ガリラヤの町や村を巡り歩いたイエスは、「悔い改めて福音を信ぜよ」（マルコ一章一五）と、声高に呼びかけていただけである。

このようにイエスは、洗礼の儀式を考え出したわけでも発展させたわけでもなかった。存命中も、人々に洗礼を授けるようにと、弟子たちにはっきり指示したことはなかった。その要請があったのは復活後、キリストが弟子たちの前に現われたときである。「あなた方は行って、すべての国の人々を弟子とし、父と子と聖霊の名によって、彼らに聖霊を施しなさい」（マタイ二八章一九、マルコ一六章一六）と、弟子たちに旅立ちを命じている。キリストが本当にこの言葉を言ったかどうか定かではない。後になってから唐突に言われたこの言葉は、何人かの聖書学者たちが考えているように、キリスト教の受洗の正当性を示すため、後から付け加えられた可能性もある。

確実に言えるのは、洗礼のないキリスト教共同体は存在したことがない、ということである。あらゆる共同体が、悔い改めと生まれ変わりのしるしに、水の洗礼による入信儀式を行なってきたのだ。「悔い改めなさい。そしてあなた方一人一人が罪の赦しを得るため、イエス・キリストの名によって洗礼を受けなさい。そうすれば聖霊の賜物を受けるであろう」とペトロが言っている。復活から五十日後、一堂に会していた弟子たちの上に、激しい音を立てて聖霊が下った。その時の音と光におびえて詰めかけてきた群衆に向かって、ペトロが発したのがこの言葉である（使徒行伝二章三八）。この出来事は、後のキリスト教徒たちが「聖霊降臨」と名づけ、祝うようになった。

イエスが行なった真に新しい行為は、「最後の晩餐」である。十字架にかけられる前日、彼は十二使徒を集めて最後の食事を共にした。家父長が執り行なうユダヤ教の儀礼に従い、彼はパンを祝福して裂き、ぶどう酒の杯を祝福して会食者に手渡した。しかし、この象徴行為を行ないながら、イエスは新奇な言葉を述べている。ヨハネを除く福音史家たちが、このエピソードを次のように語っている。「一同が食事をしている間、イエスはパンを取り、祝福してこれを裂き、弟子たちに与えて言った。「取って食べなさい。これはわたしの体である」。それから杯を取り、感謝して彼らに与えて言った。「皆でこの杯から飲みなさい。これはわたしの血であり、多くの人のために流され、罪の赦しを得させる契約の血である」」（マタイ二六章二六―二七、マルコ一四章二二―二四、ルカ二二章一九―二〇）。そしてパウロが、『コリント人への第一の手紙』でそれを補足している。彼によれば、イエスはこの二つの象徴行為を行なった後、「わたしを思い起こすために、このように行ないなさい」と付け加えている。さらにパウロ自身が、「あなた方はこのパンを食し、この杯を飲むたびに（このように行ない）、主が（再び）来られる時まで、主の死を告げ知らせるのである」と言い足している（一一章二四―二六）。

初期のキリスト教徒たちは、洗礼と同時に新しい共同体と絆を結ぶことになるが、その結びつきを示す確かな証《しるし》が「パンの分割」である。その後何世代にもわたって、受洗者たちだけにキリストの犠牲の追体験が許されることになる。実際、儀式の鍵ともいうべきこのパンの分割のとき、まだ洗礼を受けていない人たちは、別の部屋に引き下がっていなければならなかった。この儀式を指示すエウカリスチア〔聖体拝領、聖餐の意〕という語について言えば、もともとは感謝の行為を意味し、登場したのはようやく二世紀に入ってからである。この言葉を最初に用いたのはアンティオキアの司教イグナチオであり、次はローマにキリスト教を伝えたジャスティンであった。

最後に、イエスの特筆すべき三つ目の行為は、「十二使徒の選定」である。夜を徹して祈った後で、彼が使徒として立てた十二人は、弟子たちのうちでも特権的な存在だった（ルカ六章一二―一三）。毎日イエスの後について歩いたこの十二使徒は、いろいろな町に遣わされた「七十二人の弟子」たち（ルカ一〇章一）とも、しだいに数を増していった信奉者の群れとも、一線を画していた。イエスは彼らに、「悪霊を追い出し、あらゆる病気、あらゆる患いを癒す力」を授けている（マタイ一〇章一、マルコ三章一三―一五）。そして「イスラエルの家の失われた羊〔失われたイスラエル十支族のことか、神の導きを求めてさまようイスラエルの民全体のことか、あるいは社会からはじき出された人々のことか、さまざまな解釈がある〕のところへ」行き、「天の国」が近づいたことを伝えるよう命じている（マタイ一〇章六―七）。また、イエスが自身のメシア性について、「誰にも言ってはいけない」と忠告している（マタイ一六章二〇）ように、十二使徒は「イエスがメシアである」という秘密の保持者でもあった。さらにまた、最後の晩餐の象徴行為の証人であったのも彼らである。そして復活後、彼らに向けられた「世界のあらゆる民に福音を宣べ伝えよ」（マタイ二八章一九、マルコ一六章一五）というイエスの呼びかけが、使徒としての使命を拡大させた。

使徒間の上下関係（この概念が登場したのは五世紀になってからである）は、まだ問題になっていなかったが、それでもイエスは、シモン・ペトロと特別な関係を保っていた。ペトロは使徒の代表として進んで意見を述べていたし（マルコ八章二九、九章五、一〇章二八）、十二使徒の中で最初に名を挙げられる一番弟子であった（マルコ三章一六、マタイ一〇章二、ルカ六章一四）。マタイによると、イエスは存命中に、次のような表現でペトロを召命している。「あなたはペトロ〔岩の意〕である。わたしはこの岩の上にわたしの教会を建てよう……。わたしはあなたに天の国の鍵を授けよう」（マタイ一六章一八―一九）。聖書学者の大半が、この言葉は復活後に言われたものとしているが、それはこの言葉の信憑性が、「むしろ疑わしい」と判断されていることを示している。そうは言っても、イエスの受難後エルサレムにできたエクレジア（教会）の最初の指導者には、異論なくペトロが選ばれている。

初期のキリスト教共同体は、平等主義ではあったが、イエスを取り囲む弟子集団を模範にして編成された。その中心になっていたのは、当時はまだ司祭ではなく、長老と呼ばれる人たちだった。この初代のキリスト教徒たちは、律法と彼らの基本精神とをはっきり区別していなかったし、ユダヤ教の清浄規定を遵守していたのだが、それでもキリストの中に自己を見出し、父なる神に祈り、洗礼を受け、安息日の翌日に集まってメシアの復活を記念し、長老たちの教えに耳を傾けていたのである。

イエスからキリストへ

イエスが最高法院で裁かれていたとき、大祭司が聞きただして言った。「おまえは神の子、キリストであるか」。イエスは答えた。「わたしがそうである。あなた方は人の子が全能の神の右に座し、天の雲に乗って来るのを見るであろう」（マルコ一四章六一―六三）。それを聞いた大祭司は激昂し、自分の衣を引き裂いた。それからすぐに、冒瀆の罪で有罪判決が下った。

「メシア」はアラム語ではメシーハー、ヘブライ語ではマーシーアッハであり、本来の意味は「聖油を塗られた者」、または「神から遣わされた者」であった。それがギリシャ語に訳されてクリストスとなり、その慣用表記が「キリスト」である。イエスが自分のメシア性を公然と主張したのは、これが初めてではない。「キリストの弟子だという理由で、あなた方に一杯の水を飲ませてくれる者がいたら、（よくよくあなた方に言っておくが）、誰であれ必ずその報いにあずかるだろう」（マルコ九章四一）。四福音書に見られるキリストという称号は、イエスというファーストネームに連結されて、受難後には彼の固有名詞となった。したがって復活したイエスは、ほとんど常にキリスト、イエス・キリスト、もしくは主イエス・キリストという名で呼ばれている。

　イエスにはもう一つ、「神の子」という称号があるが、彼にとってはこの方が進んで引き受けられる称号だっただろう。神はイエスにとってアッバ、つまり自分の「パパ」といえる存在だったのだから。[2]「子を知る者は、父のほかには誰もいなく、また父を知る者は、子と、子が父のことを証すために選んだ者のほかには誰もいない」（マタイ一一章二七、ルカ一〇章二二）。「神の子」あるいは「ベニ・エロヒム」（神の息子たちの意）という呼び名は、旧約聖書の中でヤーウェ神に最も近い被造物、つまり天使たちを指すのに用いられている。

だがイエスの実際の地位は、この「神の子」という地位を超えるものだったのではないか。『マルコ福音書』には、イエスのこの位置づけに疑念を抱かせるような一節がある。ファリサイ人と洗礼者ヨハネの弟子たちが断食をしているときに、イエスの弟子たちが断食を破っているという場面である。それを見て驚いた人々に、イエスが答えて言う。「婚礼の客は、花婿が一緒にいるのに断食ができるだろうか。彼らは花婿と一緒にいるかぎり、断食はできない。しかしいつか、花婿が奪い去られる日が来る。その日には彼らも断食するだろう」(二章一九―二〇)。ユダヤ教の伝承では、「花婿」の役割は、ユダヤ民族と契約を結んだ神の役割にほかならない。これによってイエスは、自らを神と同じ位置づけにしようとしたのか。それとも自分のメシア性を主張するために、高圧的な言い方をしただけなのか。大部分の聖書学者は、イエスが「わたしは神から遣わされた(のであって、神自身ではない)」とはっきり公言していることを考慮し、後者の選択肢を選んでいる。「わたしを受け入れる者は誰でも、わたしを受け入れるのではなく、わたしをお遣わしになった方を受け入れるのである」(マルコ九章三七)。疑いのない事実は、復活の後すぐに、弟子たちがイエスを超自然の神的存在にしたということである。彼らはラビ(3)(わが師の意)と呼んでいた人を、預言者より高い位置に引き上げたのだ。こうしてイエスは「キリスト」となり、「主《しゅ》」となった。

最初の教会《エクレジア》

『使徒行伝』が伝えているところでは、イエスの復活から五十日経って、使徒たちが一堂に会していると、突然、家全体が揺れるほどの凄まじい音がした。「彼らは舌の形をした炎のようなものが現われるのを見た。それはいくつかに分かれ、一人ひとりの上に降りてきて止まった。すると一同は聖霊に満たされ、御霊《みたま》が語らせるままに、他の国々の言葉で語り始めた」（使徒行伝二章一—四）。あわてて駆けつけた群衆に向かって、ペトロが声を上げて訴えかけた。彼は「イスラエルの人々」に、イエスがダビデをはるかに超えた存在であることを言明したのである。「あなた方が十字架につけたこのイエスを、神は主として、またキリストとしてお立てになったのである」と（使徒行伝二章三六）。その後すぐに多くの人が悔い改め、キリストの名において洗礼を受けた。そして使徒たちは、「父と子と聖霊との名によって」彼らの宣教を始めたのである（マタイ二八章一九）。

こうしてエルサレムに「教会」が生まれた。確かにイエスが創設したわけではないが、ひたすらイエスに依拠して築かれた教会である。市民集会を意味するギリシャ語のエクレジアは、キリストの名によって集まった最初の信徒たちが、かなり早くから彼らの共同体を指し示す言葉として用いていた。語源はギリシャ語のキリケで、「キリオス（主）に属する」という意味である。旧訳聖書のギリシャ語訳である『七十人訳聖書』では、モーセによって砂漠に集められた選民を指す語として、このエクレジアが使われている。初期のキリスト教徒たちはおそらく、この砂漠の物語になぞらえてこの言葉を使用したのだろう。

エルサレムのエクレジアを統率したのはペトロであり、「イエスの兄弟」とされているヤコブがその補佐役をし、他の使徒たちが二人を支えていた。『使徒行伝』に細かく述べられているように（一二章四二—四章三六）、この共同体はイエスと同じく、ユダヤ教的性格を色濃く残していた。信徒たちはみな割礼を受け、律法に従って安息日を守り、足しげく神殿に詣で、そこで祭儀を行ない、祝祭に参加して住民ともよく交わっていた。それと同時に、財産や持ち物をすべて共有しながら共同生活を送り、「使徒たちの教えに忠実に聞き従って」いた。この時に信徒たちに伝えられたイエスの言葉とその生涯の物語が、後に福音書に記録されることになる。

安息日の翌日である日曜日には、彼らは食卓を囲んで復活を記念し、イエスがしたようにパンを裂き、ワインを分かち合った。そして、キリストの再来を今か今かと待ち望み、祈りのたびに「マラナ・タ（我らの主よ、来たりませ）」と呼びかけていた。これは、エルサレムの人々の日常語であったアラム語による表現だが、その後も、アラム語をまったく知らない共同体においても使われ続けた。ギリシャ語しか話さないコリント人に、ギリシャ語で語りかけたパウロも、結びの慣用句でこのアラム語表現を用いている（コリント人への第一の手紙一六章二二）。

エルサレムは離散したユダヤ人にとっての集合場所で、神殿は各地から巡礼にやって来たユダヤ人でにぎわっていた。使徒たち、特にペトロとヨハネは、街頭や神殿の中庭で、彼らに熱弁を振るって説教をした。イエスの死に肯定的な意味を与えて解釈し直し、神の国を説くために来た主イエス・キリストのことを詳しく語った。このようにして使徒たちは、いわば史上初のキリスト論のようなものを練り上げていたのである。エルサレムにユダヤ教徒としてやって来た巡礼者たちは、キリストの名によって洗礼を受け、ユダヤ・キリスト折衷教徒となって帰って行った（使徒行伝二章三八、八章一六）。

彼らはそれぞれ自分の町で、新しい共同体を形成するようになり、それがヨッパからルダ、ティルス、そしてダマスコまで広がっていった。どの共同体でも、イエスが彼らの信仰の「隅のかしら石」（マルコ一二章一〇―一一）であり、「イエス・キリストは主である」という表現が、共通の信仰告白の言葉となった（ピリピ人への手紙二章一一、ローマ人への手紙一〇章九ほか）。かくして、イエスは人間以上の存在になったのである。まことにイエスは復活により、「御力《みちから》」をもって定められた「神の御《おん》ひとり子《ご》」であると（ローマ人への手紙一章四）、人々が確信するようになったからである。

エルサレムの各共同体を管理していた十二使徒とは別に、ヘレニストと呼ばれる七人衆が、ギリシャ語を話す改宗者たちに対して同等の責務を委ねられていた。ステパノ、ピリポ、プロコロ、ニカノル、テモン、パルメナ、ニコラオの七人である（使徒行伝六章五）。十二使徒とこの七人衆の間には、キリストを巡る主要な問題ではなく、エルサレム神殿との関係に関して、無視できない意見の相違が生じていた。ヘレニストたちは、神殿に対してかなり批判的だったのである。イエスの死後何年かのうちに、彼らが迫害され、四散することになったのはそのためであろう。ヘレニストたちはエルサレムの教会ともユダヤ教ともすぐに袂を分かったため、その活動についてはほとんど知られていない。

『使徒行伝』では、彼らが聖霊を抜きにして洗礼を授けたことが批判されている一方（八章一六）、「フェニキア、キプロス、アンティオキアにまで進んで行った」（一一章一九）と、ステパノと弟子たちによる宣教の成果が評価されている。アンティオキアは、ローマ、アレクサンドリアに次ぐ帝国第三の都市であった。ヘレニストたちが説教で用いた比喩や句法は、ギリシャ文化圏の人々にとって馴染み深いものだったこともあり、多くの信徒を集めることになった。彼らの働きで、アンティオキアには規模の大きい共同体が創設されたが、まもなくエルサレム教会の指図を受けるようになる。それでもアンティオキア共同体は独自の特色を保ち続け、パウロの推進力によって、後の時代の教会の原型となるほどの発展を遂げていく。

タルソのパウロ

「キリストは神の子である」という急進的な解釈において、中心的な役割を果たしたのがパウロである。ユダヤ教に縛られていたキリスト教会は、それによって後に解放へと導かれることになる。彼はタルソ出身のファリサイ人で、神の名において殺戮を正当化するゼロテ党員（ユダヤの原理主義者）と親交があった可能性がある。(4) 西暦一〇年頃に生まれ、イエス（直接会ったことはなかった）や十二使徒と同時代人であった彼は、何よりも律法を遵守する厳格な人だった。サウロというユダヤ名（ヘブライ語）と、パウロというローマ名（ギリシャ語）を持ち、ユダヤの律法博士のもとで学問を修めると同時に、ギリシャ人学校（ギリシャ語は彼の母語でもあった）で教育を受けた。エルサレムでは、教会に対して「激しい迫害」を行なう人として知られており（ガラテヤ書一章一三）、そのために三〇年代の中頃（イエスの十字架刑から三、四年後）、生まれたばかりの諸教会に対してその任務を遂行すべく、ダマスコに派遣されることになった。

『使徒行伝』の記述によると、彼がダマスコの町に近づいたとき、突然強い光が差して目が見えなくなった。そして「サウロ、サウロ、なぜ私を迫害するのか」と問いかける声を聞いた。それは「ナザレ人イエス」による啓示であった。そのままダマスコまで行ったパウロは、ユダヤ人キリスト教徒のアナニアに迎えられ、奇跡によって視力を回復した。そしてアナニアはイエスの名において洗礼を授け、彼の罪を洗い清めた（使徒行伝二二章六―一六）。エルサレムに戻ると、パウロは再び主の言葉を聞いた。彼の使命は、「異邦の民」すなわち非ユダヤ人への福音伝道である、という二度目の啓示であった（使徒行伝二二章二一）。

ペトロおよびイエスの弟ヤコブとのつかのまの出会いの後で、パウロは精力的に宣教活動を開始した。足を踏み入れた町に、次々と共同体を創設していった彼は、どの共同体でも異論の余地なく指導者と見なされた。各共同体の信徒たちとは手紙で連絡を取り合っていたが、そのうちの残存する七通の手紙が、新約聖書に組み入れられている。そして、『使徒行伝』の半分はパウロについての記述である。

エルサレムのエクレジアには、ほとんどユダヤ人の信徒しかいなかったのに対し、パウロは与えられた使命に忠実に、ユダヤ人にも異邦人にも同じように洗礼を授けた。「人が義とされるのは律法の行ないによるのではなく、ひとえにキリスト・イエスを信じる信仰による」（ガラテヤ書二章一六）という考えから、異邦人の改宗者には、割礼を含めて律法の遵守は無用としていた。アンティオキアの初期の共同体では、ユダヤ教とキリスト教が混合し、共同聖餐式が行なわれていたが、この共同体の誕生に決定的な役割を果たしたのがパウロである。あらゆる出自の信徒たちが共に祈禱会や食事会に参加し、キリストの復活を記念する主の晩餐も一緒に祝っていた。

こうした革新的なやり方に眉をひそめていたのは、エルサレムのユダヤ人キリスト教徒たちである。彼らは律法の祭儀的清浄を守ることに懸命で、異邦人との接触がユダヤ人を汚すことは必至と考えたからである。四四年頃、しばらく投獄されていたペトロの後を継いで、イエスの兄弟ヤコブがエクレジアを統率していたが、彼はこの騒然とした状況の中で、最初の宗教会議を召集した。会議には、キリストを拠り所とする全共同体の責任者が出席した。パウロは「ユダヤ人と異邦人の間になんら区別はない。主は万民にとって同一の主であり、呼び求めるすべての人に豊かな恵みを与えてくださる」（ローマ人への手紙一〇章一二）と主張した。しかしながらヤコブは、規則正しく神殿に詣でる厳格なユダヤ教徒でもあったので、妥協案を提示し、会議でそれを認めさせた。律法の遵守は、改宗したユダヤ人において続行され、改宗した異邦人には免除される、という内容である——これは共同聖餐式の禁止を言外に匂わせている——。ヤコブはまた宣教の担当範囲を分割し、割礼者（ユダヤ人）はペトロに、無割礼者（異邦人）はパウロに任せた。その後、ペトロとパウロが再会したのは、たった一度である。それは四九年頃、ペトロがアナトリアに（その後でおそらくローマに）向かう道中、アンティオキアで小休止した時のことである。

パウロは、エルサレム教会の優位性を認めていたとはいえ、宗教会議の決議を無視しがちであった。「キリストは律法の終わりである」（ローマ書一〇章四）と断言して譲らなかった。エルサレムでは、慈善活動のための資金集めがヤコブの決定で廃止されていたが、パウロはそれでも信者から寄付を集め、それをエルサレムに送り続けていた。「異邦人が彼ら（エルサレムの聖徒たち）の霊的財産の分け前にあずかったのならば、今度は異邦人が物質的財産をもって、彼らに仕えるのは当然だからである」（ローマ人への手紙一五章二七）。

断絶が生じたのは五八年頃、パウロがめざましい宣教の成果を報告するため、エルサレムに赴いた時である。ヤコブはパウロにそっけない対応をし、改宗した異邦人に対する彼の態度を咎めるとともに、神殿での清めの式を課した。パウロが〔ユダヤ人たちに〕捕縛されたのはその神殿である。カエサリアに移送された後、六三年頃にローマに追放された彼は、おそらくその翌年に亡くなっている。すでに皇帝ネロによる迫害が始まっていた時期で、パウロはローマから次の言葉を発している。「神のこの救いの言葉は、異邦人たちに送られたのだ。少なくとも彼らは、これに聞き従うであろう」（使徒行伝二八章二八）。

エルサレム教会はその優位性――全共同体から認められた優位性――を盾に取り、パウロが公の場から姿を消したのに乗じて、ユダヤ人ディアスポラ（離散の民）を、さらに厳しい戒律へと引き戻そうとした。主なものは共同聖餐式と異教徒間の結婚の禁止である。しかし相次ぐ劇的事件によって、この計画は実現に至らなかった。六二年頃、ローマ総督の空位期をねらって、大祭司アンナス二世を議長とする最高法院が、ヤコブを石殺しの刑に処した。重大な宗教犯罪に科せられる刑罰である。(5)

ヤコブの後を継いだイエスの従兄弟シメオンは、主教の権威を確立する間もなかった。六六年にユダヤ人の反乱が始まると、ゼロテ党員〔ユダヤの原理主義者であっただけでなく、ローマの支配に対して戦う熱烈な愛国者でもあった〕が、ユダヤ人キリスト教徒をエルサレムから追い払ったのである。七〇年にはエルサレム神殿が、ローマ人によって破壊された。その後、ヤムニアに亡命したエルサレムのラビ（霊的指導者）、ヨハナン・ベン・ザカイを中心として、ラビ的ユダヤ教が形成された。ファリサイ人を主要メンバーとしており、ユダヤ人キリスト教徒をはじめとする非正統派の集団は、このグループから弾き出された。

エルサレム教会の終焉に伴い、パウロの思想が広く普及することになった。まず七〇年から九〇年にかけて、すべての共同体で共同聖餐式が一般化した。エルサレム教会だけが占有していたエクレジアという呼称も、パウロがすでにそうしていたように、すべての共同体に用いられるようになった。キリストの信奉者たちには、新しい宗教の担い手としての自覚が芽生え、周囲も彼らをそう見るようになった。新しい宗教にはギリシャ語の新しい名称が付けられた。それがクリスティアニスモス（キリスト教）であり、その後はユダイスモス（ユダヤ教）とははっきり区別されるようになった。

受肉した「神のロゴス」

イエスの時代、パレスチナのユダヤ人たちは熱烈な民族主義に燃え、メシア運動の高まりを見せていたが、その一方で、ディアスポラのユダヤ人たちは忠実に神殿詣でを続けながら、卓越するギリシャ文化に広く関心を寄せていた。彼らはギリシャ語だけでなく、その思考形態や哲学的概念も同化していった。ギリシャではすでに何世紀も前から、諸学派が天地万物の根源的意味について考え、人間がその中で果たす役割について議論していた。

紀元前四世紀に、エフェソス人ヘラクレイトスの登場とともに出現したのが、後の西洋思想の基礎となる「ロゴス」という概念である。ヘラクレイトスの考えでは、ロゴスは人間の思考の根源、原点にあるものである。しかしながら彼は、「このロゴスという語は、人間には決して理解できないものである」と付け加えている。この語の本来の意味は「言葉」、つまり現実の抽象的表象であるが、ロゴスはこの本義を超え出ているからである。(6) ところで言葉とは、我々が周囲の世界を指し示すために用いる単語の集まりであり、我々はそれを用いることによって、世界を論理の法則で表現し直している。そういう意味でロゴスは、知の源であるだけでなく、意味を生み出し、ひいては現実を創造する「理性」であるといえる。そしてヘラクレイトス以降のギリシャ哲学においては、言葉ならびに理性として定義されたロゴスは、「世界を支配する合理性」という意味も持つようになる。

アレクサンドリアでは一世紀初頭、ユダヤ人哲学者フィロン（前一二―後五四）が、プラトンとストア派の哲学から着想を得ながら、ユダヤ教の文献を解釈し直した。彼がプラトンから取り入れたのは、精神は物質より先に存在するという考え方である。この精神こそがロゴスである、と主張したフィロンは、ロゴスを神の意図、または神の言葉として捉え、その主要要素はプネウマ、すなわち生命の呼気、あるいは生命を授ける神の息吹であるとした。こうしてギリシャ哲学のロゴスは、ヘブライ人の一神論の物差しで捉え直されることで、神の創造力であると同時に、神と人間との仲介物となったのである。それはつまり、イスラエルの人格神の諸要素を取り込んだ作用力であり、しかもフィロンはそれに、義人の心に「働きかける」力を付与している。

ローマ帝国内では、新しい概念や思想が急速に広まった。ユダヤ教とギリシャ哲学を融合させたフィロンの革新的な思想も、一世紀末には普及し、ギリシャ化したユダヤ人共同体でも、シナゴーグとの関係を絶って間もないキリスト教徒の間でも、確実に知れ渡っていた。したがって、彼の思想が福音史家ヨハネに影響を及ぼした可能性は、きわめて高いといえる。このヨハネについては、大したことはわかっていない。キリスト教の伝承では、十二使徒の一人であったゼベダイの息子であり、七〇年のエルサレム神殿崩壊の後、イエスの母マリアと一緒にエフェソスに逃れたとされている。聖書学者たちの見解によると、一〇〇年ないし一一〇年頃、つまりいちばん遅く制作された『ヨハネ福音書』の作者（あるいは作者たち）が、ヨハネを中心とした信徒グループ（ヨハネ共同体）に属していたことは確からしい。使徒が語った話を収集し、『マルコ福音書』と『マタイ福音書』を読んだうえで、それらの事実要素に解釈を加えたこの作者は、新しい思考の道具であるロゴスを用い、自らの経験に基づき、とりわけ洗礼者ヨハネを信奉する教団に対抗意識を持って、これを書いている。

『ヨハネ福音書』の序文は、崇高な文体で全体を要約した見事な文章である。これによってキリスト論に大きな転換がもたらされた。ここで強調されているのは、もはやイエスのメシア性でも神との父子関係でもなく、はじめて明確にされた「キリスト自身の神性」である。そしてそれを告げているのが、そのために神から遣わされた洗礼者ヨハネである（一章六―七）としている。

この序文はロゴス、つまりすべてのものの根源である「言《ことば》（Verbe）」もしくは「言葉（Parole）」の定義で始まっている。「初めに言《ことば》があった。言《ことば》は神と共にあった。言《ことば》は神であった。この言《ことば》は初めに神と共にあった。すべてのものがこの言《ことば》によって造られた。これによらないで造られたものは何一つなかった」（一章一―三）。次にヨハネはこのロゴスを、イエスという人格に宿った「まことの光」（一章九）と同一化している。世を照らす光であるイエスの出現により、「言《ことば》は肉体となった」（一章一四）のである。つまりイエスは受肉した「神のロゴス」にほかならない。そのイエスについて洗礼者ヨハネは、「その方はわたしよりも先におられた」（一章一五）と公言している。イエス自身もそれをくり返し、「アブラハムが存在する前から、わたしはいるのである」（八章五八）という不可思議な言葉を残している。ヨハネはほかにも、「わたしは道であり、真理であり、命である」（一四章六）、「わたしが父の中におり、父がわたしの中におられる」（一四章一一）など、その神性を証拠立てるキリストの言葉を引用している。

キリスト論論争

「ロゴス・キリスト」の神性を最もすみやかに認めたのは、ギリシャ文化を摂取したキリスト教徒たちだった。彼らは哲学に馴染みがあり、ロゴスとは神の計画に従って世界を支配する合理性であると考えていたので、それがユダヤ・キリスト教の唯一絶対神を冒瀆することだとは思わなかった。ギリシャのロゴスが能動的に作用するものである以上、神の言《ことば》が受肉して人間となるのは、十分に考えられることだったのだ。

この「受肉したみ言《ことば》」、すなわち「ロゴス」の定義を軸に、アレクサンドリアの神学校ディダスカリアにおいて、キリスト教哲学の原型が形作られることになった。そこで中心となって活躍したアレクサンドリアのクレメンスは、一五〇年頃に生まれ、プラトン思想の感化を受けた哲学者である。理性という道具を用いて聖書を読み直したフィロンに倣い、クレメンスはギリシャ哲学の知と、キリスト教の道との和合を試みた。前者から思考の枠組を取り入れ、後者からキリストの位格（ペルソナ）という概念を引き出した彼は、このキリストの位格において神のロゴスが顕現したことを打ち出した〔これが、父と子と聖霊の三つの位格が一体であるという三位一体論の基盤となった〕。神のロゴスは多くの哲学者だけでなく、真の神への道を切り開いてきた預言者たちも、探し求めていたものである。クレメンスは、「神とロゴス・キリストはただ一つで同一のもの、つまり神にほかならない。「初めに言《ことば》は神の内にあった。言《ことば》は神であった」と定められている通りである(7)」と断言している。

しかしながら、それは自明の理ではなかった。この主張がキリストの本性についての論議を巻き起こし、その論議が論争、異端視、破門へと発展していった。異議を唱える動きは東方教会から生じたが、その最初の一つが、ドケティズムと呼ばれるキリスト仮現説（語源はギリシャ語のドケインで「……のように見える」という意味）である。キリストの受肉を否定し、キリストの肉体も十字架の受難も幻影でしかなかったという説である。グノーシス主義に近いこの主張への反論として生じたのが養子論（養子的キリスト論）であり、キリストの完全な神性には疑義を抱き、「神の子イエスは、実際は神が養子にした人間である」と断言した。ローマからは、皮なめしのテオドトスの弟子グループが立ち上がり、イエスが聖霊を授かったことは確かであり、その聖霊が受洗の日にイエスに奇跡を行なう力を与えたのだと主張した。しかし彼らは、「イエスが神性を得たのは復活後である」と付け加えている——この説は一九八年にローマ教皇ヴィクトルによって異端とされた——。

様態論〔父と子と聖霊の三位格は自立した存在ではなく、一つの神の様態が変化したものだと説く〕を唱える人たち（モナルキア主義者の名でも知られている）は、神とイエスは同一の位格であり、イエスに固有の人性はないと公言した。それによると、神自身が十字架にかけられたことになる。この主張は（司教の間でも）多くの賛同を得たが、初期の教父の一人であるテルトリアヌス（一六〇—二四〇）が反発し、『プラクセアス反論』という長い書簡をしたためている。彼は様態論の主唱者であるプラクセアスを、「預言をないがしろにし」、「父なる神を十字架にかける」ことで、「悪魔に二重の貢献をしている」と非難している。(8)

このような状況のなか、二世紀中葉に現われたのが『ヤコブ原福音書』で、イエスの幼少時のことを記した短い聖書外典である。作者はキリストの人性と神性をともに擁護し、キリストの処女降誕とマリアの永遠の処女性を肯定した。「イエスは完全に純潔な女性の胎内に、「聖霊によって宿された」（一九章一）」と力説している。正典には入れられなかったものの、巧みに構成されたこの物語は、後にキリストの人性と神性の二つの本性を擁護する際の強力な論拠となっていく。また、その後数世紀にわたり、マリア神学にも大きな影響を与えることになる。マリア神学が、キリスト論論争との密接なつながりの中で発展したことはいうまでもない。このようにキリスト教のごく初期の時代には、キリストの神性についての解釈が何十も生まれ、互いに対抗する神学学派や共同体の間でうごめいていたのである。(9)

殉教者たち

そうした神学論争がくり広げられている最中、皇帝やローマの神々の崇拝を拒んだキリスト教徒たちが、残忍な迫害の犠牲になっていた。キリスト教では神への信仰に命を捧げる殉教の神学が、ユダヤ教徒との分離が進むにつれて形成され、発展していった。殉教者の語源であるギリシャ語のマルトゥスは、もともとは「証人」という意味であり、『使徒行伝』にそれを示す一節が見られる。「あなた方はエルサレムだけでなく、ユダヤとサマリアの全土で、さらには地の果てでも、わたしの証人となるであろう」（使徒行伝一章八）。このマルトゥスという語が、「宗教的信念のために命を捧げる人」と結びつけられたのは、新約聖書の最後の書である『ヨハネ黙示録』が初めてである。「あなたはわたしの名をしっかりと守り続け、わたしの忠実な証人アンテパスがサタンの住むあなた方のところで殺された時でさえ、わたしに対する信仰を捨てなかった」（黙示録二章一三）。

したがって、パウロを含めた熱狂的なユダヤ教徒によって石で打ち殺されたステパノは、当時はまだ殉教者とはいわれていなかった。後に初期教会が彼を、キリストを捨てるよりは命を捨てることを選んだ最初の人、つまり最初の殉教者としたのである。彼の後、何人もの使徒が同じ運命をたどった。キリスト教史によると、ペトロやパウロも、ネロによるキリスト教徒への迫害の最中に、ローマで命を落としている。ネロはローマの大火の責任をキリスト教徒に転嫁しようとして、虐殺を始めたのである。

だが、その頃からキリスト教徒たちは、このようにして死ぬことを理想と考えるようになった。年代は不確かであるが、ローマから小アジアの共同体に向けて書かれたある文書の中に、それを明かしている一節がある。「あなた方を試すために襲ってくるこの災難の中で、特別異常なことが自分に起こったかのように、狼狽してはいけません。むしろキリストの苦しみを共有することで、キリストと結ばれることを嬉しく思いなさい。いつかその栄光が顕現する日の、身が震えるほどの喜びのために」[10]。そして実際、キリストの弟子たちは殉教に喜びを見出していた。殉教を、イエスのメッセージの成就と捉えていたからである。

アンティオキア〔シリアの首都〕の司教だったイグナティオスは、二世紀の初めにローマに護送され、円形闘技場でライオンの餌食となった殉教者である。彼が残した六通の手紙の一つに、感化力のある殉教の模範が示されている。イグナティオスはローマの同志たちに、愛の名において、自分を助け出す努力をしないでほしいと訴えている。「私が何かを恐れているとすれば、それは実のところ、あなた方の憐憫の情による損失です。それによって、あなた方が失うものはありません。でも私の方は、もしあなた方がこの世的な友情を振りかざすばかりで、私のことを真に思いやってくれるのでなければ、神に到達することが難しくなるのです……。私は二度とこのような機会に恵まれないでしょう。でもそれには、あなた方が愛を持って平静でいてくれることが条件なのです。あなた方が何も言わずにいてくれれば、私は神に属する者となれるでしょう。逆に、肉の愛で私を愛するなら、私はふたたび闘いの渦中に投げ込まれるでしょう。祭壇が準備されている間に、私の命を生け贄にさせてください。愛によって合唱隊として集まったあなた方には、キリストを通して父なる神に向かい、「神はシリアの司教を東方から西方に遣わしてくださった！」〔東方はシリア、西方はローマ〕と、声高らかに歌ってもらいたいのです……。あなた方の妨げがないかぎり、私は神のためという強い確信を持って死んでいけます。そのことを皆に伝えるために、こうして諸教会宛てに手紙を書いているのです。どうか時宜に適わない優しさを私に示さないでください。獣たちの食べ物になる私を放っておいてください。それによって神を享受することが可能になるからです。神の小麦である私は、純粋なキリストのパンになるために、獣の牙で細かく砕かれなければなりません。むしろ獣たちを愛撫してあげてください。彼らが私の墓となるように、この肉体の一片も残すことがないように、また私の葬式が誰の負担にもならないように。そうして、この肉体が影も形もなくなったとき、私は真にキリストの弟子となれるでしょう……。連れて来られる獣たちの真正面に居合わせれば幸いです。彼らがその気になっている時に出会いたいものです。直ちに飛びかかってこられるよう、必要ならば手で撫でてみます。かつて獣の方が、触れるのを恐れた人たちがいましたが、そうならないようにします。彼らが嫌がるようなら、無理強いするしかありません……。火あぶり、十字架、獣の群れ、骨の解体、手足の切断、肉の粉砕、こういった悪魔の責め苦がことごとく襲いかかったとしても、ただイエス・キリストを享受できればいいのです」(11)。

　こうして原始教会〔初代教会ともいわれ、四世紀に公認される以前に建てられたキリスト教会〕では、殉教者への崇敬の念が急速に高まっていった。聖人と呼ばれるようになった彼らの墓は、特定された場合、巡礼者が訪れる聖なる場所となっただけでなく、墓地の核をなすようになった。キリスト教徒たちはその恩恵にあずかろうと、とりわけ死後の取りなしを願って、殉教者の墓のそばに埋葬されることを望んだからである。ローマ帝国では迫害が跡を絶たず、分厚い殉教者名簿を見ても、無数の殉教者の名が連なる聖人カレンダーを見ても、迫害の物語がいかに多かったかがわかる。たとえば、一七七年にはリヨンの円形闘技場で、ブランティーナという女性がライオンの餌食となり、二五八年にはラウレンティウスが炭火の上で焼かれた。数多くの司教をはじめ、ファビアヌス（二五〇年）、ステファヌス一世（二五七年）、シクスト二世（二五八年）ら何人かのローマ教皇も殉教者となった。

迫害の終息と三位一体論

かなり早い時期から、この新宗教は自らを「カトリック」（ギリシャ語のカトリコスから）、すなわち「普遍的」宗教と認識するようになった。この言葉がはじめて登場したのは一〇六年、イグナティオスが亡くなる少し前に、スミルナの教会に宛てて書いた手紙の中である。「イエス・キリストがおられる所、そこがカトリック教会であるように、司教が姿を見せる所、そこが共同体でありますように[12]」。イエス・キリストへの信仰は、特に都市部を中心に急速に広まっていった。小アジアから始まってイタリア、北アフリカ、ギリシャ、その後ガリア（リヨンでは一七七年に数十名の最初の殉教者が出ている）に達してからスペインへ、そして三世紀にはイギリスにも伝わった。各共同体はエピスコポス（司教）を中心に組織され、各司教はそこで洗礼を授け、聖餐式を執り行ない、教義が守られているかを監督し、他の司教たちとの連絡を密にしていた。

エルサレム教会の消滅後、ローマ教会は激しい迫害の嵐に襲われたにもかかわらず、その優位性を他の教会に認めさせることに成功した。そして正統教義の明確化に取り組み、二世紀後半には、以下のような文言の使徒信条（信仰宣言ともいわれる）を練り上げた。「われは全能の父なる神を信じ、またその御ひとり子、われらの主イエス・キリスト、聖霊によって処女マリアより生まれ、ポンシオ・ピラトのもとで十字架にかけられて葬られ、三日目に死者の中から蘇り、天に昇って父なる神の右に座し、そこより生者と死者を裁くために来たらんとする主を信じ、聖霊と聖なる教会と罪の赦しと肉体の復活を信じる(13)」。

またローマ教皇たちは、異端者を破門する権利を我がものとした。一四四年のマルキオンの破門は、教皇が宣告した最初の破門の一つとして知られている。しかしまた、他のキリスト教の中心地も勢力を増大させていた。ギリシャのアレクサンドリア、勢いのある北アフリカ教会の根拠地カルタゴ（二一六年にここで開催された公会議には、アフリカから七十一人の司教が出席している）、ローマ帝国第三の都市アンティオキアがそうである。他の教会に自らの優位性を認めさせたローマ教会だが、その正統性の主張を他教会に押しつけることはできなかった。それどころか、キリスト教徒の間で生じた教義上の分裂がしだいに広まり、三世紀の末には、それまでのキリストの本性をめぐる論争に、また別の不和の原因が付け加わった。「父」と「子」と「聖霊」の関係の本質、つまり三位一体の教義である。

政治的には二六〇年以降、教会は平穏な時期を迎えた。礼拝の自由を認めたガリエヌス帝の勅令のおかげである。キリストへの信仰は社会の上層部にも広まり、信徒の献金や寄進によって教会の財産がとみに増大した。この休戦状態は四十三年続いたのだが、その間ローマ帝国は相次ぐ内乱に加え、辺境ではバルバロイやペルシャ人の襲撃を受け続け、まさに内憂外患であった。そして三〇三年、キリスト教の躍進から国教を守ろうとしたディオクレティアヌス帝が、この休戦に突如として終止符を打った。彼は教会の財産や聖具の没収を命じ、聖職者を逮捕させたほか、長官であれ元老院議員であれ、すべてのキリスト教徒に、行政機関の職務に就くことを禁止した。またキリスト教徒を弾圧するために、数多の軍隊を差し向け、そのうちキリスト教に改宗した師団があれば、その師団全員を死刑に処した。帝国をさらに衰退させることになったこの大規模な迫害は、三一二年十月にコンスタンティヌス帝が即位するまで続けられた。

新皇帝コンスタンティヌスは、迫害の続行と教会の内部分裂が、かえって帝国の衰退を助長すると考えた。それに皇帝自身が、何人かの近親者の影響でキリスト教に関心を抱いていたのだ。わけてもローマ将軍だった父親は、太陽神を崇める同じ一神教の信奉者で、キリスト教の擁護者として評判が高かった。コンスタンティヌス帝は、キリスト教徒が厳しく道徳を守ることを知っていたので、彼らを介して、帝国に蔓延していた快楽主義や個人主義を抑止したいと願った。そして三一三年六月十三日、信教の自由を認める「ミラノ勅令」を発布し、キリスト教を公認するに至ったのである。また、教会全体の統制を図って分裂を避けさせるため、ローマ司教の優位性を強化する決定を下した。

三一四年には、二年前からカタコンベ（地下墓所）に避難していたローマ司教ミルティアデスが、ラテラノ宮殿を聖堂として譲り受けている。コンスタンティヌス帝はさらに、ミルティアデスのためにアルル宗教会議を招集し、ドナトゥス派による教会分裂を終結させようとしている。三一八年には、キリスト教徒との結びつきを強めるため、異教徒たちの私的な奉納を禁止し、その翌年、バチカンのサン・ピエトロ大寺院の建立にとりかかった。そのうえ、帝国行政に携わる高官職がキリスト教徒にも与えられるようになり、中には親衛隊司令官（属州総督と同等の位）に任命される者までいた。

その頃、ローマ教会の正統教義に反対するアリウス派が勢力を伸ばしていた。アレクサンドリア教会の司祭アリウスが三二〇年頃に唱えた、イエスの神性を否定する神学思想である。神の子すなわちロゴスは、父なる神によって生み出された創造の第二原因であり、神という定義に適うのは父なる神のみである、という考え方である。したがって、キリストは神の代身ということになる。この思想は一部の人々、特にアンティオキアの司教たちから強い支持を得ていた。この事態に対処するため、自らを「表向きの司教」（洗礼を受けたのは死ぬまぎわだった）と称していたコンスタンティヌス帝は、三二五年に最初の世界司教会議である「ニカイア公会議」を招集した。この会議で「イエス・キリストは神の子であり、神から生まれたのであって創造されたのでなく、父なる神と同質（実体として一つ）である」と宣言された。そしてアリウスは、ほぼ満場一致で異端として断罪された――言うことを聞かない司教たちは、皇帝から報復措置を取ると脅されていたのだ――。それでもアリウス派の教義は広まる一方であった。

父と子の同質性（同一実体性）という概念の導入は、結果として正統教義の危機をさらに深刻化させた。論争は神学者たちだけでは収拾がつかず、一般人をも巻き込むかたちとなった。問題になっていたのは、神は唯一絶対であるという一神論と、神には三つの位格があるという考え方を、いかにして両立させるかである。歴史家のアンミアヌス・マルケリヌス（三三〇―四〇〇）は、その著著『歴史』の中で、キリスト教徒たちは「野獣のように」喧嘩をしていると嘆いている[14]。ニュッサのグレゴリオス（三四一―三九四）は、三八三年にコンスタンティノポリスで行なった名高い講話で、次のように時勢を憂えている。「おつりを要求してごらんなさい。すると商人は造られた者と造られずに存在する者について、つまり神学を論じ始めるでしょう。パンはいくらか聞いてごらんなさい。すると「父なる神はより偉大で、子の方が劣ります」という答えが返ってくるでしょう。そして、風呂の準備ができているかどうか尋ねてごらんなさい。すると執事は、「神の子などどうでもいいことです」と言い切るでしょう[15]」。

第一回公会議から半世紀余りを経た三八一年、コンスタンティノポリスで第二回公会議が招集されて、三位一体の教義が次のように定められた。「神の御ひとり子は、真の神から出た真の神、造られたのではなく生まれ、父なる神と同一の実体である。聖霊は父と子から出て、父と子と共に礼拝され、栄光を受ける」。こうして「三つの位格をもつ唯一の神」の存在が明確にされた。三つの位格はそれぞれ、他の二つの位格との関係においてのみ存在し、一体となって協働する。

その後、また別のキリスト論論争が起こり、キリスト教会に最初の分裂をもたらすことになる。それは四二八年、コンスタンティノポリスの司教ネストリウスが、「マリアは神の母（テオトコス）ではなく、「神の子である主」イエスの母（クリストトコス）である」と主張したことから始まった。この主張は、イエスの神性の否定につながるからである。それに対する反論として、今度はアレクサンドリア教会が、キリストの人性と神性の分かちがたい結合を提唱した。キリストの人性は受胎のときに、「一滴の蜜が大海に溶け込むように」完全に神性に吸収されたとする考え方である。これが「キリスト単性説」と呼ばれるもので、キリストには唯一の本性、すなわち神性のみが存在すると主張する。

だが、四五一年に開かれたカルケドン公会議で、ネストリウス説もキリスト単性説もともに異端として排斥されることになった。この会議で「キリストは完全に神であり、完全に人である」ことが宣言され、カルケドン信条として定められた。今日たいていのキリスト教徒が知っている信仰箇条である。これによってアレクサンドリア教会は分離し、コプト教会と名乗るようになった。キリスト単性説を唱える他の東方教会も、同じように分離した。アンティオキアのヤコブ派教会（シリア正教会ともいわれる）、アルメニア使徒教会、インドのトマス派教会（マラバル派）がそうである。そしてネストリウスの信奉者たちは、追放された後に再結集してネストリウス教会を設立した。その共同体のいくつかは、現在のイラクを中心に今日まで存続している。

以上、キリスト教の誕生の概要を駆け足で見てきたが、これらのことを通じて、この新宗教の真の創設者が誰であったかは、とうてい知り得ないことがわかった。ペトロなのかパウロなのかヤコブなのか、はたまたコンスタンティヌス帝なのか、追究しても無駄だろう。ユダヤ教との決別と新しい共同体の拡大において、パウロが決定的な役割を果たしたことはまちがいない。だがパウロに先んじて、最初の使徒たちが築いた教会があり、すでに存在するキリスト教の伝承が彼らの拠り所になっていた。

そして、新しい宗教の地位固めに決定的役割を演じたのが、コンスタンティヌス帝である。彼はローマ帝国の社会的結束を強めるために、新宗教に確固とした教義を持たせ、その枢要な地位を保証したのである。そうすることで、コンスタンティヌス帝はキリスト教の発展に大いに貢献したが、同時に神権政治への誘惑の種を蒔くことにもなった。それによってキリストの教えが、しだいに歪められていくのである。

第四章　キリスト教社会

国教となった宗教

三一三年、コンスタンティヌス帝というただ一人の人物の意思によって、キリスト教は過渡的段階を飛び越え、迫害を受ける宗教から公認宗教へと一気に格上げされた。地中海沿岸地域からヨーロッパの大部分を占める広大な帝国において、突然に特権を有する特別な宗教となったのである。ローマ教会はそれまで、信徒たちの寄付によって生き延びていたが、これもまた突然に、莫大な財産を自由にできる立場となった。皇帝から土地財産を寄贈され、その後も絶えることなく高額の寄付を受け続けたからである。ローマには、使徒や殉教者に捧げられたバジリカ式聖堂が次々と建設された。ベツレヘムとエルサレムには、コンスタンティヌス帝の母ヘレナによって、バジリカ式の「生誕教会」と「聖墳墓教会」が〔生誕教会はキリストの生誕の地とされていた場所に、聖墳墓教会はキリストの墓があるとされていた場所に〕それぞれ建てられ、それによってパレスチナは、キリスト教聖地としての地位を確立することになる。

三二四年、東西に分割されていたローマ帝国を、コンスタンティヌス帝が唯一の支配者として再統一し、それがローマ教会の権限と特権のさらなる拡大につながった。三三〇年、皇帝は政治的理由から首都をビザンティウムに移し、コンスタンティノープルと改称した。それ以降、教皇はローマにおいて気ままに権力を振るうことができるようになり、ローマがカトリック教会の中心地として発展していく。昨日まで迫害を受けていた者たちが、勝ち取るための戦いは一切せずに、支配者の地位に就いたのである。彼らは権力に対して無頓着ではなかった。ほどなくして直接的な支配権を得た彼らは、キリストの教えに従い、キリストが示した価値観に基づき、平等と正義と愛の名において、その権利を行使することになる。

コンスタンティヌス帝のキリスト教擁護政策によって、エリート層がこの新宗教にいっせいに改宗することになった。高い役職に就き、国から特権を受けるための格好の手段だったのである。法律も、キリスト教の価値観を採り入れたものに改正された。それが反映された最初の法令は、犯罪者の顔に焼印を押すことを禁止した法令で、三一六年に公布されている。人の顔は「この世ならぬ美しさ〔神のこと〕に似せて形作られている」からである。福音書の中でイエスが禁じている離婚に対しても、厳しい制限が課せられた。三二五年には、円形闘技場での血なまぐさい競技も、帝国各地でかなりの人気を集めていたにもかかわらず、禁止となった。

祝祭日もキリスト教化された。「ディエス・ソリス（Dies Solis）」すなわち「太陽の日」と呼ばれていた日曜日は、キリスト教徒たちが集まってキリストの死と復活を記念していたことから、「主の日」と定められた。またミトラ教〔アーリヤ人の光明神ミトラを崇拝する密儀宗教〕との関連で、十二月二十五日の冬至祭には、「ソリス・インヴィクティ（Solis invicti）」つまり「不敗の太陽神」の誕生が大々的に祝われていたが、この日がイエスの「生誕祭」となったのである。

ローマ教会を保護し、首位権を主張するローマ司教（教皇）の後ろ盾となっていたコンスタンティヌス帝は、それと引き替えに、教会が抱える諸問題、とりわけ分裂をきたす恐れのある教義上の論争に干渉した。ここで明確にしておくと、教皇（pape）という称号は、文字通りには「父」を意味し、子から親への敬意の印として、当時はすべての司教に与えられていた。ローマ司教がこの称号を独占するようになったのは、グレゴリウス七世（一〇三〇—一〇八五）の時代からである。コンスタンティヌス帝による最初の介入は三一四年、西方の正帝となった翌年である。ドナティズム紛争〔カルタゴ司教ドナトゥスが引き起こした教会分裂の動き〕を終わらせるために、アルル宗教会議を招集した彼は、教皇がドナトゥス派の司祭たちを解任することに反対している。三二五年にはニカイア公会議を開いて同様の介入を行ない、このとき採択されたクレド〔ニケア信条と呼ばれる〕を帝国全土に行き渡らせている。

司教たちはコンスタンティヌス帝の干渉に不満を抱くどころか、政治と宗教のこの混淆を神の意思として捉えていた。説教の中で皇帝への賛辞をくり返す司教が大勢いた。たとえばカイサリアのエウセビオスも、皇帝のことを次のように称賛している。「彼自身が放つ射るような眩しい光で、また後継者たちに引き継がれるその威信によって、帝国の奥地にひっそりと暮らす取るに足りない臣民たちをも照らし出す、燦然と輝く太陽……。地上のこの唯一の王に呼応するのは、天上の唯一の王なる唯一神のみである[1]」。

ローマ教会とその正統性を強力に支持したコンスタンティヌス帝であったが、キリストの教えに対してはそれほどでもなかった。前任者たちと同様、彼は帝国の国境を守るためにさまざまな戦いを指揮し、自分の身や帝位、あるいは名誉を守るために暗殺を命じた。東方正帝であったリキニウスと、後にその息子を絞殺させているし、陰謀の恐怖にかられ、息子のクリスプスと自分の妻ファウスタまで殺害させている。皇帝は亡くなる直前、臨終の床で、ニコメディアのエウセビオスから洗礼を受けたといわれている。ニカイア公会議でアリウス派に反対する立場を取った皇帝は、その際に二人のアリウス派の司祭を異端として追放させていたが、そのうちの一人が彼の授洗者になったというのは奇妙な話である。

三三七年にコンスタンティヌスが死去すると、息子たちも洗礼を受け、帝位を継承した〔三人の息子が帝国を分割統治した〕。当時、キリスト教徒は帝国全体では少数派でしかなく、大半がまだ異教徒かユダヤ教徒だった。それにもかかわらず、後継者である息子たちも、またその後継者たちも、キリスト教優遇政策を続行したのである。その後、主要都市に司教座が置かれると、「教会の花婿」である司教が終身その座に居座り、支配者として采配を振るうようになる。

権勢を振るう司教たち

四世紀のローマ帝国は相次ぐ飢饉に襲われ、農民が都市部に大量流入して、貧困が著しく拡大した。しかしながら、この災害は教会に望ましい結果をもたらした。貧しい人々や疎外された人々への慈愛を説く福音の教えに基づき、慈善活動が組織化される中、司教たちがそれに関与することで、教会の影響力が増していったのである。司教が管轄する司教区ごとに、「マトリクラ」という貧困者名簿が作成された。それに登録した人たちが、援助の分配にあずかれるという仕組みである。それは司教区の間に競争を生むことになった。貧窮者に施しをすることが目的だったが、その代償として、皇帝からの施し物や個人からの寄付を、余計に受け取ることができたからである。

寄付を促すのによく持ち出されたのが、二世紀に書かれたとされる『ディダケー』の次の一節である。ディダケーとは「教訓」を意味し、イエスと使徒たちの教えを十六章にまとめた短い文書であるが、作者は不明である。「もし自分の手で働いて、何がしかを手に入れたなら、自分の罪を償うために与えなさい。与える前にためらってはいけない。ぶつぶつ言わずに与えなさい[2]」。寄付はそれゆえ、「信心の蓄え」と称されていた[3]。

司教たちはまた、病人や浮浪者を受け入れ、世話をするための収容施設を建設した。その中でも特に目を見張る施設は、カイサリアの司教バシレイオス（三二九―三七九）の発案で建てられた、広大ならい療養所である。三七〇年代の初めにカイサリア近郊に造られたそれは、一つの町ほどの広さがあり、司教の名にちなんでバシレイアスと呼ばれていた。これらの社会事業は、貧困によって引き起こされる可能性のある暴動を食い止める役目も果たしていた。それと同時に、金持ちも貧乏人も、すべての人が人間として同じ立場にあることを前面に押し出したことで、人々の間に兄弟愛を生み、連帯感を強めることになった。このようにして教会は、都市部でしだいに多くの住民の心を捉え、支持層を広げていったのである。

そして皇帝たちが、この権力の前にひざまずくことになる。「ポンティフェックス・マクシムス（最高神祇官）」という最高位の神官職（現在もローマ教皇の称号として用いられている）は、カエサル以来、ローマ皇帝が兼職するのが常であったが、三七九年、グラティアヌス帝がこの称号を放棄したため、司教たちがそれを取り戻した。後に、この称号はローマ司教だけに与えられるようになる。グラティアヌス帝はまた、ローマの元老院議場前に立っていた勝利の女神像を撤去させている。三九一年、その後継者であるテオドシウス帝は、キリスト教を帝国の国教と定め、異教禁止令を出し、違法者には刑罰を科した。教会はそのお返しとして、ローマ古来の皇帝崇拝に対しては異議を唱えなかった。テオドシウス帝が率いるローマ軍はそれまで通り、「神命により人類から敬愛されなければならない」皇帝に忠誠を誓っている。

ついこの間まで迫害する側だった人たちが、今度はキリスト教徒側から侮辱を受け、財産没収の標的とされた。迫害される側だった人たちは、新しい社会的地位を得ると、それを得意げにひけらかした。このようなキリスト教の堕落について、勇気をもって告発する人はめったにいなかったが、歴史家スルピキウス・セウェルス（三六〇―四二九）が、ユーモアと怒りを混在させながら批判している。「ここに仕事の面でも性格面でも、なんら注目に値しない男がいる。彼は聖職者に任じられると、とたんに僧衣の房飾りを大きく目立たせ、人々から挨拶されて悦に入る。次々と訪問者がやって来ると得意満面になり、自分からもあちこちに顔を出している。以前は足で歩くか、ロバに乗っていた。尊大になった今は、いななく馬たちに車を引かせている。かつては小さく見すぼらしい一部屋で満足していた。今は高い天井まで羽目板を張り巡らせ、数多くの部屋を改修し、扉には彫刻を施し、たんすには装飾画を描かせている。粗末な服を嫌い、しなやかな生地の服を着たがっている。そんなことのために、愛しい未亡人や恋しい乙女たちから、貢ぎ物をかき集めているのだ[4]」。

社会に対する聖職者の影響力が増したのは、テオドシウス帝がすべての紛争を解決する権限を司教に与えてからである。宗教とは無関係な争いも、「エピスコパリス・アウディエンティア（司教裁判権）」の枠内で、司教の調停によって処理されるようになった。裁判にかかる費用は小額で、ローマ法に則って裁定する司教たちは、公平さゆえに総じて評判が良かった。たとえば、ヒッポで司教を務めていた聖アウグスティヌスがそうである。あまりにも大勢の告訴人が押しかけたため、午睡の時間帯にも裁定を行なったという。歴史上初めて、貧乏人でも裁判所の門をくぐることができた。ただし、キリスト教に改宗するという条件付きである。キリスト教徒になることで得られるあらゆる恩恵に浴するために、その一歩を踏み出した人は少なくなかった。それと反比例して、国が担う業務や事業は縮小していく一方であった。

教会が帝国を上回る権力を持つに至ったことは、古代ローマの彫像群が危機に晒された際、明白な事実として認められた。その発端となったのは三八六年、テオドシウス帝とその妻の肖像彫刻が、アンティオキアで引き倒された事件である。飢饉が続いていた時期に、テオドシウス帝が税金の追加徴収を行なう旨の勅令を出したためである。ミラノの司教アンブロシウスがこの事件に介入し、予期せぬ形で皇帝の怒りを静めることに成功した。感銘を受けたヨハネス・クリゾストモスは、それについて次のように述べている。「キリスト教の力はまことに偉大である。地上において比類なき人物、すべてを破壊し、荒廃させる力のある強大な君主をなだめ、踏み止まらせることができたのである。さらに、そのような倫理の実践方法まで彼に教えたのである」[5]。

その後、処罰されないのをよいことに、聖職者に扇動されたキリスト教徒たちが、異教の寺院を相次いで襲撃した。寺院は略奪され、教会に改造されたが、帝国当局が介入しなかったため、キリスト教の不寛容さは増長するばかりだった。その矛先はユダヤ教徒にも向けられた。それが頂点に達した四三八年、仮庵の祭り〔ユダヤ教の三大祭の一つ。ユダヤ人の祖先がエジプト脱出のとき、荒野で天幕（仮庵）に住んだことを記念する。七日間の祭りの際、ユダヤ教徒はエルサレム神殿に巡礼することが要求された〕で多くのユダヤ教徒が集まっていたエルサレムで、キリスト教徒たちは示威運動を行なった。エウドキア皇妃の宮殿の前を、「十字架は勝利した」と声高に唱えながら行進したという。

三九五年、テオドシウス帝が没すると、ローマ帝国は再び東西に分割された。東ローマ帝国はその後、一四五三年のコンスタンティノープル陥落まで長く存続するが、西ローマ帝国は最後の時を迎えることになる。ゴート族、ヴァンダル族、フランク族、フン族その他の蛮族たちが、すでに国境を越えて来ていた（西ゴート族は四一〇年にローマに侵入している）。彼らの大半がキリスト教に改宗していたのは、聖書をゴート語に訳したアリウス派の司教、ウルフィラの力に負うところが大きい。帝国の諸制度が硬直化し、世俗的権力は無きに等しかったため、もはや教会の権威しか残っていなかった。西ローマ帝国において、蛮族との交渉や都市の運営に当たる能力のある人は、司教たち以外にはいなかったのである。こうして彼らは徐々に、行政上の役職に就くようになっていった。西ローマ帝国は四七六年、最後の皇帝ロムルス・アウグストゥルスがラヴェンナで廃位させられ、ここに滅亡する。

東方正教会の自立

西ローマ帝国の衰退と崩壊によって、教皇たちは世俗の事柄にも介入する権利を有するようになったが、東ローマ帝国では状況はかなり異なっていた。皇帝の力が相変わらず強大で、その後何世紀にもわたって存続することになる。東ローマ帝国の首都コンスタンティノープルは、エフェソス公会議（四三一年）とカルケドン公会議（四五一年）を通して、ローマと「同等の名誉」を与えられるようになった。しかし、ローマが有するペトロの後継者としての首座大司教権は、かつてのビザンティウム（コンスタンティノープルのこと）といえども、主張することはできなかった。また、この二つの公会議で認められたアレクサンドリア、アンティオキア、エルサレムの各司教座に対しても、期待とは裏腹に、優位性を獲得するのが難しかった。コンスタンティノープル教会は、ビザンチン帝国（東ローマ帝国のこと）皇帝の支配下にあって、皇帝が教義上の問題に介入し、司教を任命し、降格させる権限を持っていたのだから、それも当然のことだった。

六世紀になると、後にローマ奪還を企てたユスティニアヌス帝（五二六―五六五）が、教会の頂点に五大総司教座（ローマおよび東方の四司教座）（東方の四司教座とはコンスタンティノープル、アレクサンドリア、アンティオキア、エルサレムの各教会）を置いて、五頭体制を敷いた。そして帝国の国境外にある教会、特にペルシャ、アルメニア、グルジアの各教会に対して、独立した地位と自主性を認めた。だが、ユスティニアヌス帝によるこの組織体制も、そう長くは続かなかった。皇帝によって統合された諸教会は、それぞれ異なる文化と言語を持ち、個性豊かな総大司教によって統率され、教義上の独立性を強める方向に向かったからである。

七世紀半ば以降、イスラム軍の侵攻を受けて帝国が弱体化するに従い、東方の各教会はますます自律性を拡大していった。比較的離れた場所にあったこれらの教会は、正教会あるいは東方正教会と呼ばれ、それぞれが根を下ろした国で、国王の傘下に入った。その中でコンスタンティノープル教会だけが、千年もの長きにわたり、何度も決裂寸前にまで追い込まれながら、ローマ教会と対等に渡り合うことになる。

修道院の誕生

三一三年以降、政治権力と宗教権力の間に生じた混同がまかり通り、教会は自らの特権を維持するため、良心に反する数々の妥協を受け入れ、後にはそれを〔政治権力者に〕要求するようになった。そのことで一部のキリスト教徒たちが不安と動揺を覚えていたのは、そういう教会の姿勢にイエスの教えとの矛盾を感じたからである。このような姿勢は、ピラトの前でイエスが言った「わたしの国はこの世のものではない」（ヨハネ一八章三六）という言葉とは、まったく相容れないものだった。彼らは福音書の教えによく従い、ついこの間まで殉教することを願っていた者たちであり、皇帝や司教に反旗を翻すことは考えていなかった。パウロは『ローマ人への手紙』（一三章一―二）の中で「すべての人は、上に立つ権威に従うべきである。なぜなら、神によらない権威はなく、おおよそ存在している権威は、すべて神によって立てられたものだからである。したがって、権威に逆らう者は、神の定めにそむく者である」と断言している。そこで彼らが選んだ道は、教会から離れて信仰に生きるために、隠遁生活を送ることであった。

福音の理想と文化を守る修道生活

キリスト教史では、聖アントニウスを「修道生活の父」と呼び、修道院制度の創始者と見なしている。四世紀初頭、金持ちの跡取り息子だったアントニウスは、全財産を放棄してエジプトの砂漠に引きこもった。世間の喧騒から遠く離れて、神と向き合って生きるためである。イエスがそのような生き方を勧めていたわけではないが、キリスト教が誕生して最初の三世紀間にも、すべてを投げ打ってキリストに身を捧げる信徒たちがいた。だが、当時はまだ苦行や禁欲生活は極めて珍しく、信仰を全うしようとする信徒たちは、喜んで殉教の道を行くしかなかった。その迫害の時代も終わって、殉教のような極端な選択肢はもうなくなったのである。

さて、洞窟に住むアントニウスの所には、彼を慕う弟子たちが集まって来て、周辺の洞窟に住み着き、各自で断食や終日祈禱を行ないながら隠遁生活をするようになった。これが隠修士たちの共同体の始まりである。その噂はアレクサンドリアの司教アタナシウスによって伝えられ、キリスト教世界に広がって称賛の的となった。「教育を受けなかった者が自らを高め、天に達するほどの勢いである。それなのに我々は、これほどの学識を備えていながら、欲望の泥沼の中でもがき続けている」と言ったのは、聖アウグスティヌスである。アントニウスの体験について語った彼が、三八六年に残した言葉である。(6)

エジプトやシリアの砂漠では、独居する隠者や少人数で共同生活をする隠修士たちが、急激に数を増していった。そこで司教たちは彼らを監視し、統制を試みている。他に先駆けて隠修生活の指針を定めたのが、カイサリアの司教バシレイオスである。彼の管轄下にあったカッパドキアの修道士たちに向けて作成された規則は、キリスト教史における最初の修道規則の一つである。そこでは、むやみに肉体を痛めつける苦行より、規律を守ることが推奨され、完全な隠棲は、キリスト教徒の義務である隣人愛に反するとして斥けられている。そして、一日の大半を祈禱に捧げていた生活に、「労働」が取り入れられた。

西方では、エルサレムから戻って来た巡礼者たちが、こうした苦行者や修道士たちのようすを語った。教会が世俗社会と妥協してから見失ったキリスト教徒としての理想を、清く純潔な彼らが具現していることを、世に知らしめたのである。こうして、修道生活が信徒の模範とされるようになった。四一六年には、西欧における最初の修道院の一つ、サン・ヴィクトール修道院が創設されている。パレスチナとエジプトで苦行を積んだヨハネス・カッシアヌスが、マルセイユの近くに築いたものである。四二〇年には、アルルの司教ホノラトゥスが、レランス島に広大な修道院を建立している。その後も、入所希望者の増加に伴い、新しい修道院が次々に造られていった。修道生活の規則は、修道院ごとに定められていた。

西方独自の修道院制度の形成は、同時期に活躍した二人のイタリア人に負うところが大きく、彼らが考え出した制度が、ヨーロッパ全土に広まることになった。その一人がヌルシアのベネディクトゥスである。四八〇年頃ヌルシアで生まれた彼は、ローマとナポリの中間にあるラツィオ州のカッシーノ山に、五二九年に大修道院を建設した。彼がそこで創始した共住修道制は、大修道院を中心にして修道士たちが共同生活をしながら修行する制度である。独自の修道会則（戒律）を定めたベネディクトゥスは、修道生活に厳しい規律を設けて、睡眠、祈禱、読書、休息、肉体労働が、毎日決まった時間帯に、規則正しく行なわれるようにしている。彼が特に重視していたのは、活動と祈りのバランスを取ることであり、そのために規律と従順と中庸が肝要であると説いた。このようにしてベネディクト修道会が誕生し、その生活様式は注目を集め、一派を成すまでになった。その後もベネディクト派修道院はめざましい発展を遂げ、やがて西欧の至る所でベネディクト会修道士の姿を見かけるようになる。

もう一人の人物は、ベネディクトゥスほど知名度はないが、西欧型修道院における自主独立性の形成に決定的な役割を果たした。マグヌス・フラウィウス・カッシオドルスである。ローマ貴族の家に生まれた彼は、古典の教養を身につけた博識家として高い評価を得ていたが、五三〇年頃、カラブリア州の自分の領地に、僧院を建てて隠棲した。しかし、生涯を祈りに捧げる修道士たちの無学さに呆れかえり、以後、彼らに基礎的な知識・教養を授けることを決意する。力を入れたのは数学、音楽、そしてラテン語である。ローマ帝国が滅びてから、各地方の方言に取って代わられたラテン語は、すでに死語になりかけていた。また、先達が残した業績を正しく継承していくため、カッシオドルスは自分の修道士たちに、キリスト教および世俗の写本を書写させている。毎日、彼らの修道生活の数時間が、この書写作業に充てられていた。

ベネディクトゥスの戒律（ベネディクト会則）では、修道士たちに高い教養は求められていなかったが、読書による知的訓練だけは課せられていた。食事の時間と長い四旬節の期間（灰の水曜日から復活祭前日までの約四十日）を、無為に過ごさせないためでもあった。いずれにせよ、どの大修道院にも図書室が設けられており、多くが文盲だった大衆に比べて、ベネディクト会士は総じて教養があった。彼らがカッシオドルスの方針に強い魅力を感じ、教育学的価値の高い彼の指導方法を採用するまでに、ほとんど月日はかからなかった。それと同時に、写本書写にも取り組むようになり、肉体労働を犠牲にしてもそれを優先させた。修道院の図書室には「スクリプトリウム（写本室）」が設けられて、写本の技術が発達していった。写本を制作する写字生は、学識があるとは言い難かったが、国力が衰えた西欧において、これらの修道院は以後、教父たち（二世紀から六世紀頃までの神学者たちで、正統信仰をもち、教会に公認された人々）が残した霊的、神学的遺産を守る最後の砦となるだけでなく、西欧を生み出したギリシャ・ローマ文化の名残りを長く留めていく。

西ローマ帝国が四七六年に滅亡するはるか前から、蛮族が西方の町々に侵入し、一帯を荒し回っていた。かつての国家には、芸術や競技会や学校を興し、奨励するローマの伝統に従って、公共の場所に資金を投入する力があった。だが、中世が始まる頃には、もうそのような国家は存在しなかった。唯一生き延びていたのは、修道院によって維持された修道士のための教育制度である。司教たちは以前と同様、ローマに行って教養を身につけた。教皇が彼らの知的形成に力を入れていたのは、大衆に正しく福音を説くためだけでなく、蛮族の王族の主要な助言者となって彼らを補佐し続けるためにも、司教たちの知識、教養が欠かせなかったからである。

司祭たちの中には、信徒たちと同じく読み書きができない者も多く、彼らは主に世俗の問題に携わっていた。旧ローマ帝国の住民たちは、侵略の危険とたび重なる飢饉、そしてそれに伴う病気に怯えながら暮らしていた。そのような状況の中で、最も引き立って見えたのが修道士たちである。物質的にも精神的にも困窮が広がる中、彼らの学識と誠実さ、祈りに専念する姿勢、そして愛徳の実践は人々から注目され、高く評価されていたのである。エリート修道士たちが、世俗の生活とそれに携わる下級聖職者に対して、軽蔑の入り混じった警戒心を示していたのは事実であるが、それでも聖書に書き記された通りの信仰生活の理想を、彼らが究極の形で具現していることに変わりはなかった。

しかしながら、キリスト教信仰が正しく伝わらなかったことから、地域住民の間で徐々に信仰の変質が始まっていく。もともと水源地付近で行なわれていた異教の儀式が、聖人に奉献された教会がその地に建てられてからも、再び執り行なわれるようになった。中世に大流行する巡礼の際に、殉教者の墓の前で異教の礼拝が行なわれることもあった。東方諸教会の慣行から想を得て、ローマ教会でも聖人の遺骨を掘り出し、それを分け合って新しい教会を建造したり、異教の神殿を教会に転用するようになった。聖人や殉教者に対する崇拝が奨励され、彼らの生涯の物語が（しばしば潤色されて）修道院の写本室で書写されるようになったのも、この時期である。

司祭たちの教養の無さと、その弊害に頭を痛めていた司教たちは、その解決策として五三〇年頃、最初の司教学校すなわち司教座聖堂付属学校を創設している。司教との結びつきが強いのでこう呼ばれているが、聖職者の育成を目的とする学校であった。教会の一歩外には、もはや学識のある人はいなかった。今日まで残っているこの時代の文書や書籍は、すべて修道士か司教によって書かれたものである。

教会と権力の結びつき

五世紀半ば以降、東からはブルグンド族、南からは西ゴート族の侵入を受けて、教会はローマの貴族たちと力を合わせ、帝国に残されたわずかなものをなんとか守ろうとしていた。フランク族〔ゲルマンの一部族。大移動期にライン川右岸からガリアに進出した〕は、四八六年にクロヴィス王がソワソンの戦いでローマ軍を破った時には、まだゲルマン民族古来の神々への信仰を保っていた。だがその後、ガリア地方への侵攻を続けた王は、教会の支持を得ることでこの地域の統合を図ろうとした。教会側も、この異教徒の族長と手を結ぶことが、蛮族に広まっていたアリウス派を叩くための唯一の方法だと考えたのである。そして、この新しい同盟関係をより強固にするため、クロヴィス王は四九六年ないし五〇〇年頃、盛大な儀式を執り行ない、五千人の部下と共に洗礼を受けた[7]。この出来事は西方教会にとって、三一三年にコンスタンティヌス帝が発布したミラノの勅令と、同等の重要性を持つものであった。

クロヴィスは亡くなる数カ月前の五一一年七月、かつてローマ皇帝たちが慣例に従ってそうしていたように、宗教問題で主導権を握ることになったが、教会はそれに異論を唱えなかった。オルレアンで公会議を招集し、自ら取り仕切ったのである。西ゴート族から奪還されたばかりのアキタニアの司教を含む、フランク王国の三十二人の司教がこれに参加した。この公会議では、アリウス派が異端として斥けられたほか、教会と国王の関係を定めた規約が設けられた。規約の内容は国王に有利な部分が多く、それ以降、司教や大修道院長の任命は、世俗の君主〔国王や諸侯〕が行なうことになった。その代わりとして、教会は諸税を免除されただけでなく、聖職者たちが教会裁判所の管轄下に置かれることになった。彼らはどのような規則違反を犯しても、世俗の司法権の介入を受けなくてよくなったのである。また、教会に逃げ込んだ者は誰でも保護を受けられるアジール〔庇護〕権、ならびに聖職位を授かった奴隷はその身分から解放されるという権利が、この公会議ではじめて認められた。後者の権利は、それが奴隷の主人の知らない間になされても有効であり、その場合は司教から主人に賠償金が支払われることになった。

六世紀前半、ビザンチン帝国軍の侵入とそれに続くロンバルド族の攻撃を受けて、ローマはすっかり荒廃していた。そういう中でガロ・ローマ文化〔カエサルによるガリア征服から五〇〇年頃までの時代の、ガリア文化とローマ文化が融合した独自の文化〕を継承した教会は、フランク王国君主との同盟関係もしっかりと保ち続けていた。クロヴィス王の後継者たちがオルレアンで招集した三回のガリア地方教会会議は、国王と司教の間の相互保護、および教会と国家の間の相互援助関係を、強化することに主眼を置いていた。五三八年の第三回オルレアン公会議〔三回のガリア地方教会会議の一つ目〕では、たとえば主の日〔日曜日〕に野外で労働することが禁止されている。次の第四回公会議で目立ったのは、反ユダヤ主義的な決定事項が多いことである。以後、ユダヤ人には、キリスト教徒を奴隷として所有することが許されなくなった（その反対は認められた）。また、復活祭の日付がガリア全域で統一され、その期間中、ユダヤ人は公衆の面前に出てはならないことになった。

七世紀になると、イスラム教徒による征服が相次ぎ、東方教会の力は急速に衰え始めた。それと同時に、ビザンチン帝国も一気に勢力を弱めた。形式上は百年前からビザンチン帝国の支配下にあったローマは、実際には教皇たちによって統治されていた。アラブ人を主体とするイスラム軍は、六三八年にエルサレムとアンティオキアを、六四二年にアレクサンドリアを、六九八年にカルタゴを制圧した後、七一一年にはトレドまで進出して、フランク王国への突破口を開こうとした。しかし、七三二年のトゥール・ポワティエ間の戦いで、フランク王国メロヴィング朝末期の宮宰《きゅうさい》であったカール・マルテルが、イスラム軍の侵入を阻止し、撃退した。カール・マルテルはアキテーヌ、プロヴァンス、ブルゴーニュを併合して、フランク王国の再統一を図った。

ロンバルド族による侵略の脅威にさらされていたローマは、キリスト教の新しい保護者と見なされる人物に救援を求めた。カール・マルテルの息子、小ピピンである。ローマをロンバルド族から救った小ピピンは、カロリング朝の初代国王となったが、彼の方も新たな王権を確立するため、教会の支持を必要としていたのである。当時、広大な土地を教皇に遺贈するというコンスタンティヌス帝の遺言書が存在し、その偽造説が持ち上がっていた（「偽コンスタンティヌス帝寄進状」といわれる）が、小ピピンはその真偽を不問とし、ロンバルド族から勝ち取ったラヴェンナからペルージャに至るイタリアの主要都市を、ローマ教皇庁の権威の下に置いた。七五四年、フランスのサン・ドニに赴いた教皇ステファヌス二世が、ピピンを聖別するために塗油の儀式を行ない、それと引き替えに彼の保護を受けることになった。二年後、ロンバルド族から奪還した広大な土地が、寄進によって「聖ペトロの遺産」となり、ここに「教皇領」が誕生する。教皇が世俗的支配権をもって統治する教皇領は、その後一八七〇年まで存続することになる。

教皇庁と王国の同盟が神の名において締結されたことで、国王は地上における神の代理人をもって任じ、教会の最高保護者の地位を得た。そして司教たちは、国王と民衆を結ぶ仲介者となり、その主要な代理人として権力を行使するようになった。十三世紀の詩人ダンテは、『地獄篇（神曲）』でこのことに言及し、次のような文章を挿入している。「ああ、コンスタンティヌスよ、お前が改宗したことではなく、成り上がりの教皇がお前からあの遺産を受け取ったことが、どれだけの害悪を生み出したことか！」(8)。

ピピンの息子のカールは八〇〇年、ローマのサン・ピエトロ大聖堂で教皇により戴冠された。群衆は「神によって冠を授けられたアウグストゥス〔ローマ皇帝のこと〕」と、歓呼の声をあげて彼を迎えた。キリスト教統一帝国の復興を願っていた教会は、カール大帝に大きな期待をかけ、そのためにはどのような妥協も辞さなかった。皇帝は「神聖ローマ・ゲルマン帝国」内の司教や大修道院長を、王侯のお気に入りの中から任命し、彼らに土地や財産を分け与えた。そして司教たちは、それと引き替えに皇帝への忠誠を誓った。カール大帝の後継者たちの代にもこの慣行が引き継がれたが、その段階で力関係の逆転が起きた。国王の聖別を行なう司教たちは、王権を抑制する権利を主張するようになり、ついには皇帝に対する保護監督権を認めさせるに至ったのである。

こうした国家と教会の癒着によって、八四三年にカロリング朝フランク王国が三分割された時にも、国境でくり返し敵の襲撃を受けた際にも、教会は国家に劣らないほど深刻な影響を受け、ともに新たな危機の時代を迎えることになる。教皇領の統治に精力を注ぎ、権力闘争や教皇の座に就くための策略にうつつを抜かす教皇たちは、良心をすっかり曇らせ、福音のメッセージとはほど遠い生き方をしていた。彼らは今にも切れそうな細い糸で、キリストの教えに繋がっていたにすぎない。九世紀後半に招集された地方教会会議は、ことごとく空しい結果に終わった。司教たちはそれ以降、自分たちが管轄する都市に領主として君臨し、強固な要塞の中で安全を確保していたが、田舎で暮らす大半の民衆のことは、ほったらかしだった。そしてその状況は、ヨーロッパ全土で同じであった。侵略による破壊を免れた修道院は、在俗の修道院長によって運営されることも多く、徐々に富裕化して富の象徴となっていった。こうして世俗化した教会は、原初の霊的なメッセージを、ほとんど覆い隠してしまったのである。

ギリシャ語を使用する東方教会との関係は、緊張状態が続いていた。論争はまず教皇の首位権を巡ってくり広げられた。ローマは法的権限をも行使している事実に基づき、地方教会に対する自らの優位性を主張したが、コンスタンティノープルはローマの宗教的権威しか認めなかった。だがそれだけでなく、神学の面でも「フィリオクェ問題」(「そして子からも」という意)をめぐる論争が起こった。三八一年に定められたニケア信条の「聖霊は父から出る」という条文に対して、八世紀に西方教会がこの言葉を付け加え、「聖霊は父と子から出る」としたことが発端である。東西教会はその後も論争をくり返し、断絶と相互破門を経た後、ついに一〇五四年七月、コンスタンティノープル総主教のミカエル・ケルラリオスとローマ教皇レオ九世によって、分裂が決定的になった。

中世ヨーロッパのキリスト教社会

クリュニー改革とグレゴリウス改革

九世紀初頭、前述のような道徳的、宗教的退廃が進む中で、イエスの教えに立ち返り、失われた価値観を取り戻そうとする動きが起こった。この原点回帰の必要性は、しだいに強く自覚されるようになり、その気運の高まりとともに誕生したのがクリュニー修道院である。これはアキテーヌ公ギヨームが九〇九年、マコンに近いクリュニー〔ブルゴーニュ地方〕に、修道院創設のための領地を提供したのが始まりである。アキテーヌ公はこの寄進の際に、クリュニー修道院をローマ教皇の直接保護下に置くこと、五年ごとにローマ教会に納税することを、修道院に義務づけている。

こうして世俗権力の保護と干渉を免れたクリュニーでは、厳格なベネディクト戒律が再び適用された。修道士たちは以前のように貞潔、清貧、従順の誓願を立て、ひたすら黙想と祈りを行なうようになった。その生活は厳しく規制され、勉学を含む他のすべての労働が排除された。彼らの唯一の目的は、この上ない荘厳さの中で神を礼拝し、賛美することだったといえる。教皇ヨハネス十一世は九三一年、あらゆる世俗権力に対するクリュニー修道院の独立性を明確にするとともに、この修道院が他の修道院を保護下に置くことを許可した。それから数十年の間に、クリュニー修道会はフランク王国内の修道院の大半を管轄するようになり、その勢力はドイツからスペイン、イギリスに至る、ヨーロッパの広い地域に及んだ。それらの地域の修道院では、クリュニー修道会のように厳しい戒律は励行していなかったものの、その影響を受けて、修道生活の根本的な改革が行なわれた。

十二世紀初めの最盛期には、クリュニー修道会は一万人を越える修道士を抱え、国王や教皇の寄進による所属修道院の数は数百に達した。それらの修道院は、建物自体も内部に収められた美術品も、贅を尽くしたものだったが、その豪華さは典礼の美しさと同様、神の栄光を賛美するためのものであり、神を観想し、一体感を得るための手段であるとされていた。

修道院によるキリスト教の復興は、敬虔な修道生活の評判が急速に広まったことで、一般民衆にも影響を及ぼした。彼らは修道士たちの熱意と求道精神を通して、自らの宗教心を再発見したのである。農村部にも次々と教会が建てられた。教区〔一定地域の教会をまとめた教会行政上の単位〕を治める司教たちは、修道院出身者が少なくなく、在俗聖職者〔教区に籍を置いて教会で暮らし、一般信徒の指導に当たる司教、司祭、助祭〕の改革に積極的に取り組んだ。この改革運動は、クレメンス二世が教会改革を行なった一〇四六年以降、教皇の絶対的な支持を得るようになった。

教皇たちも修道院のやり方を手本とし、世俗権力による教会支配を排することに懸命になった。一〇五九年にはニコラス二世が、教皇選挙への皇帝の干渉を排除し、その権利を枢機卿〔教皇に次ぐ高位聖職者〕に一任した。司教や大修道院長を任命する叙任権を巡って、皇帝と教皇の間でくり広げられていた論争は、一〇七五年にグレゴリウス七世によって、教皇側に有利な形で一応の決着がつけられた。彼もまたクリュニー修道会出身で、世俗の権威に対する教皇権の優位性を主張している。この教皇は「グレゴリウス改革」という名で知られた教会改革を行ない、教会の自由と世俗君主からの解放を求めるとともに、教皇権の拡大を図った。彼が発布した「教皇令二十七箇条」には、「教皇は世俗君主が足に接吻をする唯一の存在である」とか、「教皇は皇帝を退位させることができる」とか、はたまた「（教皇は）臣従の誓いを立てた臣民を（君主から）解放することができる」[9]などと明記されている。こうして絶大な権威を持つに至った教皇は、西方教会の頂点に立つ唯一の首長となったのである。しかし、その後数十年の間に、グレゴリウス七世の後継者たちが世俗権力との妥協を余儀なくされたため、司教の叙任や教会財産の譲渡に対する監督権は、再び世俗君主の手に渡ることになる。

「神の休戦」と誉れ高き騎士道

クリュニー修道会から始まった改革は、「神の休戦」と呼ばれる平和運動を引き起こし、その運動が九八九年のシャルー公会議で提唱され、条文化されるに至った。その時に出された法令は、聖職者や農民など、武器を持たない人々に対する暴力を禁じており、違反者は破門をもって罰するとしている。当時、民衆に対する理由のない残虐行為や仲間内での暴行によって、悪名を馳せていた貴族や騎士たちが、教会のこの命令に熱心に従うようになった。そして生まれたのが騎士道である。騎士には勇気、忠誠心、弱者や婦人を守るための献身的奉仕が求められるようになり、それらを具えることが誉れ高き騎士の理想像とされた。

この騎士道精神はポーランド、ハンガリー、スカンジナビアに至る、中世ヨーロッパの全キリスト教国に伝播した。貴族の子弟は青年期に達すると、聖別のための宗教儀式を経て騎士の位を授けられた。その前夜、不眠の祈りを捧げた青年たちは、聖人または殉教者の聖遺物の傍らで、祭壇の上に武具を置き、それを祝別するミサにあずかった。キリスト教信仰を守るようにという激励を受け、イスラム教徒のムーア人と戦うために、大勢の騎士がスペインに赴いた。一〇六三年、アラゴン地方のバルバストロの町の攻略に参加する騎士たちに対し、教皇アレクサンデル二世が全免償〔信徒が果たすべき罪の償いのすべてを教会が免除すること〕を与えている。

教会から始まり、一〇五四年のナルボンヌ公会議で法制化された「神の休戦」は、ようやく訪れたキリスト教ヨーロッパの平和に貢献した。そうした事実を踏まえ、諸侯や国王たちも積極的にこれを支持するようになった。以前は戦争によって完全に分裂していたヨーロッパ大陸が、キリスト教という宗教を通して統合されたのである。社会全体が、そして社会の中の各個人が、教皇と教会に象徴される神聖な雰囲気に包まれていた。王侯から一介の農民に至るすべての人が、同じ信仰を持ち、同じ暦に従って暮らし、同じ道徳的価値観を抱いていたのだ。

中世初期には、司教だけが説教をする権限を有し、その説教も庶民には理解が及ばないものだったが、この頃から聖職者たちが庶民の宗教教育に力を入れるようになった。それは聖人や殉教者たちの生涯を通して、キリスト教的価値観を学ばせる教育であり、題材となる聖人伝は、すべての共同体に同じように普及し、常に同じ伝説と聖画像が用いられた。二世紀に始まった聖人崇拝もこの時期に盛んになり、中世の人々の信仰で重要な位置を占めるようになった。聖人の生誕あるいは帰天の記念日には、その墓を詣でる巡礼の旅が計画されて、主要な巡礼地はヨーロッパ各地から多くの信徒を集めていた。

清貧と慈愛

教会はまた、福音書に示された慈愛の概念を前面に押し出すようになった。具体的に言えば、社会から疎外された人々を受け入れ、援助する慈善行為である。貧しい人々の教会ともいわれた初代教会は、この概念を柱の一つとして掲げていたが、時代を経て教会が権力と富を手に入れるようになったことで、この慈愛の概念は薄れ、色褪せていたのだ。貧しさは福音書に称揚されているので、それ自体で精神的価値となり得た。ただし、自ら求めて質素な生活と物質的富の放棄を選んだイエスに倣う者となるため、受動的に貧しさを堪え忍ぶのではなく、自ら望んで貧しさを得ること、つまり清貧であることが条件であった。さらに、慈善行為は救いの摂理の中に組み込まれた。金持ちは貧者に施しをすることが求められていたが、その施し物には徐々に罪をあがなう力が授けられたのである。たとえ怪しげな方法で金儲けしても、贖罪効果は変わらないとされていた。

この現象について、ブロニスワフ・ゲレメクは次のように概括している。「清貧が持つエートス〔倫理的な力〕と、精神的エリートによる清貧の実践を通して、社会構造における富の位置が、魔術的、宗教的に聖化されたのである[10]」。慈善行為の中でも直接的な寄付行為が奨励され、教会への献金、あるいは教会が行なう社会事業への寄付には特別な恵みが与えられた。こうして多額の寄付を集めた聖職者たちは、「枕する所もない」（ルカ九章五八）裸同然のキリストを賛美しながら、財を成すことができたのである。

慈善活動も多岐にわたり、活発に行なわれるようになった。献金などの施し以外にも、都市や巡礼街道には収容施設が建設されて、貧しい人々や旅人たちを受け入れていた（パリで最初の病院は、一一七五年に創設されている）。愛の神学（ギリシャ語ではアガペー、ラテン語ではカリタスと呼ばれる愛で、日本語では慈愛という訳語が最も近い）も、この時期に発達した。この神学の軸となっているのは、慈善行為は人間救済のための神の計画への参与であり、施しは受ける側よりも与える側に霊的恩恵をもたらす、という考え方である。

大学とコレージュの創設

教会が教育を優先課題としたのも同じ時期である。ヨーロッパ圏内で安定した地位を占めるようになった教会は、教育というものを真のキリスト教、つまりローマ・カトリック教会の教義を教えるための道具と見なした。司教座聖堂付属学校は九世紀初頭、カール大帝の命により各地に創建された。都市の中央にある司教座聖堂（各教区の中心となる教会で、カテドラルとも呼ばれる）の傍らに設けられたそれらの学校は、十一世紀末には、農村部の修道院付属学校を凌ぐ評判を得ていた。だが教会から一歩出れば、教会の外に文化は存在していなかった。知的探究といえば、きまって神学的探究であり、芸術的創作はすべて神と聖書のために行なわれた。ピエール・アベラール（一〇七九―一一四二）のような傑出した人物も少なからずいたが、徹底した論理学者だったアベラールは、信仰の奥義の解読に論理的推論を用いたために、一一四〇年に教皇から異端宣告を受けている。

カトリック教理をしっかりと管理統制するため、教会は大学の発展にも力を入れた。当時、独立した教師を中心にして学生たちが集まり、非公式団体を結成していたが、それにとって代わったのがウニヴェルシタス〔教師と学生の組合〕である。教皇たちは、貧しい学生のために公正を期すという名目でこれを無償化し、ウニヴェルシタスの飛躍的発展を促した。この無償性にこだわりを示したのが、第三ラテラン公会議である〔当時、教授免許が売買されていたのを憂え、この公会議で教皇は、教授免許の無償交付を法制化している〕。「この規定に従わない厚かましい輩は、聖職者の特典を受けられなくなるだろう。貪欲な思いに駆られて教授免許を売り、それによって教会の発展を妨げようとする者が、聖なる教会において聖職を奪われるのは当然のことと思われる」[11]。最初の大学は、一一二〇年にボローニャに創設され、カノン法といわれるカトリックの教会法が教えられた。一一七〇年にはパリとオックスフォードに神学のための大学が、一一八〇年にはモンペリエに医学大学が、それぞれ新設された。その後ヴァランス、リスボン、パドヴァ、ナポリ、ローマ、アンジェ、トゥールーズ……に次々と大学が誕生した。

それと並行して創設されたのが、富豪や貴族の出資によるコレージュである。これは当初、貧しい学生を受け入れるための学寮であったが、すぐに知的興奮にあふれる学問の場となった。そこでは、多くの学生たちが論争の訓練をし、教師たちは寝食を共にしながら、時間を惜しまずに講義を続けた。一二五七年、聖王ルイ九世の宮廷司祭だったロベール・ド・ソルボンヌが、二十人ばかりの神学部の学生のために学寮を創設した。これが後にソルボンヌ大学となる。

シトー修道院改革と托鉢修道会の誕生

クリュニー改革から二世紀が経って、強大な力を手に入れた大修道院は、やはり堕落の道を歩み始めた。そして、その威光の源泉となっていた完徳〔すべての事柄においてキリストにならい、神を愛し、み旨に従い、人を愛し、諸徳を修めること〕の理想から、だんだん遠ざかることになった。それでもキリストのメッセージは、個々人に強い影響を及ぼし続け、ふたたび原点回帰の動きが生じることになる。

一〇九八年、クリュニー会修道院における規律の乱れへの反発から、シトーに大修道院が設立され、その直後に同修道院に入ったベネディクト会士のベルナールが、シトーの近くのクレルヴォーに小規模な修道士共同体を作った。クレルヴォー修道院はシトー修道院の子院を名乗っていたが、より厳しい戒律を自らに課し、より重要な修道院となっていく。このようにして誕生したシトー修道会は、労働を前面に押し出すとともに、清貧と謙遜の徳に立ち返り、質素な生活に徹することを旨としている。同会の修道士は一派を成すほど数を増した。クレルヴォーの聖ベルナールが死去した一一五三年には、西ヨーロッパに三百五十以上のシトー会修道院が存在しており、その大半は人里離れた静かな場所に根を下ろしていた。

キリストの真正な教えに立ち戻ろうとする気運の中、最初はイタリアに、その後は西ヨーロッパ各地に、ふたたび隠遁生活をめざすキリスト教徒たちが現われてきた。この時代には森が砂漠に代わる無人境であり、彼らはそこで貧窮生活を送り、贖罪のために難行苦行を重ねた。神を求めるこれらの隠者は、生ける聖者との評判が立ち、ひとたび周囲の尊敬を集めるようになると、その姿を見、話を聴こうと、民衆までがつめかけてきた。ラヴェンナの聖ロムアルド（九五〇—一〇二七）、ジョヴァンニ・グアルベルト（九九〇―一〇七三）、あるいは聖ブルーノのようなカリスマ的人物も出現し、その周りには多くの隠修士が集まって共同体が形成された。聖ブルーノは一〇八四年、隠修士共同体を立て直してグランド・シャルトルーズ修道院を創設し、これが後のシャルトルーズ会の母体となった。

托鉢修道会も同じようにして生まれた。福音書の教えから遠ざかる一方だった教会に背を向け、原初の教えに立ち返ろうとした人たちの共同体である。豪商の息子だったアッシジのフランシスコは、イエスの招きに応じるために一二〇八年、すべてを捨てて極貧生活を始め、その後は施しを乞いながら托鉢修道士として暮らした。イエスがそうしたように、彼もまたらい病患者のもとに足繁く通い、行く先々で人々に説教をした。

托鉢を恥ずべき行為として批判していた教皇インノケンティウス三世は、修道会設立の許可を請いに来たフランシスコに、なぜか易々と許可を与えている。伝説によると、倒壊しそうなサン・ジョバンニ・イン・ラテラノ大聖堂を、フランシスコが支えている夢を見たためだという。本当のところは、「キリストの代理者」をもって自ら任じていた教皇が、おそらく教会を脅やかしていた離教の動きを押さえ込むため、このカリスマ的説教者を懐柔して味方につけようとしたのだろう。当時、福音書の権威のみを主張するリヨンのワルドー派や、北イタリアのウミリアーティ派が影響力を強め、教会にとっては彼以上に危険な存在だったのである。

こうしてフランシスコが設立した修道会は、「フランシスコ会」または「小さき兄弟会」と呼ばれるようになった。修道士たちは祈りと説教に一生を捧げ、自分のためにも共同体のためにも、富を蓄えないことを誓い、労働と托鉢によって日々の糧を得ていた。これと対をなすのが「聖クララ会」といわれる女子修道会で、フランシスコに寄り添って生きたアッシジのクララが創立者である。

一二一六年にはドミニコが、もう一つの大きな托鉢修道会である「ドミニコ会」を設立した（正確には、発足は一二〇六年で、正式に認可されたのが一二一六年）。「説教者兄弟会」とも呼ばれ、フランシスコ会と同じように清貧と謙譲をモットーとし、それを実践した。だが両者には対照的な点もあった。知性への偏りを警戒していたフランシスコが、絶対的信仰を貫くために学問を斥けたのに対し、ドミニコは、修道士たちの学識と知的生活の重要性を強調している。いずれにしても、三世紀前にクリュニー改革から生まれたシトー会修道院がそうであったように、托鉢修道会は真の宗教的要求に応えるものであった。そして、世俗的な事柄に汲々としていた在俗聖職者たちの怠慢を、一時的にせよ正すという役割を果たした。

十字軍、異端審問、インディアンの虐殺

「義のために迫害される人たちは幸いである。天の国は彼らのものだからである。わたしのためにののしられ、迫害され、身に覚えのないことであらゆる悪口を浴びせられるとき、あなたがたは幸いである。いつも喜びと歓喜の中にいなさい。天においてあなたがたは大きな報いを受けるからである。あなたがたより前の預言者たちも、同じように迫害されたのである」とイエスは言った（マタイ五章一〇―一二）。

誕生から最初の二世紀間、少数派だったキリスト教会は迫害を受け、多くの信者や司教の命を捧げることになったが、それでもキリストが説いた絶対平和主義を掲げ、それを守り抜いた。「敵を愛し、あなたがたを憎む者に親切にしなさい……」（ルカ六章二七）という教えを、文字通りに実行したのである。コンスタンティヌス帝の意思に従って権力の座に就いたとき、教会は新たな敵と思われる人々を警戒しはじめた。キリスト教以外の宗教を信じる異教徒たちである。しかし、自らの血を流すことはしたくなかった。そこで、ローマ帝国が教会の軍事力となり、財産没収、国外追放、果ては皆殺しまでして、「混乱の扇動者たち」を抑圧する責任を担ったのである。

アウグスティヌスの正戦の論理

神の名の下に用いられる暴力行為は、正しい戦争のための神学的条件を定める場合を除いて、ほとんど論議を引き起こしてこなかった。ポワティエの司教ヒラリウスは、それに反対した数少ない人物の一人である。彼が正戦を、愛の原理に反するとして糾弾したのは三六五年頃のことである。しかし四〇〇年頃、アウグスティヌスが正戦論を唱えた。一時期マニ教に傾倒していたアウグスティヌスは、その後その教義に敵対するようになり、『ファウストゥス論駁』〔ファウストゥスはマニ教の著名な司教〕という短い論文を発表している。その中で彼は、異端者に対する武力行使を、善の名において正当化した。その善とは、神の意志に従い、異端者たちを神に至る道に連れ戻すことによって、彼らを確実に幸福に導くことである。彼の論証は聖書に基づくものであった。「ファウストゥスはいったい何を考えているのか。モーセのエジプト人に対する略奪行為を理由に、我々（キリスト教徒）を非難しているが、自分が何を言っているのかわかっていない。モーセは、略奪を行なわなかった場合の罪と比べれば、はるかに小さな罪しか犯していない〔モーセがユダヤ人を引き連れてエジプトを脱出する際、ユダヤ人たちは神の許しを得てエジプト人から金品を略奪している〕。なぜならモーセは、神からそのように命じられていたからだ。神はおそらく人間の行為だけでなく、人間の心もご覧になって、各人が何を堪え忍ばなければならないか、そして誰を介してそれを堪え忍ばなければならないかを判断されている……。神の命令には何を差しおいてでも従うべきで、それに文句をつけて逆らってはならない[12]」。また、聖なる暴力行為を攻撃する人々を、次のように非難している。「何人《なんぴと》といえども理由なしに苦しむことは、神がお許しにならない。許されるか否かは、神のみがお決めになることだ。そもそも人の心にある善意なるものは、無知であると同時に欺瞞であり、キリストの敵にもなり得る。不信心者たちへの罰としての適切な神の命令も、この善意が実行を妨げているのである[13]」。

アウグスティヌスの主張は、正戦の正当化に決定的な役割を果たし、その後のキリスト教社会における戦争観に、多大な影響を及ぼすことになる。「さて、人間の知性は狭く乏しく、しかも歪められているため、正しく判断することができない。しかるに神は何を、いつ、誰に許し、命ずるかをご存じであり、また各人が何を行ない、何を堪え忍ぶべきかもご存じである。もし人間の知性が、情念に駆られて無謀な行動をすることと、神の命令に従うことの間に、どれだけ隔たりがあるかを理解できれば、モーセが率いた数々の戦いに、むやみに感嘆したり嫌悪したりすることはないだろう。なぜならモーセは、残忍だからではなく、従順さゆえに神の命令を実行したに過ぎないからだ。

また神ご自身も、荒々しい気性ゆえにこのような命令を下されたのではなく、そうすることで罪人たちを公正に罰し、義人たちに畏怖の念を抱かせようとされたのである。実際、戦争において非難されるべきは何か。遅かれ早かれ死ぬべき人間たちが、勝利して平和を築くために死ぬことだろうか。意気地なしはそう言って戦争を批判するだろうが、信仰者は違う。神または正しい権威者の命令に従い、善なる人たちが戦争を企てることがあるが、それは多くの場合、あれらの残虐行為を戒め、暴力に抗するためであり、またそのような命令を受けて、戦争の指揮あるいは実施を余儀なくされるような状況に置かれた場合である(14)」。

ルカによる福音書に、「あなたの頬を打つ者には、もう一方の頬をも向けなさい」(ルカ六章二九)というイエスの言葉があるが、アウグスティヌスはこれを、次のように捉えている。「ここで言われているのは肉体のことではなく、魂のあり方のことである。魂こそ徳の聖なる安息所であり、我々の父祖である過去の義人においても、魂が徳の住みかであったからである(15)」。

四一七年、アウグスティヌスはボニファティウスに宛てた手紙の中で、これらの論題についてさらに次のように述べている。ボニファティウスは軍司令官として、ドナトゥス派制圧の任に当たっていた。「迫害には、キリストの教会に対して不信心者が行なう不当な迫害と、キリストの教会が不信心者に対して行なう正当な迫害がある……。教会は愛ゆえに、不信心者は残虐性ゆえに迫害する……。教会は敵たちを迫害し、傲慢さと虚栄心に満ちた彼らを傷つけ、打ち負かすまで追跡するが、それは彼らを真理の恩恵に与《あずか》らせるためである。教会は愛の精神によって、不信心者たちを死から守るため、彼らを破滅状態から救い出そうと腐心しているのである(16)」。十字軍や異端審問に至る論理がここに生まれ、その後はそれが正当な論理として発展していく。

十字軍の失敗

八五三年、レオ四世はアウグスティヌスの正戦論を根拠として取り上げ、教皇として初めて軍を召集した。信仰の擁護という名の下に、異教徒であるイスラム教徒を征伐するためである。彼の後を継いだ教皇たちは、この召集と合わせて、戦士たちに「全免償（全贖宥）」を与え、あの世で果たすべき償いを完全に免除することを約束している。一〇九五年十一月二十七日、西欧の司教や修道院長、国王、諸侯らがクレルモン教会会議で集まった際、教皇ウルバヌス二世は十字軍の派遣を呼びかけた。東方のキリスト教徒を救援し、エルサレムを異教徒から奪還することが目的であった。エルサレムは西方のキリスト教徒にとって特別な巡礼地であり、彼らは罪の贖いのために、この聖地に向かったのである。「神の兵士らよ、いざ、剣を抜け。そしてエルサレムの敵どもを勇敢に打ち負かすのだ。神がそれを望んでおられる」。

その頃のヨーロッパでは、クリュニー改革と神の平和運動によって活力を取り戻したキリスト教が、圧倒的な力を持つようになっていた。参加を呼びかける教皇の演説を聞いて、集まった群衆は熱狂し、十字軍兵士が身につける十字形の布切れを受け取るため、我も我もと押し寄せた。教皇の代理大使であったアデマール・ド・モンテイユが、十字軍兵士たちの精神的指導者として指揮に当たったが、兵士たちは西欧の国境を越える前に、すでに彼らの聖戦を始めていた。メッツ、トレーヴ、マインツ、ケルン、レーゲンスブルクでユダヤ人共同体を襲い、略奪と虐殺を行なったのである。エルサレムは一〇九九年七月十五日の金曜日、「神のご意志だ！」という歓呼の叫びとともに陥落した。その曜日と時間は、イエスの磔刑を記念して定められたものだった。ところがその後、司令官たちがキリストの栄光をたたえに聖墳墓教会に行っている間、「ペレグリーニ（巡礼者）」と呼ばれた戦士たちは、ユダヤ教徒、イスラム教徒の別なく異教徒たちに対し、三日にわたり狼藉《ろうぜき》の限りを尽くしたのである。

十字軍は一〇九五年から一二七〇年の間に、八回派遣された。第一回目は篤い信仰心に衝き動かされて、アンティオキア包囲戦での「聖槍発見」（聖槍は、イエスの血に触れたものとして崇められていた聖遺物で、ペトルス・バルトロメオが、聖アンデレのお告げによりこれを発見したと主張。そのおかげで十字軍の士気が昂まり、勝利を得たといわれる）のような奇跡も生まれ、教会にとって、「神によって望まれた」十字軍の霊的規則を定めるよい機会となった。それ以降、十字軍兵士は神の前に取り消すことができない誓願を立て、背けば破門の罰を受けるが、その誓願によって本人ならびに家族と財産は、教会の保護下に置かれることになった。また、兵士の人格には神聖性があると認められ、全免償が与えられただけでなく、キリストの名によって永遠の救いが約束された。第二回十字軍が失敗に終わったとき、この戦いを推進した聖ベルナールは、「西欧の敗北は、神が罪人たちに与えた罰である」と説明している。一二〇四年の第四回十字軍では、キリスト教徒が同じキリスト教徒に対して戦いを仕掛け、東方正教会の中心地コンスタンティノープルを攻略したあげく、略奪や殺戮を重ねる始末だった。

第六回十字軍を指揮したのは、破門された神聖ローマ皇帝フリードリヒ二世であり、彼はイスラム側との交渉でエルサレムの奪回に成功した。しかし、その頃にはもうこれを、霊的偉業として讃える人はいなくなっていた。後の教皇たちが、「十字軍遠征は神が喜ばれる善行である」とくり返し語っても、民衆の巡礼熱は冷める一方であった。遠征の費用をまかなうため、ローマ教会は十字軍兵士たちに、違約金支払いによる誓願の取り消しを許可しただけでなく、兵士に与えられていた特権の対象を、出発時の物資調達に貢献した人々にまで拡げた。またユダヤ人の資産没収も行なった。第七回十字軍はフランス王ルイ九世（後の聖ルイ王）の主導で、一二四八年に行なわれたが失敗に終わり、再度敢行した第八回遠征も、カルタゴを通過できず（ルイ九世がここで病死したため撤退を余儀なくされた）、悲願の聖地奪回はならなかった。

ギリシャ古典とキリスト教の融和をめざして

政治的、宗教的に失敗としか言いようがない十字軍であったが、それでもキリスト教神学を含めた西洋思想に、この遠征が重要な転機をもたらすことになった。黄金期を迎えたイスラム文化と出会うことで、ローマ帝国の滅亡以来、西洋では忘れられていたギリシャの古典を再発見したからである。アリストテレス、プラトン、プトレマイオス、ユークリッド、そしてストア派哲学者たちの著作が、イスラム圏では盛んに翻訳され、熱心に研究されていたのだ。

史上はじめて「プラトンとアリストテレスの総合の書」を著したアル・ファラビー（八七二―九五〇）、論理学と数学を形而上学に応用したイブン・シーナー（九八〇―一〇三七）、ギリシャ哲学を批判しながら取り入れた神秘主義者アル・ガザーリー（一〇五九―一一一一）、アリストテレスの注釈者アヴェロエス（一一二六―一一九八）、アンダルシアのユダヤ人哲学者モーゼス・マイモニデス（一一三五―一二〇四）らの大家の著書が、十字軍を契機にラテン語に翻訳されたのである。中でも特に、アリストテレスの哲学を西洋にもたらしたアヴェロエスとマイモニデスの影響は大きい。

大半が神学者、聖職者だった中世の思想家たちは、ギリシャの古典文化に出会うとすぐに、その魅力の虜となった。そこで彼らは、ギリシャ哲学とキリスト教の教義、理性と信仰の両立を企図し、それらをいかにして融和させるかという問題に取り組んだ。アレクサンドリアのクレメンス、オリゲネスをはじめとする二、三世紀の護教教父たち、および四世紀のカッパドキア三教父――ナジアンゾスのグレゴリオス、カイサリアのバシレイオス、ニュッサのグレゴリオス――の系譜を継ぐものである。アラビア語に訳された古代哲学者たちの作品が、次々とラテン語に重訳された。そして、ヨーロッパ各地の大学や教会・修道院付属の学校は、かつてのアレクサンドリアやローマのように、神学的・哲学的議論が沸き立つ場となった。

理性と信仰の融和をめざすこの新しい潮流は、神学の様相を大きく変えることになり、「スコラ学」という新しい学問を誕生させた。その名は、学校《スコラ》で形成されたことにちなんで付けられている。代表的なスコラ学者として挙げられるのが、アルベルトゥス・マグヌス（一二〇六―一二八〇）、そして特にトマス・アクィナス（一二二五―一二七四）である。アクィナスは、アリストテレスを援用しながら理性と信仰を調和させた、中世最大の哲学者である。キリスト教の教義と対立しない彼らの研究は、教会の強い支持を得た。この一大革新が十五世紀以降、偉大なユマニストたちを生み出すことになるのだが、その影響力の大きさを、教会はまだ知るよしもなかった。

異端との戦い

多種多様なユダヤ教を母体として生まれたキリスト教は、その成立から一世紀も経たないうちに、神学上の問題について見解を異にする分派を抱えるようになった。教義の根幹に関わる問題で意見が対立することも多々あり、それがきっかけとなって、いくつかの教会が永続的に分離した。キリスト教がローマ帝国の公認宗教となる前から、ローマ教会は「聖ペトロの唯一の後継者」であり、それゆえに「真理の保持者」であると自任していた。東方諸教会をはじめとする他の教会との争いや断絶は覚悟の上で、霊的支配権および教義の決定権を我が物にしていたのである。早くも三世紀初頭、怒り心頭に発したテルトゥリアヌス〔三世紀最大のラテン語著作家、カルタゴの教父〕は、教皇カリストゥスに宛てて次のように書いている。「主がペトロにお与えになったものは、ペトロ個人のものである。そう表明された主のご意向を覆し、完全にすり替えるとは、お前は一体どういう人間なのだ！[17]」。

中世ヨーロッパにおいて、あらゆる次元で社会を動かしていたキリスト教は、異端を排除することによって強大化していった。だが、そのやり方はしだいに暴力性を帯びるようになる。火刑台にはじめて火がつけられたのは、十一世紀のオルレアンの町である。非キリスト教徒であるマニ教徒たちが、処刑の対象となった。マニ教はドイツおよびフランス北部に勢力を拡大しており、懲罰が必要であると確信した民衆が、彼らを聖職者に引き渡したのである。間もなくして「キリストの弟子」である信徒たちも、この暴力の犠牲になった。彼らの多くは、独立した説教師を中心に小集団を形成しており、権力や富を追い求める聖職者たちの道徳的堕落に対して抗議の声を上げるとともに、福音書に説かれた清貧・謙遜・隣人愛の徳に立ち返ることを求めていた。さらには、教義や典礼に関してまで異議を唱えるようになっていたからである。

一一三九年に開かれた第二ラテラン公会議で、教皇は世俗の権力に対し、教会を支援する義務として、異端の制圧を行なうよう呼びかけた。一一六三年のトゥール教会会議では、異端が疑われる場合の審問方法が成文化された。第三ラテラン公会議は一一七九年、第二回十字軍の失敗が、聖戦に対する大衆の信念を揺るがしていた時期に開かれ、異端者に対する戦いを、異教徒に対する十字軍と同様に扱うことを定めている。そして一一八四年、教皇ルキウス三世は各司教区に常設の異端裁判所を設置し、異端者の密告を奨励した。また、密告者には三年の免償〔教会が信徒に命じる罪の償いの期間が、三年短縮されるという恩典〕を与えている。

一一九八年にインノケンティウス三世が教皇に選出されると、異端者たちはほんの一時だが、休息を得ることができた。この教皇は、異端であるカタリ派信徒たちに、審問ではなく説得を試みたからである。彼はお抱えの説教師（その中には聖ドミニコもいた）を彼らのもとに派遣し、カトリックの教えに立ち返らせようとした。しかし、教皇特使ピエール・ド・カステルノーが殺害されるに至り、休戦状態も一二〇八年に終わった。

翌年、南仏で盛んだったアルビ派〔カタリ派と同義〕を征伐するため、教会は最初のアルビジョワ十字軍を組織している。一二一五年に第四ラテラン公会議を開いたインノケンティウス三世は、集まった司教団に対し、「『地獄への道』である異端を告発することは、あなたたちの義務である」

と強調している。だがこの絶対命令も、反発するキリスト教徒の活動を終結させることはできなかった。彼らはワルドー派の例にならって、地方言語に翻訳された聖書を回し読み、集会を開いて聖書を読解し、考えを述べ合っていた。

異端審問――宗教裁判

一二三二年二月八日、「イッレ・フマニ・ジェネリス〔「そのすべての人たちの」の意、副題は不明〕」と題するグレゴリウス九世の大勅書〔最も荘厳な形式の教皇公式書簡〕によって、「異端審問」〔調査を意味するラテン語 inquisito が語源〕が初めて制度化された。その執行は、四半世紀前に発足したドミニコ修道会に委託され、さらに翌年、フランシスコ修道会も、この業務への協力を求められた。「異端審問所」は教皇直属の機関で、理論上は教皇が唯一の審問官であったが、実際に業務に当たったのは、教皇から委任状を渡された代理人たちであった。そして司教たちは、「彼ら〔代理人〕を友好的に迎え、厚くもてなし、厚情と助言と支持を与えて彼らを補佐する」という任務を帯びていた。一二四四年、インノケンティウス四世の「アド・エクスティルパンダ〔根絶に向けて〕――異端の根絶について――」と題する大勅書により、教会が行なう裁判手続きの一環として、合法的に拷問が始められた。一二六一年にはウルバヌス四世によって、審問官自身が拷問を執り行なう権限を与えられた。

　こうして異端審問の枠組みができあがり、キリスト教会はいよいよ異端根絶に乗り出したわけだが、その標的になったのは、洗礼を受けた信徒ばかりであった。これに対して、世に認められた神学者の間からはいかなる反論も出ず、トマス・アクィナスの次のような極論に、皆が同調していた。「異端者は死によってこの世から抹消されなければならない。異端という魂の腐敗は、現世で生きながらえるために〔たとえば〕贋金造りをする〔肉的な罪〕より、はるかに重大な罪だからである」(18)。中世の異端審問官たちを仮借なき弾圧行為へと駆り立てていたのは、告発された信徒に対する「愛と慈悲」と称する感情であり、隣人愛の精神に基づき、その信徒を救うために行動しているという確信であった。

裁判の手順は西ヨーロッパ全土で同一であり、必ず最初に公衆の前で、キリストへの信仰と福音の諸原則についての説教が行なわれた。その後で審問官が猶予期間を言い渡すのだが、それは異端者にとっては裁判に出頭するまでの期間であり、民衆にとっては破門されないよう、異端者を密告するまでの期間であった。異端であることの最たる証拠は自白であり、それもほとんどの場合、拷問によって強要された自白だった。拷問は、教会の規定では「一回きり」となっていたが、その一回が長く、何日にもわたって続くのが慣例だった。各段階の所用時間は、異端審問の手引書に明記されている。次に、自白が有効かつ十分な証拠と認められるために、拷問によらず自白をくり返すこと、幇助者〔共犯者のこと〕の名前を挙げることが求められた。

審問官が言い渡す処罰には、断食から巡礼、罰金、公開鞭打ち、衣服の上に常に星印を付けること、投獄、死刑まで、さまざまな種類と等級があった。ただし死刑の執行は、従来どおり世俗の裁判所だけがその権限を有していた。死刑囚は教会の保護を取り去られ、火刑台に連れて行かれるが、処刑は民衆が見物できるよう、祭日に行なわれるのが普通だった。火刑台の周囲には聖職者がいて、異端者の魂を悪魔から救おうと最期の瞬間まで試みていた。

異端審問の犠牲者は膨大な数にのぼった。カタリ派信徒に続いてワルドー派信徒、独立説教者たちが処罰されると、弾圧の矛先はフランシスコ会士の中で、聖霊主義者といわれていた人たちにも向けられた。修道会で忘れがちになっていた福音の理想を取り戻そうと、清貧の厳格な実践を唱えたのが聖霊主義者である。また、祈りと清貧の共同生活を送る女性の在俗修道会、ベギン会も、その神秘主義的性格ゆえに標的になった。そしてヤン・フスのような宗教改革者や、後には魔術師や魔女も、数多く犠牲になった〔異端審問は、異端者の迫害から魔女狩りへと移行していった〕。魔女に対しては十五世紀以降、正式な手続きを踏まずに、いきなり死刑が宣告されるようになる。

遅れて始まったスペインの異端審問は、同じ規定に従って執行されたはずだが、実際にはユダヤ人共同体やイスラム共同体も対象になっていた。十四世紀のスペインでは、他の共同体に対するキリスト教徒の暴力が激しさを増し、司祭の指図の下で略奪まで行なわれた。ユダヤ教徒とイスラム教徒は、改宗するか国外に出るか、二つに一つの選択肢しかなかったのだ。しかも、コンベルソと呼ばれたユダヤ人改宗者たちは、正規のキリスト教徒とは見なされなかった。

十五世紀初頭、苦行を積んだドミニコ会士ヴィンセント・フェラー（一四五五年に列聖された）が強力な推進者となり、「コンベルソ」とその子孫に関する法令が公布された。それによって、彼らは多くの職務から排除されるとともに、彼らの家系調査は異端審問所が責任を担うことになった。一四七八年、教皇シクストゥス四世の「エグジジット・シンチェレ・デヴォティオニス〔「誠の信仰心を求める」、副題は不明〕」と題する大勅書によって、アラゴンのフェルディナンド王とイサベル女王に、異端審問を監督する権限が与えられ、このカトリック両王〔この称号はローマ教皇より授けられた〕の任命を受けた司祭たちが、コンベルソの追及の任に当たることになった。「神を畏れる」「四十歳以上の」司祭たちが、内心でユダヤ教を信じ続けている改宗者たちを、「信仰に反する罪」〔キリスト教に対する不信仰は当時、最大の罪とされていた〕を理由に責め立てていた。

一四九二年にユダヤ人追放令が出されるまでは、非改宗ユダヤ人は異端審問所の管轄外であったが、それ以降、スペインに残っているユダヤ人はすべてキリスト教改宗者、つまり「コンベルソ」と見なされるようになった。一四八三年、イサベル女王の聴罪司祭だったトマス・デ・トルケマーダが、アラゴン王国の初代大審問官に任命された。宗教的厳格さと神学的学識の高さで有名なドミニコ会士だったが、一四九八年に没するまでの間に、十万件を越える宗教裁判を行なったといわれる。

スペインの異端審問は三世紀半にわたって続いた。コンベルソに対する審問は、一七五六年にトレドで執行されたのが最後となった。主としてユダヤ人、後には受洗したムーア人〔北アフリカから来たイスラム教徒〕を狙い撃ちにした宗教裁判であったが、だからといって、一般的な「宗教上の罪」にまで手が回らないということはなかった。改革主義的な異端はもちろん、「憎むべき大罪」と呼ばれる性犯罪に至るまで、容赦なく裁かれた。

何世紀にもわたって複数の宗教が混在していたスペインは、ようやくその状態から抜け出したばかりだった。仮借なき厳しさで異端審問を実行することで、カトリックへの忠誠と敬愛を示そうとしたのである。それゆえ、異端審問に伴って行なわれる宗教儀式が、この国では西欧の他のキリスト教国よりもひときわ強調され、裁判と刑の執行は、ミサと説教に挟まれた形になっていた。ただし表向きの理由は、非キリスト教徒との共存によって長い間「堕落していた」改宗者たちを教育する必要がある、というものだった。こういった企てを成功させるために登用されたのが、神学の専門家たちである。彼らは異端審問所付きの神学者となって審問官を補佐し、信仰の名によってでっち上げた論拠を示すことで、裁判に大いに貢献していたのだ。

一五九八年に出版された神学者ルイス・デ・パラモの『検邪聖省〔教皇庁内に設置された異端審問機関〕の起源と発展について』を読むと、キリストの教えにまるっきり反することを正当化するために、人々がいかに妄想に走り、錯乱状態に陥っていたかがわかる。これほど極端な例は、おそらくほかに見つからないだろう。神学者はこの著書の中で、「異端審問の起源は神にあり、審問官たちの唯一の目的はイエス・キリストに倣うことである」という、とんでもないことを立証しようとしている。彼の主張によれば、人類史上最初の審問は、罪を犯したアダムとイブに対する神の問いかけであり、その方法を教えたのは神である。そしてイエスがそれを受け継ぎ、苦しくとも神聖なこの務めをまず使徒たち、次いでその後継者である教皇と司教たちに伝えた、というのである。

一五四二年、教皇により、ローマ教皇庁内にはじめて異端審問所が設けられた。「ローマ普遍的異端審問聖省」という仰々しい名称で、まさに名は体を表わしている。これは後に（一九〇八年）、教皇ピオ十世によって「検邪聖省」と改称され、さらに第二バチカン公会議（一九六五年）以降、「教理聖省」という名称になった。その使命は、設立当初から変わらず、キリストの真理、少なくともローマ・カトリック教会が真理だと主張してきたものが、歪曲や逸脱によって損なわれないよう監視することである。

インディアン大虐殺――インディアンに魂はあるか

一四九二年のグラナダ陥落によって、イスラム教徒によるスペイン侵略は終わりを告げた。トルケマーダの指揮の下で、異端審問は最も忌まわしい時代を迎えていたが、一方ではクリストファー・コロンブスがサント・ドミンゴ島に上陸し、ここに新たな征服の時代が始まる。すぐに第二次航海が準備され、アメリカ大陸とそのとてつもない富の収奪戦がくり広げられることになる。ポルトガル人による黒人奴隷貿易は、一四五四年に教皇ニコラウス五世が許可してから急拡大していた。そうして売買された黒人たちは、最初の入植者たちが乗ったカラベル船〔新式の快速帆船〕に積み込まれ、新大陸に運ばれて行ったのである。

アメリカ大陸は黄金の地であると同時に、「野蛮人」が住む未開地であった。新世界の洋々たる未来に引き寄せられ、大挙して海を渡った植民者たちは、そこで奇妙な諸部族と遭遇することになった。スペイン国王から開墾用の土地をあてがわれた植民者は、土地を失ったインディアン（アメリカ先住民）たちを、セットで提供されたのである。ただし、彼らを養い、カトリックに改宗させることが条件だった。その時から正真正銘のジェノサイドが始まり、無数の先住民が犠牲となった。男たちと子供たちは過酷な労働でばたばたと死に、女たちと乳飲み子は、遊び半分で行なわれた無動機の過激な暴力の餌食となった。

一五一〇年、ドミニコ会士のバルトロメ・デ・ラス・カサス（一四七四―一五六六）が、植民都市であるサント・ドミンゴの司祭に任命された。父親がコロンブスの第二次航海に参加しており、彼自身もすでに二度、アメリカ大陸に渡っていた。植民者たちの「悪魔のような暴君ぶり」に、ごく早い時期から憤慨していた彼は、ようやく五十年後にその内容を明かすことになる。宮廷の貴族たちに宛てた手紙の中で詳述されたものだが、彼がそれを公にしたのは、「無数の魂と肉体が失われたことについて」、また「自然法にも神の掟にも反する」植民者たちの残虐行為について、「自分が口を閉ざしていること」への自責の念からである。先住民に対する西欧キリスト教徒の態度や振る舞いについて、彼は黙示録のような凄まじい描写をしており、その前置きとして次のように述べている。「スペインから彼の地に渡った者たちは、キリスト教徒を自称しながら、あの気の毒な原住民を地上から抹殺し、根絶するために、大まかに言って二つの手段を用いた。一つは不当な戦争という手段、冷酷で血なまぐさい暴君的なやり方である。もう一つは、彼らを隷従させる抑圧という手段である。まだ自由を求め、期待し、思い描くことができる人々、あるいは耐え忍んでいた苦痛から逃れる力がある人々を皆殺しにした後……、人間も動物も未だかつて経験したことがないような、この上なく苦しく恐ろしく過酷な奴隷状態に陥らせ、圧制を加え続けたのである」(19)。

アメリカ大陸から届いた便りを耳にし、入植者たちの不正に憤りを覚えたのは、ほんの一握りの人たちだった。モンテーニュのようなモラリストがそれである。だが、この一部の例外を除けば、ラス・カサスは先住民擁護を唱えた唯一の人だったといえるかもしれない。インディアンは人間であり、どんな人間にも具わっている尊厳をもち、それゆえにキリスト教徒と同等であり、「キリストにおいて兄弟」である、というのが彼の主張である。当時、大多数の神学者にとって、インディアンはどうひいき目に見ても下等な人間であり、しかも神から無視された存在だった。千五百年前に世に送られたイエスのメッセージに、彼らに関する言及が一切なかったからである。ラス・カサスはカトリック両王に陳情するため、何度もくり返しスペインに戻り、原住民に代わって黒人奴隷を送り込むよう要請している。黒人を奴隷として用いることは、彼自身も合法だと認めていたのだ。しかし彼のこの言葉も、国王や教会の金庫を潤す植民地からの税金の前には無力で、両王の注意を引くことはできなかった。

一五三〇年代の終わり頃、ラス・カサスは『インディアス史』を出版した。三十年来接してきた先住民たちの生活と風習を描き出した大著である。この本はヨーロッパで大評判となり、彼が一五四二年に再度帰国し、カール五世〔神聖ローマ皇帝〕に陳情した時にはその意見が受け入れられて、奴隷制度を廃止する新しい法律が公布された。だが、実際にこの法律が施行されたことは一度もなかった。その後、チャパスの司教に昇任したラス・カサスは、自分が作らせた法律に反感を抱く植民者たちの反乱に遭い、司教座を去ることを余儀なくされた。

バリャドリッド論争

そうした状況の中で、この問題をめぐって展開されたのが、一五五〇年のバリャドリッド論争である。[20] アメリカ・インディアンの本質を見極めようとした教皇ユリウス三世の求めに応じて、カール五世の命により討論会が行なわれたのが始まりである。ラス・カサスの論戦相手は、神学者であり皇帝の年代記作者でもあったフアン・ヒネス・デ・セプルベダであった。教皇特派大使がこの討議に裁定を下す役目を担った。セプルベダは、アリストテレスの「先天的奴隷人説」を根拠とし、魂を持たないこれらの創造物は、人間の外観をしているにすぎない、したがって、キリスト教徒が彼らを奴隷にすることは正当であり、何ら罪を犯すことにはならない、と主張した。

一五五〇年八月十五日、集まった法学者、神学者、そしてカール五世の代理人を前にして、教皇特使が以下のような言葉を述べ、それが論争の口火を切ることになった。「私は一つの明確な使命を担って、聖父（教皇）によりあなた方のもとに遣わされた。その使命とは、この原住民たちがれっきとした人間として認められるか、すなわち真に神の被造物、アダムの子孫である我々の兄弟なのかどうか、あるいは反対に、彼らは異なった範疇に属する存在なのか、はたまた悪の帝国の臣民なのかどうか、あなた方の助力をもって決定することである」。

討論の中で、二人の主役は「真のキリスト教徒」「本物のキリスト教徒」という表現をしきりに使いながら、原住民をいかにしてキリスト教に改宗させるかについて、具体的な意見を戦わせている。正戦の擁護者であるセプルベダは、「異端者に対する戦いの正当性は、教会が異教徒に対して行なった偉大で正しい強制改宗によってさらに証明された」（第三の反論）と確信しており、「海外で最初の伝道者となる者の役割は、全力を尽くして異教徒を改宗させ、彼らに福音の教えを説くとともに、その目的を達成するのに有効なすべてのことを、精一杯誇示することである」（第五の反論）と主張している。そして「教皇はキリストの委託によって、彼らに強制的に言うことを聞かせる権限を有している」（第一〇の反論）と付け加えている。さらに、「精神病患者は自分を治療する医者を憎み、育ちの悪い若者は自分に罰を与える教師を憎むが、だからといって、医者や教師が有益でないわけではないし、途中で諦めるべきではない」（第九の反論）という理由づけをしている。また、それらを裏付ける論拠として、聖アウグスティヌスの言葉も引用している。「不信心者たちを怖がらせるだけで、教えることをしなかったら、それこそ残酷な圧制者となるだろう。反対に、彼らを教えるだけで、何らかの畏れを抱かせなければ、古い慣習に囚われて凝り固まった彼らが、救いに至る道を行くことは極めて困難になるだろう[21]」。

もう一方のラス・カサスは、あくまでも神中心の視点からこの論戦に臨んでいる。いきなり「神と神の栄誉にかかわる事柄」を擁護する立場をとった彼は、愛を前面に押し出し、それを論拠としている。「この先住民たちは、最高位の大祭司であるイエス・キリストが、高位聖職者と教皇に委ねた人々である。教皇が有する霊的権限と、その結果である世俗的権限は、イエス・キリストから授かったものである。イエス・キリストは彼らが平和と愛とキリスト教徒らしい行為によって、この人々を聖なる信仰へと導き、キリストの教会に迎え入れるよう命じられた。この人々がたとえ狼だったとしても、優しい雌羊のように接することを願っておられる」（第四の答弁）。また、論戦相手が旧約聖書に描かれた戦いから論拠を引き出しているのに対し、彼は福音書のイエスの言葉を取り上げて抗戦している。「神の子キリストは、使徒たちを福音宣教に遣わされるとき、話を聞こうとしない人たちに「無理強いせよ」とはお命じにならなかった。そうではなく、訪ねた町や村から心穏やかに立ち去り、その時に「足の塵を払い落としなさい」と命じられた。彼らを罰するのは裁きの日まで取っておくように、とも言われている。それはすべて、マタイ福音書一〇章に書かれていることだ」（第一〇の返答）。

一五七〇年、ラス・カサスの死から四年後、ポルトガル王はアメリカ・インディアンを奴隷にすることを禁じた。ヨーロッパでは、一五一七年にルターが免罪符を批判して「九十五箇条の提題」を発表し、かつてカトリックだったすべての国に、プロテスタンティズムが広がっていった。一五二七年にはスウェーデンで、一五三六年にはデンマークで、プロテスタントが国教となり、イギリスでは一五三四年、国王を唯一の首長とする英国国教会が成立した。改革派の教会共同体〔プロテスタントまたは新教とも呼ばれ、ルター派、カルヴァン派、英国国教会などがある〕は、特にドイツ、スイス、フランスで勢力を拡大し、各地で新教徒と旧教徒の対立が激化した。

一五九二年三月一日、フランスのヴァッシーで新教徒虐殺事件が起こり、それを機に宗教戦争が勃発した。その後の長い対立抗争において、ローマ教会に抗議する新教徒たちは、バルトロメ・デ・ラス・カサスの思想と著作をしきりに援用している。一六五九年、彼の『インディアスの破壊についての簡潔な報告』は、ローマの異端審問所によって禁書とされた。

第五章　キリスト教ユマニスムから無神論ユマニスムへ

ユマニスムの意外な由来

宗教改革による大動乱は、西欧社会を支配していたローマ・カトリック教会の絶対的権力を、大きく揺るがすことになった。西欧ではそれに先立ち、プロテスタントとカトリックの対立という神学的枠組みを超えて、広範な思想運動が巻き起こっていた。人文主義ともいわれるユマニスム運動である。この運動が目指していたのは、人間の尊厳と自由と知的能力の重要性を唱えることにより、人間中心の世界観を打ち立てることだった。

一般的には、人文主義はペトラルカを先駆者として、十四世紀末にイタリアで生まれ、十五世紀を通して発展拡大したといわれる。それと同時に特筆すべきことは、その要因がキリスト教の発展に内在していたことである。一つはトマス・アクィナスの理論的神学の影響を受けて、合理的な理性の発達が見られたこと、もう一つは福音書のメッセージを拠り所に、聖職者による支配から個人の自由を守ろうとしたことである。それにいくつかの新たな要因が付け加わった。中でも特に決定的な要因となったのが、古典古代の再発見と印刷術の発明である。古代ギリシャ・ローマの大作家たちの作品が翻訳されたことで、ヨーロッパの人々の知的世界が大きく広がることになった。そして印刷物が出回ることで、知識のより広い伝播が可能になったからである。

ユマニスムは時代とともに進展を遂げ、宗教の保護下にあった個人と社会を、その重圧から解放することを目指すようになった。しかし、多くの人が思っているのとは逆に、この運動はキリスト教思想に敵対して生まれたものでも、神という概念を否定するものでもなかった。

第一期のルネサンス・ユマニスム（人文主義）は、キリスト教的世界観にまだ深く根を下ろしていた。古代作家たちの思想に、福音書の教えとの調和を見出した人文主義者たちは、あくまでも福音書の教えに則って人間の価値を高め、教会組織の悪弊を批判したのである。

第二期は十八世紀の啓蒙主義時代で、ユマニスム運動はしだいに急進的になり、宗教制度への批判が激化していった。それでも啓蒙主義の哲学者たちは、依然として大半がキリスト教徒であった。社会を教会の支配から解放し、世俗的道徳を打ち立てようとした彼らは、意識的にせよ無意識的にせよ、福音書の倫理を拠り所にしていたのである。また啓蒙思想家たちは、理性と信仰を区別する必要性を力説し、神学的世界観からの理性の解放を訴えていた。しかし、だからといって、この二つを相反するものとして捉えていたわけではない。

第三期になると、このような考え方をさらに推し進め、人間からあらゆる宗教的信仰を取り払おうとする思想家が現われてくる。ようやく十九世紀中葉になってからのことだが、信仰は一種の自己喪失と見なされるようになる。ユマニスムとキリスト教との真の断絶、理性と信仰の根本的対立の時代は、この時から始まったのである。

ルネサンス・ユマニスムと宗教改革

歴史家から最初の人文主義者と称されたイタリアの詩人ペトラルカは、生涯にわたってヨーロッパを旅し、古典作家の写本の収集に情熱を注いだ。彼が大学の図書館や修道院の屋根裏をあさって発掘したギリシャ・ローマの作家たちの作品は、彼の心を魅了してやまなかった。しかしながら、そのペトラルカをある確信へと導いたのは、この上なくキリスト教色の濃い作品、聖アウグスティヌスの『告白』である。この書と出会ったペトラルカは、自分自身に目を向ける内省によって、人間をすべての中心に据え直す必要性を得心したのである。

そのことは彼自身が、『親交書簡集』第四巻の冒頭で語っている。弟と一緒にヴァントゥー山への登頂を試みたペトラルカは、やっとの思いで頂上に辿り着いた。そこで、持ってきた本を偶然に任せて読むことになった。「それは握りこぶしくらいの小型の本だったが、限りない甘美さを放っていた。私はたまたま開いたページを読むつもりで、その本を開いた。敬虔さと信仰心に溢れたもの以外に、私はそこで何に出会えたであろう。開けてみると第十巻が現われた。弟は全身を耳にして、私の口からアウグスティヌスの言葉が出てくるのを待っていた。神とそこにいた弟が証人になってくれるが、私の目に最初に飛び込んできたのは次の言葉だった。「人々はわざわざ出かけて行って、高い山の頂や力強い海のうねり、広大な河の流れ、曲がりくねった海岸線、天体の動きに感嘆している。それなのに、自分自身には注意を向けようともしない！」……この山を見たことですっかり満足した私は、このことがあって以来、精神の目を私自身に向けるようになった……」。

ペトラルカは神秘主義的傾向のある熱心なキリスト教徒であり、キリスト教の価値は、特に人間の深遠さ、内面性について語っている点にあると言い切っている。この点においてキリスト教は、人間そのものを理解しようとした古代作家たちの知恵と繋がっている。つまり、キリスト教と古代の知恵は相反するものではなく、出発点を異にしながら同じことを教えている、というのである。ルネサンス期の人文主義者たちは、これを共通の信条としていた。福音書のメッセージと古代人の知恵との「融合」を目ざした彼らは、それが聖職者たちの教条主義や支配への意志に敵対することだとしても、この道を突き進んでいくことになる。

自由と理性を核にして

キリスト教と古代哲学の統合によって、近代の人文主義思想に二つの主要テーマが浮かび上がってきた。一つは人間の自由、もう一つは普遍的知識を追い求める理性の重要性である。十五世紀になると、ずばぬけた知能の持ち主で、この知への渇望を体現した人物が現われた。ジョヴァンニ・ピコ・デラ・ミランドラである。若くして数多くの外国語や古典語を学んだ彼は、途方もない計画に乗り出した。人間が知り得るすべてを認識し、体系化しようというのだ。この青年の探究は、聖書とギリシャ哲学諸学派はもちろん、オルペウス教の秘儀とゾロアスター教の教義、ユダヤ教カバラとアラビア哲学、そして教会法、新プラトン主義の神秘神学……へと広がった。

　彼が二十三歳の時に発表した九百の命題は、それまでの研究の集大成である。同時代のあらゆる学者を自費でローマに招き、それらの命題をめぐる討論会を開こうと目論んでいたのだ。しかし、この命題がローマ教皇によって異端と断罪され、彼の計画は頓挫することになる。最後はロレンツォ・デ・メディチの庇護を受けたが、一四九四年にフィレンツェで三十一歳の若さで亡くなっている。ロレンツォ・デ・メディチは祖父のコジモに次いで、人文主義思想の発展に決定的な役割を果たした人物である。

　ピコ・デラ・ミランドラが思想史に果たした役割は大きい。この天才青年はルソーより三世紀も前に、人間は本性によって行動を決定されない唯一の生き物であり、まさにこの点に人間の尊厳があると論じていた。自らの本性によって行動が定められることのない人間は、自由であると同時に完全になりうる。善を選ぶことも悪を選ぶこともできるし、天使のようにも獣のようにも生きられる。人間は自らの人生の創造者であり、自分が望んだようになれる。この根本的な不確定性が人間の尊厳をなしている、というのである。

　しかし、ピコ・デラ・ミランドラにとって、人間のこの自由は神からの贈り物であった。あの九百の命題の冒頭文で、彼は人間に語りかける創造主の口を借りて、次のように述べている。「私が汝を天地の中間に位置させたのは、汝が周囲の世界のすべてを、思いのままに吟味できるようにするためだ。我々が汝を、天上の存在にも地上の存在にもせず、死すべき者にも不滅の者にもしなかったのは、汝がみずから自分を形成するという、恣意的で名誉ある権能を与えられることで、汝の最も好む姿になれるようにするためだ。汝は獣のような下等な姿に成り下がることもできるし、汝の決意しだいで、神のような高次元の姿に生まれ変わることもできるだろう」[1]。

こうしてピコ・デラ・ミランドラは、近代的な自由の概念を明確にした。だがその概念を、源である神と切り離して考えることはなかった。この点において彼は、あくまでもキリストの自由についての教え（第二章を参照）に忠実であったのだ。つきつめて言えば、ピコはキリストの教えをそのまま推し進め、理性を用いてそれを明示し直しただけである。キリスト教ユマニスムとはつまり、個人の自律性を確立しようとする動きであったといえる。人間が本性の制約を受けない自由な立場であることを望んだ神であれば、個人が外的制約に対しても、そうであることを願わないはずはない。この基本的自由を侵害してきた宗教的権威者に対して、人々が解放と自由を要求したことは、キリスト教ユマニスムがもたらした必然的結果なのである。

十五世紀には教会組織がまだ強大な権力を有していたため、この権利要求をはっきりと表明することは難しかった。キリストのメッセージに内在していたこの論理的必然は、ルネサンスの思想家たちによってはじめて浮き彫りにされたが、個々人の真の自由という具体的な形に至るまでには、まだしばらく時を経る必要があった。

十六世紀になると、もう一人の代表的人文主義者であるエラスムス――彼のことは本書の序で言及している――が、同じようなテーマを取り上げ、「人間は生まれた時から人間なのではなく、人間になっていく[2]」ことを力説した。そこから教育の重要性が生じてくる。教育のおかげで子供は十全に発達し、自身の可能性を伸ばし、悪い性向を直すことができるからである。教育についていくつも論文を書いたエラスムスは、教師が生徒の特異性を尊重する必要性を強調している。それは生徒の感受性、自由意志、知性の独自の表現形式を重んじることでもある。それと同時に彼は、多種多様な古典文芸を子供に学ばせるよう勧めている。子供はさまざまな古典作家を模倣しようとすることで、同一の鋳型にはめ込まれることなく、独自のスタイルを練り上げていくことができるからである。

個人および人間一般の教育の問題は、十八、十九世紀の著述家にとって極めて重要なテーマとなっていくが、すでにルネサンス時代に登場していたのである。それでもこの時代の思想家たちの間には、理性の努力による人間のこの自己完成が、キリスト教の教えと、少なくとも福音書のメッセージと相容れないという考えは、まだいささかも芽生えていなかった。反対に、キリストは人類の最高の教育者とはいわないまでも、その一人と思われていたようだ。教師キリスト（クリストゥス・マギスター）は、人間の自由と尊厳を明らかにするとともに、人間が正しく愛に満ちた生活をするよう促し、そのために努力する人間を、常に慈しみによって力づける存在であった。

自由と理性の発達の重要性を説く思想家エラスムスの背後には、いつも凛々《りり》しいキリスト教徒が立っており、「汝の前方にキリストを見据え、生涯の唯一の目的とせよ」と命じていた。だが、彼にとってキリストを見つめるとは、信心深くキリストを崇拝し、敬意を表する儀式を規則正しく行なうことではない。キリスト教徒の務めは、キリストを手本とし、キリストに従って歩み、その教えを実践しようと努めることである。「キリストを言葉だけの空虚なものとするな。キリストとは慈愛、純朴、忍耐、清廉、つまり彼が教えたすべてのことにほかならない(3)」。

このような福音的要求が、エラスムスの思想の中心にあった。それはルネサンス期の他の人文主義者たちも同じで、聖職者の過ちを批判するに際して、彼らは常にキリストの命令を拠り所にしていた。「我々人間が正義と権利を盾にとって絶対的権力を振るうとき、宗教を利用して得られる利益のことしか考えないとき、教会擁護と銘打ちながら権力の座を狙っているとき、キリスト教の教えから最もかけ離れたことを、キリストのためだと言って命じるとき[4]」、これ以上おぞましいものはないと、エラスムスは幾度となくくり返している。

エラスムスもペトラルカもダンテも、マルシリオ・フィチーノもピコ・デラ・ミランドラもレオナルド・ダ・ヴィンチも、そして他の多くの人文主義者たちも、教会組織に対してどんなに批判的であったとしても、カトリック教会との関係をあえて断ち切ろうとは思っていなかっただろう。彼らが指導的役割を担った運動の目的は、そのようなことではなく、自由と理性を核にして、人間をすべての中心に据え直すこと、福音の教えの真理に立ち返ることにあった。しかしこれが、西洋の歴史に途方もなく大きな影響を与えることになる。後に「近代主体」とも呼ばれる、自由で自律した人間の誕生は、この運動なくしてはあり得なかっただろう。そうして生まれた近代人は、自らの批判的理性を働かせることを望み、自分の生活規範が外から押しつけられることに、抵抗を示すようになる。

宗教改革運動と現地語の聖書

エラスムスの存命中に起こった宗教改革は、近代西洋で最初の大規模な抗議運動だった。それによってカトリック教会は足下から揺さぶられ、自らが抱える矛盾との対決を迫られることになる。このような運動が始まることは完全に予測できたほど、教会は腐敗しきっていたのだ。教皇も司教も司祭も、そして修道士でさえも、告発されるような不徳――貪欲、淫乱、支配、怠惰、高慢、大食、慢心その他多くの不品行――をくり返していたので、キリスト教社会ではもはや誰も、この常軌を逸した矛盾に騙されなくなっていた。

そればかりか、世の人々は、地上におけるキリストの代理人〔聖職者のこと〕の聖性のみならず、制度としての教会そのものの聖性をも、本気で疑い始めていた。教義に関して教会は誤りを犯さないという無謬説（これは何世紀ものあいだ存続し、一八七〇年には教皇の不可謬性を定めた正式な教義となる）は、増大する内部批判を抑えきれなくなっていた。宗教改革者たちは、キリスト教社会全体にくすぶっていたこの反乱の火種を集め、いわば結晶作用を起こさせただけである。人々の憤りは、聖職者たちの腐敗した生活や、異端審問に表われた横暴さはいうまでもなく、「自分たちが言うことは絶対に正しい」という思い上がりにも向けられていた。

器を一気に溢れさせた水滴は、免罪符の発行だった。洗礼から婚姻を経て葬儀に至るキリスト教生活の節目ごとに、聖職者は信徒から金銭を搾り取っていたが、時代が下るにつれて、それではすまされなくなっていた。キリスト教式埋葬の拒否や破門を脅し文句に、故人あるいは相続人から遺贈を要求することも当たり前になっていたが、それでは満足しきれなくなっていた。そうして彼らは、もっとすごいことを思いついたのだ。自分たちの地上的安楽を確保するために、あの世を金で売ることである。

発想はきわめて単純だった。中世以降、教会は煉獄——聖人でも地獄亡者でもない大半の信徒が、死後に天国へ行くため、犯した罪を苦しみにより償う場所——の存在を説いてきた。しかも、教会は神の名において人々の罪を赦す権限を授けられている、と確信していた。そうであれば、煉獄での苦しみを軽減する免罪符（贖宥状《しょくゆうじょう》）を、信徒たちに販売して何が悪いのか、というわけである。それも、無学で貪欲な司祭による無許可販売ではなく、教会の証明書付きの正規の手続きを踏んだ販売だった。教会はまさに神聖で誤りを犯さないがゆえに、信徒たちにあの世での苦しみを減らすことを請け合ったのである。幸いなるかな裕福な人々、天国は彼らのものである！

一五一七年十月三十一日、三十四歳の修道司祭だったマルティン・ルターが、ヴィッテンベルク（ザクセン地方）の城教会の扉に貼り紙をした。免罪符の販売などの不当行為を告発した「九十五箇条の提題」である。「彼らは、人間がでっち上げたことばかり説き聞かせている。お金が賽銭箱でちゃりんと鳴ると、魂はすぐさま煉獄から飛び立つなどと言い張っている」（第二十七条）。ルターの抗議文は、教会を守っていた城郭に、大きな突破口を開くことになった。教会はそれまで、教導権という絶対的権威を砦にして、過激な批判を浴びることも、真に問題視されることもなかったのだ。

ルターによる批判は、他の多くの領域——秘蹟、ローマ司教（教皇）の首位権、信仰生活、救いの問題等々——へと拡大し、当然のなりゆきとして、カトリック教会との完全な断絶に至った（ルターは一五二一年に破門されている）。こうして生まれた新教徒たちの狙いは、宗教的権威の唯一の源である聖書に立ち返ることであった。彼らが聖書を現地語（ドイツ語、フランス語、英語その他）

に翻訳させた理由はそこにある。これからは各信徒が批判精神を働かせ、聖句で何が言われているかを、自分で確かめられなければならない。そうでなければ、自分たちだけがキリストの言葉の代弁者である、というカトリック教会の主張を、論破することもできないからである。プロテスタント〔抗議者という意味〕と呼ばれるようになった新教徒たちは、妻帯した牧師のもとに集まり、聖書を読んだ。また、カトリックの七つの秘蹟のうち、洗礼と聖体〔カトリックでは聖体の秘蹟と呼んでいるが、プロテスタントでは「聖餐（式）」と呼んでいる〕の二つだけを残し、それに象徴的な意味を与えた。そして、信仰を救いの唯一の条件とし、仲介としての宗教組織はもはや必要ではないと見なした。

このような変革は、たとえ待ち望まれていたとしても、数世紀前にはあり得なかっただろう。ルターは火刑台で非業《ひごう》の死を遂げていたかもしれない。この改革運動の発生と拡大を可能ならしめた外的要因として、ヨーロッパの政治的発展、ならびに君主と諸侯の敵対関係が考えられる。そもそも、改革は甘い幻想では成り立たなかっただろう。新教徒を保護することになったのは、一定の領地を支配する諸侯たちだったが、それによって諸侯たちの側にも相応の利益があった。彼らにとってプロテスタントの擁護は、世俗的権勢を振るう教会の支配から脱するための良策だったのだ。その後まもなく、ヨーロッパを血で染めることになる宗教戦争は、宗教の論理的必然であっただけでなく、政治の論理に従って起こったことでもあった。

宗教改革の勃発によって、キリスト教国が滅びたわけではないが、コンスタンティヌス帝の時から西洋を支配してきたローマ教会は、その絶対的権力を失うことになった。「クイウス・レギオ、エイウス・レリギオ（領土を支配する諸侯の宗教が、領土全体の宗教となる）」の原則に従い、各国、各地方が、カトリックかプロテスタントのいずれかを正式な宗教と定めた。各領地を見れば、まさに「この諸侯にしてこの宗教あり」であった。これによって、ヨーロッパにおけるカトリック教会の独占支配が終わっただけでなく、宗教的権威に対する世俗的権力の勝利も明らかになる。というのも、それ以降はカトリックの国々においても、君主たちが教皇の権威に服することはなくなったからである。

啓蒙時代のユマニスム

ルネサンス・ユマニスムがもたらした自由への飛躍、批判精神の昂揚は、宗教改革実現の大きな原動力になったと思われる。それでもキリスト教は、この改革で分裂した後も、相変わらず皆から認められ、重んじられていた。そのため解放の動きも止まることなく、以下の二大目標を掲げて、その後数世紀にわたって続くことになる。一つは、成員の宗教の多様性を保障する公平な国家を築き、個人と社会を宗教から解放すること。もう一つは、自由で平等な権利を有する個人を基盤とした、民主的な社会を築くこと。この二つが、啓蒙時代に果たすべき壮大な任務となっていく。そこでまず遭遇するのが、長く続いてきた個人と集団の関係の激変、過去・現在・未来の捉え方の逆転である。(5)

反伝統的な近代社会

キリストの革命的メッセージについて述べた第二章で言及したように、伝統的社会においては、個人の存在価値は、集団の中でどのような位置を占めているかで決まり、その位置はたいていの場合、どういう社会階層に生まれたかで決まっていた。個人は集団の信条や規則や規範、つまり皆が共有する価値観に従って生きており、それらは「上から」来たもの（超越性が社会の絆をつくっていた）であるだけでなく、「過去から」来たもの（神話的過去に高い価値があった）でもあるがゆえに、そこに疑いを差し挟む余地はなかった。

生まれたばかりの近代世界――キリストの教えは真に理解されておらず、まだ伝統的世界観が根強く残っていた――で、個人は自分自身の人生の立法者となり、平等を目指すべき社会において、自らの功績によって獲得した地位を占めたいと願うようになった。そして自由に宗教を選び、多元的な世界で独自の価値観を確立することを望んだ。この世界では、矛盾する諸価値の共存が可能でなければならず、それらの価値は、すべて理性による批判の篩《ふるい》にかけられる。過去はもはや超えられない完璧な領域でも、従うべき模範でもなく、逆に不完全な世界と見なされ、反対に未来は、完成を約束された世界として高い価値が与えられるのである。

このような可能性に満ちた未来の捉え方が、歴史に大きな転換をもたらすことになった。それによって、人類の未来展望が根本から変わったからである。つまり人類は下降線をたどっているのではなく、完成に向けて上昇している、と考えられるようになったのだ。変化――個人および社会の変化――こそが進歩の要因であり、哲学者マルセル・ゴーシェが述べているのも、まさにそのことである。彼はそれを近代社会の原動力とし、「変化という至上命令」と表現している。より良いものは常に未来にある、ということである。今の人は、後から来たという理由で、自分たちの方が昔の人より優れていると思っている。昔の人は逆に、父親たちの方が先にいたという理由で、自分たちより優れていると思っていた。このような捉え方の逆転が、変化の力学を生み出したのである。

啓蒙時代と呼ばれる近代化の第二期には、現代世界は旧来の伝統的世界と断絶した関係にある、と考えられるようになった。この考え方は、十八世紀を通じてヨーロッパ人の精神を支配し、思想運動（啓蒙主義運動）と、政治的・社会的変革という二重の形で表現された。これについて歴史家のアルフォンス・デュプロンは、次のように説明している。「啓蒙思想の普及とフランス革命は、広く社会全体に関わる発達過程の二つの発現として位置づけられる。それは自立した人間社会、神話も宗教（伝統的な意味で）も要らない「現代的」社会が明確な形になっていく過程であり、その社会は過去も伝統もない現在の社会、そして未来に向かって完全に開かれた社会である(6)」。

批判的理性と個人の自律性

ルネ・デカルト（一五九六―一六五〇）の哲学的構想の中心にあったのも、同じように、過去を「一掃」しようとする意思である。デカルトは既知のあらゆる知識を見直し、批判的分析を行なう哲学の方法、すなわち方法的懐疑〔すべてを徹底的、積極的に懐疑する方法〕を打ち出すことで、近代化に決定的な役割を果たした。この新しい方法に加えて、思想史にきわめて大きな影響を与えたのが、彼の思想の根幹をなす次の二点である。一つは、主体〔自己〕を反省的意識と同一のものと見なした点――これが有名な「コギト・エルゴ・スム（我思う、ゆえに我あり）」である――。もう一つは認識の根拠を理性に求め、数学的認識を模範として、普遍的で確実な知識を追究した点である。彼は理性の領域と信仰の領域を完全に分離することで、哲学を神学から決定的に解放し、近代学問の認識論的基盤を築いた。

この二つの理由で、ヘーゲルはデカルトを「近代性を生み出した哲学者」と評した。私はこれに「良い意味でも悪い意味でも」と付け加えたい。近代以降の環境破壊を振り返ると、「自然の支配者にして所有者」（『方法序説』第六部）というデカルト的人間観が、それに影響していることは否定できない。

ヒューマニズムを基調とする啓蒙主義の時代、思想家たちがモットーとしていたのは、「批判的理性」と「主体の自律」である。そもそもこの二つは密接に結びついている。主体である個人が自由になり、神または教会の手中にかくも長く収められていたものを取り返すことは、批判的理性の働き以外にはあり得ないからである。啓蒙主義の哲学者たちにとって、理性はまさに人類の共有財産であり、真に普遍的なものである。それは科学的認識を通して表現され、すべての人の平等を前提とし、民主主義を要求し、法治国家の権利主体とされている各人の自由意思と自律の正当性を証明するものである。

したがって近代化の第二期を特徴づけていたのは、人間の力だけで人間の国を創り出そうとする、強固な意志であったともいえよう。その意志は執拗で戦闘的、高潔で熱く燃え、フランス革命に随伴した恐怖政治からわかるように、時として残忍なまでに熱狂的でもあった。自分の外からの命令、つまり「他律」によって行動することや、批判的理性によって正しさが立証されていない神の法や伝統に従うことは、もはや誰も望まなくなった。理性の光だけを頼りにして、人々は自分の足で立っていられることを欲した。一言でいえば、大人になりたいと思ったのである。

「アウフクレールング」(「啓蒙」を意味するドイツ語)と呼ばれるドイツ啓蒙思想は、少し遅れて十八世紀末に興隆したが、その中心的担い手の一人であるイマヌエル・カントは、理性に立脚したこの自律の企てを、この上なく明確に表現している。「啓蒙とは何か。人間が自分自身で招いた未成年状態から抜け出ることである。未成年状態とは、他の人の指示を仰がないと自分の悟性を使えないことであり、その責任は人間自身にある。というのも、自ら悟性を使えない原因は、悟性の欠如にあるのではなく、他者の指示を仰がずに自分の悟性を用いる決意と勇気を欠いていることにあるからである。だから「あえて賢くあれ!」、自分自身の悟性を用いる勇気を持て! それが啓蒙のモットーである(7)」。

こういった啓蒙の企図から真っ先に刃《やいば》を向けられたのは、予想通り、理性的認識を聖書と教導権に従属させるべきだとする教会の主張である。ガリレイ事件によって露わになったように、旧約の時代から受け継がれてきた世界観を守り抜こうとしたカトリック教会は、客観的な理性による進歩〔たとえば地動説〕を否定し、妨害した。啓蒙思想家たちはこの事件を格好の例として、理性を信仰から切り離し、哲学や科学をキリスト教神学から解放する必要性を証明した。

この批判的理性は聖書の読み方にも活用されて、聖書を自由に読解し、いわゆる「非神話化」しようとする試みがなされた。聖書の批判的読解はもともと宗教改革者たちが始めた試みであり、これによって、宗教組織の権威が土台から覆されることになる。しかも、バールーフ・デ・スピノザの例が示すように、これはキリスト教だけでなく、ユダヤ教にも関わる問題だった。スピノザはモーセが受けた神の啓示を問い直し、モーセ五書を理性的に読むことを勧めたために、一六五六年七月二十七日、ユダヤ教指導者たちによってシナゴーグから追放されている。

世俗的な信仰者だった啓蒙思想家たち

だからといって、啓蒙主義者たちは無神論者だったわけではない。前述したように、この時代の哲学者たちは大半が神を信じていた。だが彼らの神は、聖職者の説教やカトリックの教会での慣行とは無縁の、遠くにある神で、ミサや祈りなどは「迷信」と大して変わらないものとされた。彼らはいわゆる自然宗教を、合理的で優しい宗教として信奉していたわけである。常に神の名において語り、あらゆる種類の定説を並べ立てようとする聖職者の態度は、彼らから見れば「蒙昧主義（反啓蒙主義）」にほかならず、理性を解放するために闘うべき敵であった。

中でもヴォルテールは、その長い生涯を通じて、「卑劣な迷妄」と呼んでいるものに対して、攻撃の手を緩めることはなかった。たとえば人間の情念にまみれた神観、制度化されたもの、聖職者の横暴ぶりを正当化する神学的詭弁などを槍玉に挙げた。ヴォルテールが推奨する自然宗教では、信じるべきものは至高の存在と普遍的倫理のみであり、その倫理はキリストの基本的な教えに基づいたものである。それゆえ、彼の著作には聖書からの引用語句がちりばめられているが、それらはすべて、教会がどれだけ創始者の教えから逸脱したかを示すための引用である。「よく注意を払えばわかることだが、使徒伝来のローマのカトリック教は、あらゆる儀式やあらゆる教義で、イエスの宗教の対極にある」[8]。キルケゴールもエリュールも、これに異論はないだろう。

啓蒙思想家たちが宗教的寛容〔信教の自由〕を唱えることになったのも、同じ理由からで、彼らは常にキリストのメッセージに準拠していた。このテーマをはじめて取り上げたのは、ルネサンス期の先駆的な人文主義者たちであり、宗教的少数派が受けていた弾圧が問題となって、このテーマが多くの論議を呼ぶことになった。ここでいわれている寛容とは、何よりも少数派の宗教的見解に対して抑圧を行なわないことである。支配者と見解を共有している多数派とは異なり、少数派は異常で誤った見解を抱いていると見なされがちだからである。したがって宗教的寛容は、信仰者に対して行使される政治的権力の問題なのである。

エラスムスは著書『平和の訴え』（一五一七）の中で、弾圧の暴力的性格がキリスト教の兄弟愛、隣人愛の教えにどれだけ反しているかを力説している。彼に続いて十七、十八世紀の多くの哲学者が、弾圧に対する批判者として名を連ねた。ジョン・ロックは名高い『寛容に関する書簡』（一六八九）の冒頭で、キリストの非暴力、平和主義の教えを詳しく説明し、その教えがどのような宗教的拘束も禁じていることを強調している。だが、彼が最も注意を喚起しようとしているのは、宗教を異にする人々への寛容さ以上に、信教の自由という原則そのものが、完全に「イエス・キリストの福音に合致している」点である。同様にヴォルテールも、その『寛容論』の一つの章全体を、キリストの言葉と行ないに充てて、次のように締めくくっている。「私は今、神の定めた権威が、寛容と不寛容のどちらにあるかを問いたい。イエス・キリストに似た者となりたければ、虐殺者ではなく殉教者になりなさい」[9]。

カントの道徳論と基本的人権の成立

前述のように、キリストの教えへの依拠をはっきり表明した例は数多くあるが、啓蒙主義の企てはそれを超えて、ユダヤ教とキリスト教の本質的倫理を暗黙のうちに吸収・同化しながら、さらに先へと突き進むことになる。自由、平等、博愛を教え、権力分立の必要性を説いたのはキリストではないのか。近代人に言わせれば、その通りである。ヒューマニズムの観点に立って、これらの素晴らしい基本原則に立ち返ろうではないか、というわけだ。しかし今度は、神を持ち出さず、信仰ではなく理性を拠り所として、である。これを後に、ニーチェが巧妙なからくりとして糾弾することになるが、彼のいう無意味とは、かなり異なったものである。

彼らは、「モーセが神から授かった十戒を民に伝え、イエスが神の名において教えを垂れたがゆえに、これらの倫理は理性に立脚していなかった」と言っているのではない。ほぼまちがいなく信仰者であった啓蒙思想家たちにとって、信仰がひたすら守り伝えてきたメッセージが、それ自体きわめて理性的、合理的であることは、別に衝撃的なことではなかったのだ。彼らにとって神は、最高の理性的存在であり、厳密な物理法則に従って天地を創造しただけでなく、人間の良心の奥深くに、普遍的な倫理法則を刻み込んだのである。感嘆すべき自然の法則を、ただ発見することが科学者の務めであるように、人間の中に刻み込まれた道徳律を明確に示すことが、哲学者の使命である。人間は理性を働かせることで、聖書の啓示を超えて、この道徳律を自ら見出すことができる。

ドイツの哲学者カントがいおうとしていたのも、まさにそのことであった。カントは一七八五年に出版した『人倫の形而上学の基礎づけ』において、聖書に示された神の掟の代わりに、理性が下す「定言的命令」を掲げている。「汝が欲することのできる行動原理が、同時に万人に共通の普遍的法則に適うように行為せよ」、「汝の人格および他者の人格に存する人間性を、常に目的として用い、決して単なる手段として用いることがないように行為せよ」、「行動原理を決定する汝の意志が、自分自身を普遍的法則の立法者と見なせるように行為せよ」。

その時代の主だった思想家や政治関係者、とりわけフランスの革命家たちと親密な交流があったカントは、西欧の新しい倫理観の構築に、決定的な役割を果たすことになった。それは宗教色をきっぱりと排除してはいるものの、聖書のメッセージとの類似性によって、ユダヤ教徒にもキリスト教徒にも、また不可知論者や無神論者にも、あらゆる人に適用され得る道徳律である。フランス共和国のモットーである「自由、平等、友愛」が、キリストの教えから着想を得ていることは疑う余地がないが、革命家たちにとって、このモットーは、理性に立脚した普遍的な倫理基準にほかならなかった。

しかし、近代人の企てにおいて真に新しく革新的だったのは、理性に基づいて再構築した宗教倫理の大原則を、国家の憲法や法律に取り入れた点である。啓蒙主義運動は、個人に内的自由（ルネサンス時代には「精神の自由」）をもたらしたが、それにもまさる成果は、権利というかたちで具現した社会的解放にあった。十八世紀以降、哲学者と法学者の共同作業によって、この倫理的大原則が権利として言い表わされるようになり、それが具体的な形になったのである。権力の分立、法の前の平等、奴隷制の廃止、拷問の禁止、宗教の自由といった基本的人権がそれである。

イギリスとアメリカの「権利章典」、十七箇条に及ぶ「人間および市民の権利宣言」(「人権宣言」の正式名称)(一七八九年八月二十六日)が立証しているように、明確な意図を公式に表明することはきわめて重要なことである。だが、啓蒙時代の哲学者たちが望んでいたのは、単に宣言することではなかった。社会のあり方を根本から変え、公平かつ公正な社会にすることが、彼らの意図していたことである。そうすることで、個々人が専断や強者の法や統治者の圧政から逃れることができ、また世襲によらず、自身の功績によって地位を得ることも可能になる。このようにして誕生したのが近代民主主義である。

無神論ユマニスム

ルネサンス期および啓蒙時代の哲学者たちは、わずかな例外を除いて、そろってローマ・カトリック教会を批判し、攻撃していた。しかし、だからといってキリスト教自体を非難したり、神への信仰を否定したりはしなかった。彼らはキリスト教から、多大な影響とさまざまな示唆を受けていたし、信仰心は常に変わらず持ち続けていたのである。この時代の大半の哲学者が、無神論は有害な影響を及ぼすとさえ思っていた。それは単に、彼らが無神論者の信条に共感できなかったからではなく、何よりもまず宗教——寛容な自然的宗教のこと——は、個人にも社会にも益をもたらすと考えていたからである。さらに進んで、どのような神性に対しても「狂信的な拒絶」を示す無神論者は――神の存在についての見解表明を拒む不可知論者とは異なり――、カトリック教徒にとってはもちろん、社会的結束のためにも危険な存在だ！　と考える人たちも現われた。

たとえばジョン・ロックは、教皇第一主義者〔カトリック教徒のこと〕と同じように無神論者のことも、寛容の許容範囲からためらいなく除外している。「最後に、神の存在を否定する人々は寛容の対象に加えるべきではない。市民社会の重要な絆である約束や契約、誓いや誠意が、無神論者には効果のある拘束力とはならないからである。また、この世界から神性への信仰をなくしてしまったら、世界はただちに無秩序と混乱に陥るだけである」(10)。ヴォルテールも同意見で、無神論者にはほとんど敬意も払わず、「大半が錯乱状態のふてぶてしい学者で、へたな理屈をこねている」とこき下ろしている。そしてここでも宗教権威者たちを、無神論者を生み出した元凶として責め立てている。「無神論者が存在するなら、その責めを負うべきは誰だろう。欲得ずくで魂を支配し、その狡猾さが人々の怒りと反発を買っている、あの暴君たちにほかならない。弱い精神の持ち主たちが神を否定することになったのは、あの腹黒い怪物たちが神を穢《けが》したからだ」(11)。当時、無神論はそれほど辛辣な批判の対象になっていたので、コンドルセやテュルゴーのような隠れた無神論者たちは、「無宗教者は自分を無神論者と言ってはならない」という流行の格言に従い、これについては口を閉ざしているしかなかった。

それが十九世紀になると、状況は一転する。たとえばメリエ神父（一六六四―一七二九）やドルバック男爵（一七二三―一七八九）がそうだったように、攻撃的な論調で公然と無神論を唱えていた人たちは、もはや孤立した特殊な思想家ではなくなり、無神論が文化的エリート層の主流となっていく。西欧の著名な学者たち――啓蒙時代とは異なり、今度はドイツの学者が先頭に立った――の大部分が、宗教と神への信仰は、個人と社会の真の進歩を阻む大きな障壁になる、と確信していたのである。

そのような過程を経て、モデルニテ〔近代性の意〕（この言葉はこの時期に誕生した）を打ち立てた最も権威のある思想家たち――その中でも特にコント、フォイエルバッハ、マルクス、フロイトの四人――は、キリスト教を徹底的に批判し、宗教は個人と集団の疎外にほかならないとして、その正体を暴き出そうとした。彼らの無神論は確かにユマニスムを根拠としたものだが、そのユマニスムからは教会だけでなく、ついにはキリストも神も追い払われることになった。

コント――知的疎外としての宗教

人類発展の三段階説をテュルゴーから取り入れたオーギュスト・コントは、『実証哲学講義』（一八三〇―一八四二）で、人類は神学的段階、形而上学的段階、科学的ないし実証的段階の、三段階を経て進歩すると唱えた。文化の誕生は第一段階から見られるが、人間はまだ世界を想像の産物によって解釈し、神話や信仰や魔術を頼みにしている。コントによれば、この神話的段階はさらに、フェティシズム（呪物崇拝）、多神教、一神教の三つの段階に分かれる。人類発展の第二段階は、批判的理性と抽象的思考のめざましい発達に特徴がある。人間は世界を哲学的に解釈するようになるが、依然として「なぜ」という子供っぽい疑問に終始している。それが「どのように」という疑問に移行するのは、ようやく第三段階に入ってからである。人間の興味は諸事実および諸事物の実相に絞られるようになり、ここに科学の発達が見られる。この実証的段階が完全に達成されるとしたら、それはあらゆる人間活動――政治、法律、道徳、経済――が、観察と実験という科学的方法にのみ基づいて行なわれた時である。

コントが提唱した実証主義哲学は、この実証的段階への移行を早める役割と同時に、あらゆる分野の科学を包括する社会科学の振興という、重要な任務も担っていた。この新しい科学を、コントは「社会学」と名づけ、さまざまな社会の機能を分析する特殊な学科ではなく、「社会物理学」とも呼んでいるように、この上なく合理的、生産的かつ平和的な社会の実現を可能にする最高の科学と謳っている。その社会を統治するのは、もはや宗教に操られた支配者（神学的段階）でも一般市民（哲学的段階）でもなく、実証主義の科学者と技術者から成るエリート集団である。

コントの晩年の作品では、実証主義がかなり熱狂的な神秘主義の傾向を強め、まぎれもない宗教と化している。そこには教理や礼拝だけでなく、聖者（人類の進歩を先導した学者たち）も教皇（オーギュスト・コント自身）も存在し、彼が言うには、人類が神の位置を、実証主義がカトリック教会の位置を占めている。

フォイエルバッハ――人間の自己疎外としての宗教

ドイツの哲学者ルートヴィヒ・フォイエルバッハは、宗教にコント以上に徹底的な打撃を与えようと、その基本的な仕組みを明らかにし、宗教の「本質」を成しているものを理論的に暴き出した。キリスト教を例に取って彼が論理展開したのは、宗教は人間の本質を神に投影しているにすぎない、という命題である。神のさまざまな属性は、人間が持つ本質的特性以外の何ものでもないのに、人間はそれらの特性の所有を放棄し、想像上の至高者のものとしてきた。「宗教とは人間の隠れた宝を仰々しく暴露するもの、最も内的な思いの告白、愛の秘密の公言である」と、フォイエルバッハは一八四一年に出版した『キリスト教の本質』の中に記している。「君は愛を、神の特性であるかのように信じているが、それは君自身が愛しているからだ。君は神が賢明で善良だと信じているが、それは賢明さと善良さが、君自身の中にある最良のものだからだ」。このように人間は、自分自身の美質をかなぐり捨て、それを神として客体化しているのである。これが人間論的疎外の基本メカニズムであり、フォイエルバッハが情熱を傾けて論証しようとした内容である。「神を豊かにするために、人間は貧しくならなければならず、神がすべてであるために、人間は無にならなければならない」。

人間はこの自己疎外から抜け出すためには、神聖なる存在に投影してきた美質を、再び自分のものにする必要がある。人間がその美質をすべてもとから持っていること、それらを伸ばし、活用するのは人間自身であることに、我々は気づかなければならない。そうすれば、もう神への信仰も宗教も要らなくなるだろう。神という概念を考え出し、それを崇拝することによって、人類は結局のところ、そうとは知らずに人間を神格化し、崇敬しているだけなのだ、ということである。社会の進歩を進化論的に捉えていたフォイエルバッハは、さらに次のような説明を加えている。「宗教とは幼児段階にある人類の本性であり」、その後に続く哲学的成熟の時代に、人間は架空の存在に無意識に投影していたものを、意識的に取り返すことになる。(12)

マルクス――経済的疎外としての宗教

フォイエルバッハと同時代人であり、彼の著書の熱心な読者であったカール・マルクスは、「人間が知らないうちに作り出した力が、人間本来の力として認識されなくなり、人間を隷属させる」という彼の分析に賛同を示した。だが、それがいかに当を得た説明であっても、マルクスを満足させるには不十分であった。重要なことは、宗教による人間の自己疎外はなぜ起こるのか、疎外から解放されるにはどうすればいいか、を理解することである。

そこでマルクスは、宗教による疎外を生み出した社会に焦点を当てて、その歴史的、経済的分析に力を入れた。彼は一八四四年に出版した有名な論文の中で、どれだけ幻想を抱かせたとしても、宗教は要するに社会経済的な抑圧に対するまぎれもない抗議である、という解釈を下している。「宗教による疎外は、現実生活の苦難の表われであると同時に、その苦難に対する抗議でもある。宗教は抑圧された被造物のため息、心なき世界の魂、精神が締め出された社会状況における精神である。それはまさに民衆の阿片だ。したがって、民衆の幻想的幸福である宗教の廃棄は、彼らの現実的幸福への要求の表われである。自分の置かれた境遇に対する幻想を捨てよ、幻想を必要とする境遇を捨てよ、という要求である[13]」。

マルクスはこのようにして、宗教に対する哲学的批判から、不公平な社会に対する政治学的批判へと移っていく。不公平な社会が不幸を生み出したことが、宗教を生み出す原因となったからである。「人間による人間の搾取」という悪の根源に立ち向かうことで、最後の被搾取者たちがいなくなると同時に、宗教的幻想もおのずと消滅するだろう。そこで最も重要になるのが、社会を変革することである。階級闘争に立脚して、綿密な社会経済的分析を推し進めていったマルクスは、あくまでも直線的、連続的な進歩史観の枠内にとどまっていた。そして、プロレタリア革命の到来（歴史に不連続性をもたらす革命思想は、連続的進歩史観に反するのだが）と、階級なき社会の実現（共産主義社会）を、予言的に告げている。そのような社会では、宗教という形で表われていた社会経済的疎外が存在しないので、宗教を抑止する必要性もなくなるだろう。神を作り出した歴史的状況が終わるとともに、神も消え失せることになるだろう。

フロイト――心理的疎外としての宗教

精神分析の創始者である天才ジークムント・フロイトは、マルクスと同様、自己形成期に最も感銘を受けた哲学者としてフォイエルバッハを挙げ、彼に深い恩義を感じていた。『トーテムとタブー』（一九一二）から『ある幻想の未来』（一九二七）を経て『モーセと一神教』（一九三九）へと、フロイトは徹底した宗教批判をくり広げているが、彼の宗教観にはフォイエルバッハの影響が色濃く見られる。特に、宗教に依存する姿勢は人間の小児的、自己疎外的な性質の表われであり、人間の心理作用が超越的な力に投影されている、とする考え方がそうである。この宗教的姿勢を、マルクスが社会の経済的分析や社会的葛藤で説明しようとしたのに対して、フロイトは人間の心理的葛藤を研究することで明らかにしようとした。彼は精神療法医としての豊かな経験に基づき、無意識の構造の段階的理論づけを論拠として、宗教の根本的な欺瞞性を証明しようと企てた。フロイトが考え出した独自の発達段階論によれば、この欺瞞性には神経症的側面と精神病的側面が見られる。

フロイトはまず最初に、宗教の誕生は「ファザー・コンプレックス」という心理的問題、つまり父親に対抗する息子の神経症的葛藤の結果である、という理論を練り上げた。父親との同一化、父親の死を願う気持ち、父親を殺し、同化した後で理想化する息子の願望、罪悪感、去勢不安がそれである。人間社会の直線的進歩という考えを固持していたフロイトは、成人した息子が、その無意識の心理的葛藤を必ず解決できるように、人類もこの小児的な初期段階を、乗り超えるべく定められていると確信していた。「宗教は人類の普遍的抑圧から来る神経症のようなものである。子供の神経症と同じく、父親との関係であるエディプス・コンプレックスに由来するものだろう。この観点から見ると、宗教からの離脱は、成長過程の避けがたい過酷さを伴うことが予想される。そして我々は今日、この発達段階のちょうど真ん中にいると推測される[14]」。

フロイトはそれでも、神経症の基本図式からの類推だけでは、宗教の本質は語り尽くせないことを認めていた。一九一〇年一月二日、彼は弟子のユングに次のように書いている。「宗教を求める究極の理由が私の心をとらえた。それは小児的な「よるべなさ」で、動物より人間にはるかに強く見られる感情である。そのように造られたがゆえに、人間は親のいない世界を想像することができず、公正な神を自分に施す必要があった[15]」。フロイトは問題を、息子と父親の関係から子供と両親の関係へと広げ、子供にとって、自分を守ってくれる存在を信じる気持ちがいかに重要かを証明しようとした。子供は外界で自分を脅かす未知の危険に備えるため、頼りとなる超自然の力に対して、信仰を抱く必要に迫られたのだ。宗教心はもはや罪悪感ではなく、不安から生まれたということである。

人間が善なる神を作り出したのは、襲いかかる不安から身を守るためであるから、その神は、失われつつある親の保護の真の代替となるだけでなく、永遠の生命を信じさせてくれる存在でなければならない。宗教心の心理的誘因についてのこの二つ目の解釈は、精神病的観点からなされている。宗教は現実からの逃避、現状と苦痛の否認、死に直面する恐怖と不確かさに打ち勝つことができない弱さ、人生の逃げ道である、という見方だ。

こうしてフロイトはついに、「宗教的表象の心理的形成」を、「人類の最も古くからある最も強く最も切実な願望の成就、つまり幻想」と見なすに至った。「宗教の力の秘密はこの願望の強さにある。すでに述べたように、子供のよるべなさと結びついた恐怖感が、保護——愛情による保護——を受けたいという欲求を生じさせ、その欲求に父親が、援助という形で応えてくれていた。そしてこのよるべなさが、生涯ずっと続くと気づいた時から、父親のような存在——その時からより強大な存在になるのは確かだ——への強い執着心が生まれた。善意に満ちた神の摂理がすべてを支配していると信じることで、生命の危険を前にした恐怖も癒されるのだ[16]」。

人類は科学の進歩によって、宗教が作り上げるこの幻想を捨てることができる、と確信していたフロイトは、神への信仰から生じると考えられる個人と集団の疎外に、公然と闘いを挑んだのである。「人間は永遠に子供でいることはできない。いずれはそこから抜け出し、敵意に満ちた人生に立ち向かわなければならない」と[17]。

第六章　近代世界の母胎

近代世界はなぜこの時代に西洋で生まれたか

　前章で見てきたように、批判的理性と個人の解放をうたった近代思想によって、教会制度は根底から覆されることになった。なかでも特にカトリック教会が狙い撃ちされ、最も多くの批判を浴びたのは、ヨーロッパ各国でその組織が支配的な地位を占め、絶大な権威を保持していたからである。これを裏返していえば、近代世界は教会の権威に反発し、宗教から自由になることで誕生した、ということである。

　ここではもう少し話を進めて、歴史がこのように加速度的に進展した理由、化学用語を借りていえば、「結晶化」がこの時期、この場所で起こった理由について考えてみたい。つまり、近代世界はなぜこの時代に誕生したのか。人々がモデルニテ〔以後、近代性という訳語を用いる〕と呼んでいるものが、なぜ他の場所――たとえば中国とかインドとかオスマン帝国――ではなく、西洋で生まれることになったのか。これはきわめて重要な問題である。西洋の近代性とその主な要素――批判的理性、主体の自律、普遍性、政教分離――は、支えとなるファクターがすべて揃った特異な世界でのみ発達することができた。近代性の諸要素は、その世界の懐に抱かれて成長し、密接に関わり合うことができたのである。

では、この特異な世界とは何か。それは歴史に実在したキリスト教世界にほかならない。近代精神と宗教制度は相容れず、常に対置されてきたため、一見矛盾しているように思われることかもしれない。そうだとしても、近代性は自らの宗教的母胎の中で――言い換えればキリスト教を母胎として――、長い成熟の過程を経て、はじめて発展し得たのである。成熟した近代性はその後、胎内から解き放たれると母胎に背を向け、ついには歯向かうようになる。この驚くべき史実の展開にこそ、西洋史のエッセンスがある。だが、そのようなことがどうして起こり得たのか。

この問題については、これまでの章ですでに詳しく述べてきた。まず、私が「キリストの哲学」と呼んでいるものの中に、近代社会の大原則が早くも明示されていたことを明らかにした。人間の平等、個人の自由、人類愛、教権と俗権の分離がそれである。次に、いったんは忘れ去られたか、まったく顧みられなかったこれらの倫理原則が、ローマ帝国の改宗と集権化に伴って歪曲され、改変された後、ルネサンス期に復活したことを述べた。その後、啓蒙時代の思想家たちが、いかにしてこの倫理原則から着想を得て、宗教の保護下にあった個人と社会を解放しようとしたのか、その経緯を概説した。

啓蒙主義者たちはキリストのメッセージに、まちがいなく重大な変化を生じさせた。倫理道徳の基盤を、神ではなく人間の理性に置くという一大転換である。いうなれば、正統性の移し替えが行なわれたわけである。自由、平等、友愛を説くために、キリストが「御父」と呼ぶ存在を拠り所にしていたのに対して、啓蒙主義者たちは人間の理性と権利に立脚した。彼らはそうすることで、キリストの宗教的倫理に欠けていた形を与え、それをこの世に具現化――肉体化といってもいい――したのである。実際、政治的、宗教的支配者の専制によって自由の行使が阻まれるとしたら、人間の自由を説いたところで何になるだろう。近代の思想家たちは、キリストのこの上なく普遍的な教えを否定しなかったばかりか、正統性を移し替えることで、その教えを地上世界に根づかせ、永続させたのである。それがあったからこそ、神学的解釈が独断に走るのを防ぐことができた。どんな教団でも神の名によって語ることができれば、独善や誤謬に陥りやすいのだ。

　キリスト教が、長い歴史を通じて完全に福音にかなった歩みをしていたなら、そしてキリストの教えを社会で具現化することに成功していたなら、人々はその教えに実効性を与えるために宗教との分離を図ることはしなかっただろうし、その必要もなかっただろう。西洋がたどった道筋を振り返ればよくわかることだが、最初に教会組織による抑圧があったために、理性に訴え、権利を主張する必要が生じたのである。前述したように、この論理はカントの倫理学にもよく当てはまる。

　本書の中心テーマであるこの問題について、これ以上くどくど述べるのはやめておこう。本章では、ヨーロッパの「キリスト教的ルーツ」という、異論の多いテーマを取り上げるが、その前に明確にしておきたい重要な点が二つある。それは福音書だけでなく、もっと広くユダヤ・キリスト教と関わりがあり、近代性と不可分の関係にある、「進歩」と「理性」の概念である。これについてはすでに前著[1]で取り上げたが、ここでいま一度再考することは、大いに意義があるだろう。

キリスト教という母胎から外に生まれ出るために、近代人にとって不可欠だったと思われるのが、望みを託せる神話と、そのための有効な道具――かつての信仰と武器に代わるもの――である。つまり、進歩に対する根強い信念、言い換えれば近代性という大いなる神話が、母胎からの解放という途方もない望みを、近代人に抱かせたのである。そしてその望みを実現するために、近代人は理性という普遍的な道具を拠り所とした。人間の理性が、近代性を得る手段となったともいえる。

さて、鍵となるこの二つの概念について、これからその歴史をざっと振り返ってみることにしよう。まずユダヤ思想に、次いでキリスト教思想に深く根づいたこの概念は、長い過程を経て発展してきた。その概略をつかむことで、理解しにくい近代性というものが見えてくると思う。

進歩思想の宗教的起源

進歩という言葉は、近代人を支配するとともに、彼らの本質的な議論を誘導し、照らし出すキーワードとなった。理性の力で、個人と社会を終わりなき完成へ、幸福と自由の世界へ導くことができると考えられたのだ。西洋で大きな役割を果たしたこの概念は、完全な無神論者を含めて、近代の思想家たちが抱いていた信念、情熱、希望を理解する上でも重要である。しかし、個人と社会が無限に直線的に進歩していくというこの考え方は、いったいどこから来ているのか。ヒンズー教徒や中国人にとっては、突飛としか思えない考え方だろうが……それも当然なのである。

近代進歩思想の誕生

『古代人と近代人に関する余談』（一六八八）を著したベルナール・ル・ボヴィエ・ド・フォントネルは、おそらく近代の進歩概念を、はじめて言葉で言い表わした著述家の一人である。フォントネルの主張では、近代人が古代人より優れているとすれば、それは単に彼らが先人たちの知識や経験の恩恵に浴しているからであり、限りない未来につながる進歩の過程で、近代人は理性の光を頼りに前進することができるからだという。新しいものが古いものにまさっているという命題は、次の三つの公理から導き出されている。（一）時間は常に過去から未来へ、一定方向に流れている（時間の矢）。（二）人間は理性の力で限りなく完全に近づくことができる。（三）歴史は人類が漸進的に成熟していく場であり、必然的に不完全から完全に向かっている。

それから半世紀後に、アベ・ド・サン＝ピエールが『普遍的理性の絶えざる進歩についての研究』（一七三七）を著し、進歩は動かしがたい法則であり、その法則は人間の精神活動だけに関わるものではなく、さまざまな社会にも適用されると主張した。彼が論証しようとしたのは、年齢とともに完成する人の一生からの類推で、社会もまた完全化の法則により進化する、ということである。ただし、社会に老化と死は存在せず、無限の完全化が可能であるという。

近代に生まれたこの信条は、ごく一部の例外（特にルソー）を除いて、全盛期の啓蒙主義者たちに受け継がれ、新しい歴史観の形成を通して発展していった。十八世紀の間は、ドイツ啓蒙思想を代表するレッシングのように、進歩をまだ宗教的観点から捉えている思想家が少なくなかった。

レッシングは『人類の教育』（一七八〇）の中で、「完全なるものは世の初めから一度も存在したことがなく、理性の行使によって漸進的に生成されていくものである。人間は教育の恩恵によって、神から約束された黄金時代をいつか実現することができる」と説明している。後にアルフォンス・デュプロンが言っているように、「楽園はそれ以降、もはや失われた楽園ではなく、約束された楽園となった。それは人間たちが、自分のために準備する楽園である」[2]。

確かに、ドイツの啓蒙主義は、キリスト教神学と歴史哲学との調和を図ろうとしている。善良で慈悲深い神が人間を段階的に成長させるという考え方と、理性が人類進歩の主たる原動力であるとする考え方の間に、折り合いをつけようとしたのである。それに対してフランスの啓蒙主義は、神の啓示や恩寵は意に介さず、黄金時代の実現はひとえに人間の努力の賜《たまもの》だとしている。そればかりか、人類は宗教を厄介払いすることで黄金時代に到達できるかもしれない、という考えにまで至った。

それをこの上なく明快に言い表わしたのが、『人間精神の進歩の歴史的素描』（一七九三）を遺したコンドルセである。「これから訪れるであろうその時には、地上に注ぐ太陽の光は、自由人だけを照らすようになるだろう。自由人とは、理性以外のものを自分の主人とは認めない人たちである。その時には暴君と奴隷たち、司祭とその愚かで偽善的な手下たちは、物語か芝居の中にしか存在しなくなるだろう。そのとき彼らを気にかけるとしたら、それは単に、彼らの犠牲となり、騙された人たちを気の毒に思うからであり、万一彼らが再び姿を現わした場合、すぐに迷信と圧政の萌芽を見つけ出し、理性の力でそれらを押し潰すためである」[3]。人間社会の無限の完全化は、結局、キリスト教の根絶によって可能になり、促進されるということである。

それ以前にも、コンドルセほど辛辣ではないが、同じように急進的な考えの持ち主だったテュルゴーが、著書『省察』（一七五〇）において、人類進化の三段階——超自然的段階、哲学的段階、科学的段階——説を唱えていた。彼によれば、科学的段階への移行が歴史の進歩を加速させ、その段階で、宗教的世界観は永久に廃《すた》れるという。

進歩という神話

十八世紀末から二十世紀前半までの約百五十年間、人類は個人も社会も必然的に進歩するという進歩史観が、西洋社会の思想的原動力となっていた。進歩を信奉する人々は、理性や科学、技術の飛躍的発展、政治システムと国民国家の誕生を根拠にして、理想的な社会が必ずや到来するだろうと告げていた。成熟した個人で構成される、公正で調和のとれた社会である。

それほど人々に求められ、もてはやされた進歩思想であったが、人間社会が放っておいても進歩するという考え方は、実のところ、理性的というにはほど遠く、決して理にかなってはいなかった。そのことに早くから気づいていたのがルソーである。人間には完全になる可能性があることを力説したルソーは、進歩に対しては否定的だった。知識や技術の進歩は明白な事実であっても、それが個々人の成長や、公正で調和のとれた社会の実現に繋がるとは限らない。それによって個人と社会が良くなるという保証はどこにあるのか、というのがルソーの主張である。

確かに、科学と技術の直線的、累積的な進歩は、十八世紀以降、誰もが認める確かなものとなったが、それが人間の道徳的、哲学的、精神的進歩をもたらすわけではないし、そもそも人間の進歩自体があるかどうかも定かではない。偉大な科学者でも人間的に歪んでいる人もいれば、技術に秀でた名人でも品性下劣な人もいる。それと同じことが集団についても言えるだろう。

同様に、望ましい未来も保証されていたわけではない。政治革命と科学技術の革新によって、より良い世界がもたらされるという約束は、二十世紀に見事に裏切られ、人類は正反対の過酷な現実を見せつけられた。第二次世界大戦での六千万人にのぼる死者、広島の原爆、スターリン時代の強制収容所、アウシュヴィッツ大虐殺……によって、進歩信仰はほとんど崩れ去ったのである。

これほどの惨状と恐怖を目の当たりにした現代人は、「合理的」と思われていた近代社会が、過去の野蛮な未開社会と大差はなかったこと、科学技術の進歩は本質的に両義性を孕み、負の結果をも生み出すことに気づいた。また、社会を支配する官僚システムが一人歩きし、怪物のように暴走することを知った。「近代化が進めば、宗教は必然的に不要になる」と、十九世紀に確信を持って告げられた言葉も、今日では現実とかけ離れた空論、もしくは宗教叩きの常套句としか思われなくなった。次章で述べるように、宗教は近代化に伴って形を変え、個人化が進んだが、今もなお健在なのである。

ユダヤ・キリスト教から生じた「宗教的神話」を根絶しようとした西欧社会は、図らずも別の神話〔進歩という神話〕を発展させることになった。誰もが信じるようになったその神話は、近代化を促進する強いエネルギーを生み出すとともに、近代人にある種の希望をもたらしたのである。人間の力だけで地上の楽園を築くことができる、という希望である。世界の非神話化、脱呪術化は、批判的理性、政治、科学を道具として行なわれたが、今度はそれらの道具が神話化、呪術化されて、十九世紀にはまぎれもない「世俗的宗教」となったのである。その最大の理由は、近代人のいう進歩が、宗教の根源的問題を抱き込み、それを非宗教化することにあったためである。

進歩思想の宗教的起源――救済史と千年王国説

実際、「宗教的神話」への強い反発から生まれた近代の神話は、宗教の典型的な特徴を取り込みながら形成されていった。つまり、宗教の三大現象である絶対化（理性、科学、プロレタリアート、国民国家を絶対視する）、悪魔化（伝統、宗教、ブルジョワジー、他民族を敵視する）、ユートピア化（より良い未来を約束する）によって活力を結集し、社会的絆を創出したのである。

キリスト教神学でいわれる愛、信仰、希望の三対神徳（神を対象とする三つの超自然的な徳）も、世俗的宗教に類似のものが見出される。対象は異なれども、愛は同じように理想として追求されており、神への信仰は人間の理性への信仰に、天上の楽園への希望は地上の楽園への希望に置き換えられている。世俗的宗教においては、おそらく三つ目の希望という徳が決定的な役割を果たしただろう。この世俗的宗教の基盤に進歩思想があることは、これまで見てきた通りである。そして、この進歩思想がユダヤ・キリスト教を起源としていることは、以下に述べるように、かなり明らかになってきている。

直線的な時間の概念は、紀元前五世紀頃、ユダヤ教の祭司たちが練り上げたとされている。バビロニアで「コルプス・ビブリクム（旧約聖書の原資料）」を作成した彼らは、神とその民の間で織り成された「物語（＝歴史）」の中で、その時間概念をはじめて具体的に示したのである。神はまず、アブラハムとの契約によって、彼の「子孫を星の数ほどに増やす」という約束をした（創世記一五章五）。次に、モーセと新たな契約を交わした神は、イスラエルの民を「広く豊かな地、乳と蜜の流れる地」へ導くことを約束している（出エジプト記三章八）。その後、ユダヤの預言者たちが神の言葉を告げるために現われ、いつか救い主メシアが来ること、エルサレムに地上の楽園ができることを預言した。「もはや泣く声も叫ぶ声も聞こえることがなく」、「狼と子羊がともに草を食べる」（イザヤ書六五章一九―二五）という楽園である。

旧約聖書に記されたこの神の約束と預言者の言葉が、それまで支配的だった円環的時間概念（時間は一定の周期で循環するという考え方）とは異なる、新しい時間概念を確立したのである。それは始点から出発して終点に至る直線的な時間であり、それによって、時間の中で生きる人間の営みにも、方向性が与えられることになった。

新しい時間概念に伴って生まれた歴史観も、この二つの限定要素（始まりと終わりがあり、進化する方向に流れること）から成り立っていた。歴史のある時点で神に選ばれた「選民」が、メシア時代の到来とともに神の約束が実現する時まで、進歩発展するという歴史観である。キリスト教徒たちもこの考え方を受け継いだが、異なるのはキリストにまつわる出来事（降誕、十字架、復活、昇天）を、歴史を決定づける最も重要な出来事と解している点である。そしてこの歴史を、カトリックは「聖史」、プロテスタントは「救済史」と呼ぶようになる。彼らはイエスを、待ち望んだメシアであるだけでなく、人となった神とさえ見なしていたからである。また、神の選民という概念を人類全体に拡げていることも、ユダヤ教と異なる。

アウグスティヌス（三五四―四三〇）以降は、歴史を、教育学的な成熟の過程と見なす神学が発展していった。神が人類を漸進的に教育し、個々人を完全な成熟へ導くという考え方である。十八世紀の歴史哲学者たちが唱えた近代の進歩史観は、これらの直線的な時間概念、人類は限りなく成長し、完成し得るという確信を土台にしていたのである。この進歩概念も、レッシングの時代にはまだ宗教色を留めていたが、その後少しずつ非宗教化していき、コンドルセの登場と共にあからさまに反宗教的になる。十九世紀には無神論の影響を強く受けて、人間社会の必然的進歩は宗教の終焉を経なければならない、という考えに至るのである。

聖書的歴史観を決定づけた要素として、もう一つ忘れてはならないのが「千年王国説」である。これは、近代のイデオロギー構築に多大な影響を及ぼすことになる。宗教的神話の大半は過去を神聖化し、何よりも世界の始まりの時、天地創造の驚異、失われた楽園、原初の超えられない価値を重要視していた。社会秩序が、過去に依拠することで保たれていたのだ。直線的な時間の捉え方をすれば、始まりがあった世界に終わりが来るのは必然である。自らの意志で世界を創造し、歴史をスタートさせた神は、いつか時の終わりを宣言するだろう。全体の図式はこのように明瞭である。しかし、聖書がその中に組み入れた世の終わりのシナリオは、複雑怪奇であったために、さまざまな解釈が生まれることになった。メシア思想と千年王国説を巡っては、今日も議論が続いている。

救い主メシアの到来を告げたユダヤの預言者たちは、正義と平和が支配する新しい世界が、メシアによって地上に創建されるだろうと預言していた。イエスは、弟子たちからメシアとして認められたものの、地上の楽園を築くどころか、世の終わりが差し迫っていることを知らせて世を去った。だがそれと同時に、メシアが栄光に包まれて再来すること、「この世を超越した」神の国が到来することを告げている。

新約聖書の最後に収められた『ヨハネ黙示録』は、使徒ヨハネがキリストの啓示を受けて書いたと言い伝えられているが、ユダヤ教のメシア観をイエスの教えに再導入したような内容である。黙示録が伝えようとしているのは、おそらく世の終わりに先立って平和と幸福の時代が訪れ、それが千年続くだろうということである。そこには終末の出来事が、きわめて多義的で不可解な文章によって描かれているため、これまで多様に読み解かれ、解釈されてきた。その中には反対に、激動と大混乱の時代の後に楽園時代が来て、それが千年続くだろうという説もある。

イエスの死後約四百年の間、キリスト教徒たちは、時の終わりとキリストの再来を今か今かと待ち望む者たちと、至福千年（千年王国）に期待をかける者たちに二分されていた。大混乱が起こるたびに、「世の終わりが間近に迫っている」と言う人々もいれば、「いよいよ至福千年期が到来する」と解する人々もいた。

福音書のこの内容について、それまでとは異なる解釈をしたのが聖アウグスティヌスである。『神の国』（四一三年から四二六年の間に書かれた二十二巻にわたる大作）を著したアウグスティヌスは、神学的な新しい歴史観を練り上げ、歴史は、神による人類の段階的教育であると論じた。彼の主張によれば、神が行なう教育は大きく二つの時期に分かれる。天地創造からキリストによる贖罪までの第一期と、贖罪から終末までの第二期である。第一期にはユダヤ民族が律法によって教育され、第二期には全人類が、教会を介してキリストの恵みによって教育される。『黙示録』が告げている千年王国は、象徴的に地上の教会を表わしており、王国は教会の中にすでに実現している。教会時代はキリストの再臨と最後の審判によって終わりを迎えるが、その時がいつであるかは神だけが知っている、というのである。こうして婉曲に否定された千年王国説は、正統派のキリスト教神学から徐々に姿を消していった。

しかしながら中世以降、千年王国説は神秘家による終末預言という形で、くり返し浮上するようになる。それらは教会から異端として斥けられたが、フィオーレのヨアキムの千年王国思想は、十三世紀の西欧に多大な影響を与えた。ヨアキムは聖霊の時代（父の時代、子の時代に次ぐ時代）の到来を告げ（ヨアキムによると、歴史は父の時代、子の時代、聖霊の時代に区分され、父の時代は旧約の時代、子の時代は当時の教会時代で、来たるべき聖霊の時代に世界は完成する）、人類はようやく悪から解放されると説いた。

彼の思想は千年王国運動となって広まり、近代に入って世俗化すると、政治的、宗教的抗議運動へと変わっていった。十六世紀にドイツで起こった「農民戦争」や、トマス・ミュンツァーの再洗礼派運動がそれである。ルターと同時代の宗教改革者であったトマス・ミュンツァーは、封建制度への不満から反乱を起こした農民たちを支持し、指導した。彼はこうした抗議の動きを、地上に神の国を実現するための十字軍になぞらえ、そこに終末論的性格を与えた革命家だったが、一五二五年、ドイツの諸侯たちによって処刑された。実際、抑圧された社会階層から生まれたこれらの運動家たちは、ヨハネ黙示録に鼓吹され、直接的な影響を受けていた。彼らは公正で調和のとれた世界の誕生を待ち望み、至福千年に先立つとされる大混乱の預言を、既存秩序への激しい抵抗、すなわち革命によって現実化しようとしたのである。

既存秩序の破壊と新しい世界の約束を二大特性とする革命思想は、つまり千年王国という宗教的な想像世界に芽生えたということである。後に世俗化し、完全に非宗教化した領域で発達した革命思想であるが、そこには、万民を幸福にする新秩序を築くために一時的な混沌は甘受するという、黙示録的世界観が反映されている。それゆえ、共産主義と千年王国説との驚くべき類似性が、たびたび指摘されてきたのである。またもっと広く、救世主ともいうべき革命的プロレタリアートの勝利の予告、革命という救済の時に実現するであろう、個人を超え、現在の生を超える「超越性」の理論化、苦悩から解放された人類と「歌うたう明日」の約束の中に、聖書に示された人類救済モデルを見出す人が少なくなかった。

キリスト教と同じように共産主義も、理想の実現のために身命を捧げる勇気ある戦士、殉教者、英雄を輩出し、同時に圧政者や虐殺者を生んだ。しかも、社会主義運動のリーダーの中には、共産主義とユダヤ・キリスト教の終末論の類似性を、公然と主張する人たちがいた。たとえばローザ・ルクセンブルクは、唯物論と無神論を唱えながら、教父たちの教義は「共産主義的」であり、自分たちは彼らの遺産を受け継いだと明言しており、社会主義運動は地上に神の国を築くために、平等と隣人愛という福音の大義を担ってきた、とまで断言している(4)。

批判的理性の起源

　ここでいよいよ、近代世界の歴史的誕生を促したおそらく最も決定的な要素、「批判的理性」を取り上げることにしよう。人類の共有財産である理性の力は、時間と空間を超えて、至る所で働いている。新石器時代への転換期以来、あらゆる文明が理性を頼みとし、社会組織、法律、世界の解明など、さまざまなレベルで理性を駆使してきた。しかし、その理性が追求した合理性が、歴史のある一定の時期に、それも西洋においてのみ発展したのはなぜか。そしてこの合理性の発展に伴い、ほぼ同時に科学と資本主義が生まれ、先例のない科学技術の躍進、宗教権力と世俗権力の完全な分離、人権の誕生がもたらされたのはなぜだろうか。この疑問に対しては、数え切れないほどの答えが考え出されてきたが、ここでもまたユダヤ・キリスト教が、明らかに決定的な役割を果たしたと思われるのである。

ニーチェと神の殺害者たち

「批判的理性の起源がキリスト教にある」という説は、まだ萌芽状態であったが、一人の思想家が他に先駆けて唱えていた。キリスト教に対して決して好意的とはいえないフリードリッヒ・ニーチェである。熱っぽく問いかけた彼の次の言葉は、あまりにも有名である。「神を埋葬する墓掘り人たちの喧騒は、まだ何も聞こえてこないか。神が腐る臭いはまだ何も感じられないか。神は死んだ！　神は死んだままだ！　我々が神を殺したのだ！」[5]。

ニーチェの考えでは、誰が神の殺害者であろうか。キリスト教信仰を敵視する者たちか、他の宗教を信じる者たちか。そのどちらでもない。「神を殺したのは我々である」。キリスト教徒であり、その後継者である「我々」である。唯一神を崇めるために古代の神々を殺した後、ユダヤ・キリスト教は、自らの神の墓掘り人となったのである。だが、どうしてそのようなことが起こり得たのか。

ニーチェが言うには、キリスト教道徳は信徒たちの良心を鋭敏にし、眼力を養うことによって、近代の無神論が生まれる条件を作り出したのである。「キリスト教の神から勝利を勝ち取ったものは何か。それはキリスト教の倫理性そのもの、しだいに厳しさを増した真実性の追求、告解〔自己の罪を神の前で打ち明け、罪の赦しを求めること〕によって鋭く研がれたキリスト教的良心である。その良心は科学的良心となって現われ、純化され、あらゆる犠牲を払って知的良心の潔白さを求めるようになる」[6]。このように内省に努め、自分自身に対して批判精神を行使した結果、キリスト教的良心は鋭敏になり、理性が研ぎ澄まされていった。そしてついには、神が文字通り信じがたい存在であることを発見するに至った。人間的すぎる神が、信じられなくなったのである。

無神論はそれゆえ、キリスト教自体の究極の変容、最終的帰結であり、ニーチェの言葉を借りれば「二千年の間、真理をめざして自己を陶冶し、道徳的規範を遵守し続けた結果、自分の中の神への信仰という嘘が許せなくなった悲劇的結末」（傍点はニーチェによる強調）なのである。近代の人々は、神が人間精神の単なる投影に過ぎないことに気づき、偏狭で非合理的な神にはもう我慢ならなくなったわけだが、この合理的な近代精神は、キリスト教道徳の要求が生み出したものにほかならない。自らの要求を突きつめていった倫理的合理性は、キリスト教の教義と「あまりに人間的な」神への信仰を、破壊するという結末に至ったのである。

マックス・ウェーバーと合理化

ニーチェはキリスト教的良心の尖鋭化において、合理性が中心的役割を果たしたことを指摘し、合理性が持つ批判的性格を浮き彫りにした。そのニーチェとよく似た命題を提示したのが、同じくドイツの思想家で、十九世紀末から二十世紀初めに活躍したマックス・ウェーバーである。社会学の始祖といわれる彼は、ニーチェよりはるかに系統的、論理的に、ユダヤ教とキリスト教が内発的発展を遂げ、近代化をもたらすに至った歴史的過程を明らかにしている。

長期にわたるこの歴史的変化は、彼が「合理化」と呼んでいる過程を経てなされた。ウェーバーのいう合理化とは、生活の諸領域で「目的合理性」を追求すること、つまり達成すべき目的に手段を適合させることである。より効率よく利益を上げようとする目的合理性は、物事を順序立てて整理し、「機能分化」を行なう。学問や生活の諸分野において、細分化と専門化を図るのである。この合理化の過程が、科学技術の飛躍的発展を可能にしただけでなく、資本主義の誕生を促すことになった。あの有名な『プロテスタンティズムの倫理と資本主義の精神』で、マックス・ウェーバーはまさにそのことを論証しようとした。彼によれば、合理化の過程は西洋の近代化の主要なベクトルであり、ユダヤ・キリスト教によって生み出されたものにほかならない。

ウェーバーはカリスマ的大人物を、魔術師と預言者の二つのタイプに分けている。魅惑的、非合理的、超常的な世界を信じ込ませる魔術師とは対照的に、預言者は世界の倫理的ビジョンを提示することで、人々を合理化の道へいざなう。倫理的ビジョンは、理性的前進を強く促すからである。預言者と律法が登場し、宇宙の創造者であり維持者である唯一神の概念が誕生したことにより、世界はもはや神秘的な魔法の園ではなくなった。その時から逆に、世界は「有意味的な統一体」[7]として捉えられるようになったのである。これが名高い「世界の脱魔術化」の理論である。「世界を魔法から解き放つことに成功し、それによって西洋の近代科学、技術、そして資本主義の基盤を作ったのは、預言者たちの未来予告である」[8]。ウェーバーはさらに、ユダヤ教が日常生活の倫理を発展させたことを強調し、その倫理は「高度に合理的で、どのような魔力からも、救いを求めるどのような非理性的欲求からも自由である」と言っている[9]。

キリスト教信仰の非合理的な性格――キリストの死によって現世を超えた救いの概念が生まれたこと――にもかかわらず、ユダヤ教から受け継がれた合理的な倫理規範が、キリスト教の中に新しい形で永続することになった。それはまず、カトリックの修道生活における合理的な禁欲主義という形で、次にプロテスタントの宗教改革を通して、聖域を越え出た世俗内禁欲〔俗世における禁欲的生活〕という形で現われた。宗教改革によって修道院の合理的禁欲主義が俗世に移され、それが労働生活に生かされるようになったのである。

資本主義の誕生を説明するためにウェーバーが持ち出した論拠は、カルヴァン派の影響を受けたピューリタン〔十六世紀後半以降、イギリス国教会に反対し、徹底した宗教改革を主張したプロテスタント諸教派の総称。清教徒〕の合理的、禁欲的な倫理観と、西洋の資本家たちに見られる企業家精神との「選択的親和性」〔著しく結びつきやすい傾向〕である。企業活動の手段として富を蓄積する資本家の節約志向は、きわめて合理的に思われるが、実は本質的な非合理性に基づいている。「この世で果たすべき最大の義務は、絶えず休みなく禁欲的、合理的に働くことだ」と信じている不合理さである。社会学者のジャン＝ポール・ヴィレームが言うように、「ウェーバーが関心を抱いていたのは、経済行動の驚くべき合理化の基礎となったこの非合理的要素が、どこから生まれたかという問題である(10)」。

第一期宗教改革において、プロテスタンティズムが果たした決定的役割は、キリスト教徒としての理想を、聖域から俗世に引きずり出したことである。修道院で行なわれるような観想生活を理想としていたそれまでとは異なり、新教徒たちは自分の仕事を天職と捉えて、世俗の職業生活に理想を求めるようになったのである。

第二期には、カルヴァン主義の流れをくむピューリタニズム〔聖書が示す神との契約に基づいて、新たな社会の実現をめざす清教徒の思想〕によって、天職の理念がさらに追求され、職業的成功は神から選ばれた証拠だ、と考えられるようになった。カルヴァンが唱えていた予定説によると、個人の救済は永遠の昔に定められている。救われるかどうかはひとえに神の意志にかかっており、人間の行動がそれに関与する余地はない。選ばれた者と見放された者を知っているのは神だけなので、信者がなすべき務めは、ただ神の選びを信じ、あたかも選ばれた者であるかのように生きることである。この世での成功は、自分に対する神の恩寵の証、つまり神に選ばれた証と捉えることができる。それゆえ、職業へのたゆまぬ禁欲的投資は、信徒にとって敬虔な生活を送る最良の方法であり、仕事の成功を通じて神に選ばれたという確証を得る方法でもある。

プロテスタント信徒のエートス〔行為性向、心的態度のこと〕と、資本家・企業家のエートスを結びつける絆は、したがって、この職業—天職—神の選びという三要素の深い繋がりにあったことがわかる。さらにそれに他の要素が加わって、この好循環を強化したのである。謹厳な清教徒たちが人々に抱かせる信頼感（商取引に有利に働く信頼感）がそれであり、特に影響が大きいのは、彼らの高潔な禁欲志向である。克己心の強い彼らは、こつこつと働くだけでなく、獲得した富を投資に回そうとする。稼いだお金を使って生活を楽しむよりは、それを再び資本に変えようとするのである。これらの要素の一つ一つが、資本主義がなぜ宗教改革後の西洋社会に誕生したか、を理解する鍵となっている。

ウェーバーはさらに、発達した資本主義には、この精神的理想が要らなくなると指摘している。ひとたび力学的基盤が作られると、資本主義は世俗的に拡大し続け、「倫理的、宗教的意味を喪失した富の追求は、純粋に世俗的な情熱と結びつく傾向が強く、そのため多くの場合、スポーツのような性格を帯びるようになる(11)」。

ウェーバーのこの理論には、多くの人が詳しい説明と修正を加えた。特に批判の対象となったのは、ウェーバーがカトリックの修道院の役割を過小評価している点である。資本主義の萌芽は宗教改革以前に見られ、修道院制度がその誕生に果たした役割は大きい、というのである。それでもウェーバーが不朽の業績を残したことに変わりはない。彼は合理化過程に着眼し、ユダヤ・キリスト教と近代性の密接な結びつきを、説得力をもって明らかにしたのである。

ニーチェが心理的側面に光を当て、自分自身との関係（良心の誠実さ）を重視したのに対して、ウェーバーは社会との関係に特に関心を寄せた。ニーチェはキリスト教の神の非神話化を行なったが、ウェーバーは世界の脱魔術化を唱えた。正直なところ、二人の分析はともに有効かつ相互補完的だと思われる。非神話化も脱魔術化も、実際に起こった現象である。ユダヤ・キリスト教の内発的発展の長い過程で生じたこの現象は、母胎となった宗教を離れ、それに敵対するようになったのである。

理性と信仰の調和と対立

理性がどのようにして西洋で独自の発達を遂げたかを理解するためには、前記の対極的な二つの説明に加えて、もう一つ別の宗教的決定要因を明らかにしておく必要があるだろう。それはユダヤ教とキリスト教が、神の啓示をどう捉えたかという問題と深く関わっている。

ユダヤ教徒にとってもキリスト教徒にとっても、聖書は神の手によって書かれたものではない。神の霊感を受けた人間たちによって書かれたものである。トマス派のスコラ哲学流にいえば、神から霊感を与えられた人間は、それを自分なりの理解の仕方で受け止めることしかできない。「知覚されるすべてのものは、知覚する人の流儀に従って知覚される」。それは聖書が完全完璧であるとは限らないという意味であり、常により正しい解釈と、より豊かな理解が求められているということである。ユダヤ教初期の預言者たちのメッセージも、次の時代のタルムードの解釈・解読の努力も、その要求に応えたものにほかならない。キリスト教の神学者たちも同様に、早くも一世紀からこの努力を続けていくことになる。

しかし、こうした解釈の追究には激しい抵抗がつきものであり、それ自身の限界もある。さまざまな不遇――バビロン捕囚、ローマ軍の侵攻、エルサレム神殿の崩壊、ディアスポラ（民族離散）――に見舞われたユダヤ民族は、失望感が増すにつれ内向的な傾向を示し、彼らの最も貴重な財産である『トーラー』（旧約聖書の最初の五書）への執着を強めていく。一字一句が神の啓示であるとして、この書に特別な地位を与えることになったのである。

そこから頭をもたげてきたのが、すでにイエスが批判していた原理主義的解釈（トーラーの解読において文字通りの意味を守り通そうする傾向、特にサドカイ派に見られた）の誘惑である。一方、その誘惑を斥ける律法博士も現われ、聖書の解釈の多様性とその理由を明らかにしようとした。古代ヘブライ語は母音字がなく、子音字のみで表記されていたため（同じ子音字から成る語根から、意味の異なる複数の単語が派生し得たということである）、言葉が多義化、曖昧化し、したがって解釈の多様化が進んだのである。キリスト教も同様であった。宗教改革が起こるまで、宗教界の高位者たちは、自分たちが聖書解釈の独占権を有していると考えていた。それによって学者たちの自由は制限されていたが、それでも正しい解釈の追究は、キリスト教の長い歴史を通じて変わることなく続けられてきた。

それればかりではない。まさに福音書の教えが、聖書の字句の奥にある深い意味を読み取るよう促しているのである。前に述べたように、聖書を霊的に理解しようとせず字義通りに読む人々を、イエスは批判している。だが、イエスのいう霊的解釈には、信徒個人の努力が求められる。書かれた言葉の裏にある神の意図を理解しようとすれば、自分の理性を働かさざるを得ないからである。それについてイエスは、さらに次のように言っている。キリスト教思想史において、きわめて重要な意味を持つ言葉である。「わたしにはまだ、あなた方に言うべきことがたくさんあるが、今のあなた方には背負う（理解する）ことができない。しかし、真理の霊が来る時には、それがあなた方を導き、真理をことごとく悟らせるだろう」（ヨハネ一六章一二―一三）。

これによって、イエスがなぜ、自分の言葉を書き残さなかったかが見えてくる。イエス自身の書き物があったら、原理主義の肥やしになっていただろう。イエスはその誘惑に陥らせないよう、いかなる聖句も限定的ではないことを示そうとしたのではないか。どれほど普遍的であるといわれる聖典でも、時代の制約のような何らかの縛りを受けているからである。それゆえ、イエスはすべてを語りきることはせず、対話の相手がほぼ理解できるところで話をやめている。教えを大理石に刻みつけるよりも、将来の展望を見せることを意図したイエスは、神の霊が時代とともに新しい視野を開かせ、信じる者たちをより広い知識、より深い理解に至らせるだろうと告げている。

それはつまり、新約聖書の聖句そのものが、進歩の可能性を持っているということである。「神の啓示は終わっていない」、「すべてが決まったわけではない」と明言している聖句は、信徒が聖霊の助けによって、常により深い真理を探し求めるよう促している。キリストの弟子たちはそのためにこそ、何世紀にも亘って、神学的探究という途方もない作業に打ち込んできたのである。そして、ここが最も肝要な点なのだが、その作業は理性を拠り所にしていた。信仰に奉仕する理性であることは確かだとしても、常に合理性を求める理性は、正しい解釈のたゆまぬ努力、聖句の間に見られる矛盾を解決する試み、そして何よりも聖句に秘められた可能性の徹底的追求を通して、絶えず発達し、研ぎ澄まされていく。

初期の神学者たち――先頭を切ったのは第四福音書の作者――はそれゆえ、新約聖書を掘り下げ、理にかなった明確な裏付けをするために、ギリシャ哲学からインスピレーションを得ていた（理性の進歩という概念を作り上げたのはギリシャ人である）。すでに二世紀から、アレクサンドリア――まぎれもなく古代世界の知的中心地――で活躍した教父たちは、理性を称揚し続けていた。生まれたばかりの神学を示すために、「キリストの哲学」という表現を考え出したのも彼らである。ギリシャ人の理性とキリストの言葉の橋渡しをしたアレクサンドリアのクレメンス（一五〇―二二〇）は、次のように言明している。「一般的に言って、人生に必要かつ有益なすべてが神から来たものだとすれば、まして哲学はなおさらである。ギリシャ人にふさわしい「契約の証」として神から与えられた哲学は、キリストの哲学への踏み台である(12)」。

律法の解釈は何よりもまず、過去は未来より優れているという信念――これは古来の「伝統的な」考え方であったが、近代世界への反動として伝統を重んじる立場が主張されるようになってから、「伝統主義的」といわれるようになった――に基づいていた。これに対し神学的解釈は、未来は過去より優れているという、逆の確信の上に成り立っている。「真理をことごとく」悟る時は、来たるべき未来にあるからである。少し前に取り上げた進歩の概念が、ここでは違う角度から捉えられている。信仰理解における進歩とは、キリストの約束の実現にほかならなかったのである。そして初期のキリスト教徒たちは、キリストの約束は理性の行使なしには実現され得ない、と考えていた。西洋においては十五世紀もの間、信仰と理性という両輪のバランスが、思想の全歴史を発展させる原動力となっていたのだ。

この両輪がばらばらになり――まだぶつかり合ってはいなかった――、理性が宗教から飛び立っていくのは、デカルトが現われてからである。しかし、十七世紀に自由を得て近代科学を生み出した理性は、過去の痕跡をとどめない純粋無垢な理性ではなかった。キリスト教神学とトマス・アクィナスによる総合的哲学体系よって研ぎ澄まされ、磨き抜かれた理性である。トマス・アクィナスが神の啓示をより深く理解するため、アリストテレス哲学の基礎概念（十のカテゴリー）を取り入れ、キリスト教思想との統合を図ったのは、十三世紀のことである。トマス・アクィナスから彼の跡を継ぐスコラ学者たちを経て、デカルトに至る思想の系譜は、哲学史家によって明らかにされているが、哲学概念を表わす用語からも、その繋がりを辿ることができる。後期のスコラ学者の中で特に影響力が大きかったのは、スペインのフランシスコ・スアレスである。スコラ哲学を学んだデカルトは、スアレスの言説を拠り所として「第一哲学」、すなわちアリストテレス哲学に基づく「形而上学」（存在を存在一般として問題にし、その根本的原理、究極的存在を解明しようとする学問）を批判している。

近代科学を築いた偉大な学者たち――コペルニクス、ティコ・ブラーエ、ケプラー、ガリレイ、ニュートン――についていえば、教会との不一致や衝突があったとはいえ、彼らは良きキリスト教徒だと自負していた。彼らが理性を用いて解明しようとした自然の法則は、神が定めた法則以外の何ものでもなかった。たとえばニュートンは、「今日では、地球をはじめとする惑星の運行は、単独で存在する自然的原因から生じたものだとは考えにくい。ある知的な主体によって、惑星がそのように運行するよう定められたのである」[13]と確言している。

要するに、彼らにとって、信仰と理性は少しも矛盾するものではなかったのである。知性を働かせて、キリストの受肉や三位一体の奥義を明文化しようとする――トマス・アクィナスの文章を読むと、神学がどれほど論理的思考力、推論能力を必要とするかがよくわかる――代わりに、この時代の科学者たちは、同じ能力を駆使して自然の法則を見出そうとしたのである。対象とする問題は違っても、必要とされる才知の鋭さは同じである。彼らの知性は成熟していただけでなく、若い好奇心に満ち溢れていた。近代最初の大科学者にとって、被造世界は読み解かれるべき一冊の書物であった。科学に先立ってまず科学への欲求があり、この欲求はキリスト教世界と無縁であるどころか、なじみ深いものだったのである。

そして、ここにまた微妙なパラドックスが生じた。科学的研究が教会の教えと矛盾する結論に至ったとき、ローマ・カトリック教会は、科学の探求を妨げるようになったのである。教会が科学の探求それ自体を非難したことは一度もない。神とその創造の神秘をより深く知るための研究計画の中に、科学的研究も組み入れられていたからである。その典型的な例がガリレイ裁判である。ガリレイは、天体力学がどのように働いているかを理解しようとして、有罪判決を受けたのではない。天体観測を禁じられたわけでもなかった。聖職者のニコラウス・コペルニクスに続いて、教会の権威によって守られてきた決定事項を、根底から覆すような結論を引き出した〔コペルニクスの地動説を支持した〕ことで、断罪されたのである。旧約聖書の天地創造論、および古代の哲学者たち、とりわけプトレマイオスとアリストテレスの絶対的権威によって、教会が正しいとしてきた天動説が、否定される結果になったからである。

問題をかくも不透明にしたのは、カトリック教会の内部に生じたこの矛盾である。一方では、キリストの教えの名において理性の進歩を優遇し、もう一方では、権威ある伝統と教義の名において理性の進歩に制限を設け、キリストの教えと食い違うような教義を作り出した。それゆえ、デカルトが早くから気づいていたように、理性ができる限りの発達を遂げ、人間と世界の真理を究めるためには、理性の秩序と信仰の秩序を分けるしかなく、また権威に訴える独断論をすべて却下するしかなかったのである。

余談になるが、ここでイスラム教について簡単に述べておこう。トマス・アクィナスがアリストテレスを発掘したのは、イスラムの思想家たちによる翻訳を介してである。それは彼らが、古代ギリシャの合理的な思想を拒絶しなかったどころか、積極的に吸収した事実を物語っている。七世紀中葉、エジプトやシリアを征服したイスラム教徒は、アレクサンドリア学派やシリア正教の修道院が誇る、知の宝庫を発見することになった。そこでは、ギリシャの古典作家たちの作品が盛んに読まれ、詳しく解説されていた。

彼らは当初、イスラム文化の優越性を示すためにそれらを読み解き、翻訳していたが、八世紀の中頃、アッバース朝がバグダッドに首都を建設して以降、知の探究が熱狂的に行なわれるようになった。その推進力となったのはカリフたち〔預言者ムハンマドの後継者で、イスラム国家の指導者、最高権威者〕で、アラビア語への翻訳を奨励しただけでなく、手書きの訳本を非常な高値で取引させていた。西洋全体が文化的不毛に陥っていた時代に、カリフたちは国籍、宗教を問わず、あらゆる学者を宮殿に招き入れていたのである。そして彼らが意図したように、バグダッドは――その後間もなくしてコルドバは――学問の中心地として栄えることになった。哲学、天文学、占星学、数学、博物学、植物学の幅広い分野で、ユダヤ教徒とキリスト教徒とイスラム教徒が意見を交わし、論戦をくり広げていた。

神学と合理性を融合したムータジラ派が発展したのは、この時期である。正統派の教義が、永遠なる神の言葉であるコーランの非創作性を強調しているのに対して、ムータジラ派は、コーランが創作されたものだと主張している。また、コーランの根底にあるアル・カドル（運命、宿命）の概念に反して、個人の自由意志を前面に出している。八二七年から八四八年まで、アッバース朝が保護する公認の宗派となったムータジラ派であるが、その後イスラム教最大の宗派であるスンニ派に押しのけられて、十一世紀半ばに消滅するまで、シーア派のブワイフ朝で生き長らえた。

この頃から、イスラム教はしだいに自分の殻に閉じこもるようになる。スペインや十字軍の通り道で、イスラム教徒が受けたたび重なる軍隊の襲撃は、正統派信仰の再燃と勢力拡大をもたらし、それが宗教の合理的解釈の排除に繋がったのである。それ以降、イスラム教は堅い守りに入り、それが原理主義や厳格主義を生み出す結果となった。イスラム世界がゆっくりと衰退し始めるのはそれからである。レジス・ドゥブレの表現を借りていえば、イスラム世界は中世に入る前にルネサンス、つまり文明の最盛期を迎えていたのだ。今日、西洋で暮らすか、西洋思想の影響を受けたイスラム思想家たちは、かつてイスラム文化の黄金時代にきわだっていた合理的な批判精神を、再び活性化させ、異文化理解の情熱を取り戻す道を模索している。

現代ヨーロッパの「キリスト教的ルーツ」という問題

これまで述べてきたすべてのことから、キリスト教なくして今日のヨーロッパ、ひいては西洋世界はあり得なかった、と断言することができる。それは、これ以上述べる必要がないほど明らかである。福音書のメッセージとキリスト教神学が西洋に及ぼした影響は、それほど決定的であり、その感化力は長い歴史を通じて、個人と理性の宗教的権威からの解放を可能にした近代化の第二期まで、変わることなく続いた。それは否定できない事実だが、同時にまた厄介な論題であることも確かである。フランスでは、反教権的感情〔教皇や教会の権力に対する反発感情〕が今も根強く残っているし、知識人の間でこの問題が、ほとんどタブーになっていた時期もあったからである。

しかし、一九八五年に出版されたマルセル・ゴーシェの主著『世界の脱魔術化』が、その壁を打ち破ることになった。歴史家にして哲学者、雑誌『ル・デバ〔討論〕』の主筆でもあるゴーシェは、この書の中で、近代の到来後に起こった見事な転回を浮き彫りにしている。近代化の重要な要素を生み出す母胎となったのはキリスト教であるのに、近代人は自らの母胎を排斥した。この方向転換によって、キリスト教がいかに「宗教から抜け出た宗教[14]」であったかが、歴史を通して証明されたのである。

最近ではリュック・フェリーが、哲学史の入門書でキリスト教に長い一章を割き、そこで忌憚のない考えを述べている。「それまでなかった人格という概念と、斬新な愛の思想に立脚することで、キリスト教は思想史に比類なき大きな足跡を残すことになった。その重要性を理解しないことは、我々が今日生きている知的、道徳的世界を理解しようとしないのと同じである。一つだけ例を挙げれば、個人と人格の尊重というキリスト教の価値観がなければ、我々が今日強いこだわりを持っている人権という考え方も、日の目を見ることはなかっただろう。それはまったく疑いの余地がないことだ⑮」。

その影響範囲は、思想史を大きく超えて広がった。ローマ帝国の残骸を足場としたヨーロッパ・アイデンティティの構築は、キリスト教社会の建設を通して、長い時代をかけて行なわれたのである。中世末期には、キリスト教の大学と修道院が広大なクモの巣を張り巡らし、スペインからスカンジナビアの国々、イギリスからウクライナに至る地域に、共通のラテン語で共通の学識を伝えていた。芸術上のシンボルも規範も、至る所で同一であり、すべてがキリスト教国であることを表わしていた。キリスト教がアメリカを生み出したように、キリスト教がヨーロッパを生み出したのである。アメリカ人なら誰も、これに異論は唱えないだろう！

しかしながら、ここで明確にしておかなければならない点が二つある。その一つは、ヨーロッパの「ルーツ」が、厳密にいえばキリスト教にはないということである。それは古代のギリシャ、ユダヤ、ローマ、ケルト……にあり、さらに遠くエジプト、メソポタミア、ペルシャにまで遡る。その系図を辿っていけば、必然的に太古の昔に行き着いて、ルーツも見失われる。確かなことは、これら古代文明の遺産を取り込むことによって、キリスト教がヨーロッパの母胎になったことである。ユダヤ教の信仰、ギリシャの理性、ローマの法律、ケルト諸族とゲルマン諸族の神話や古代宗教の祭礼……を吸収しながら、それらを自らの構成要素とし、新しい統合体となった母胎である。

欧州憲法条約前文の起草に際して、キリスト教をめぐって激しい議論が交わされたこと〔EU憲法前文において、神とキリスト教について言及すべきかどうか意見が分かれたが、フランス、ベルギー、スペインの反対によって、それには一切触れないことになり、ヨーロッパの宗教的遺産という表現に留められた〕に鑑みると、「ヨーロッパのキリスト教的ルーツ」について語ることが、果たして正しいのかどうか疑問である。適切な表現ではない上に、源流となった古代の遺産を否定しているように思わせてしまう。

それならば、ヨーロッパ・アイデンティティの構築にキリスト教が果たした決定的な役割、という方が妥当かもしれない。だが、それもまた微妙にずれている。キリスト教が近代世界の誕生にならなくてはならない存在だったとしても、今日では自分が完全にヨーロッパ人だと感じるために、キリストの教えを知っている必要はないし、それに賛同する必要もないからである。ヨーロッパはその母胎からすっかり解き放たれたのである。次章で述べるように、ヨーロッパはキリスト教の文化的痕跡を数多く留めているとはいえ、今日の社会的絆や市民権を支えているのは、もはやキリスト教信仰ではなく、理性であり世俗の権利である。それは明白な事実だ。

もう一つの明白な事実も、闇に葬るわけにはいかない。それは我々ヨーロッパ人が皆、宗教的信条の如何を問わず——ユダヤ教徒、キリスト教徒、イスラム教徒、仏教徒、無神論者、不可知論者のいずれも——キリスト教ヨーロッパの後継者であるということである。

しかし、この歴史的現実をどうしても認められない人々がいるのはなぜだろうか。厳然たる事実があり、これほど多くの大学人や知識人たちが、ニーチェのようなキリスト教の敵対者でさえ、それを明らかにしてきたにもかかわらず、この問題がかくも扱いにくく、論争の的となっているのはなぜだろうか。それは単純な理由で、カトリック教会の表面的判断による拒絶と、その勢力圏の狭まりに起因していると思う。「キリスト教＝個人を抑圧する教会制度」が、理性に反することを行ない、近代の価値観を拒絶したためである。この問題については、次に詳しく述べることにしよう。

カトリック教会と近代的価値観の衝突

ローマ・カトリック教会は、「キリストの花嫁」としての晴れやかな姿を見せるどころか、何世代にもわたって煙幕を張り、キリスト教の真の姿を隠し通してきた。そのことがいまだに、現代の人々のキリスト教理解を妨げており、近代性はキリスト教と対立するものではなく、その多くがキリスト教から生じたという事実を、ただ認めることさえ難しくしている。カトリック教会の保護下にあった個人と社会を解放するため、近代人は教会と激しく戦ってきた。そして教会もまた、近代化に全力で抵抗してきた。それによってこの根深い対立が、我々西洋人が抱える難題となったのである。

近代思想の弾圧

自らの権力が及ぶ範囲で、これ以上は譲れない限界線だと思っていた所から、じかに狙い撃ちされたカトリック教会は、あらん限りの力を尽くして「近代思想」を否定し、弾圧を試みた。それは早くも反宗教改革期（十六世紀）に始まり、十九世紀に激しさを増した。教会にとっては、近代思想がキリスト教の感化を受けてきたか否かは、大きな問題ではなかった。だんだんに縮小し、やがてはバチカン市国だけになった教皇領に象徴されるように、教会はそこに、自らの地上支配の終焉を見たのである。

確かに、カトリック教徒がとりわけフランス革命に際して大量虐殺の犠牲になったこと、その後、聖職者たちが容赦なく修道院から追放されたことは、教会が憤激して当然であった。しかし、教会にとって生死に関わる重要な問題は、力関係の完全な逆転にあった。コンスタンティヌス帝の時代から世俗権力より上位にあった教会権力が、決定的に失われようとしていたのだ。政教分離と民主的な共和国の誕生は、教会が前向きに、ということは宗教的、霊的に、己の役割を再検討するよい契機になっていたかも知れない。ところが実際はそうならなかった。

プロテスタント宗教改革によって、すでに根底から揺るがされていたローマ教会は、それと同じ頃、「反宗教改革（対抗宗教改革）」と呼ばれる改革運動に乗り出した。トリエント公会議（一五四五—一五六三）によって打ち出された、カトリック教会内の刷新運動である。聖職者の乱れた風紀を正す必要性が叫ばれるとともに、新しい修道会の創設をはじめとして、霊的復興の動きが活発に見られたが、反宗教改革で何より大きかったのは、カトリック教会が内向きの防御態勢に入ったことである。それは教義の硬直化、プロテスタンティズムと人間中心主義の徹底的排除、という形で表われた。トリエント公会議は、参加した司祭たちの「すべての異端者にアナテマ（破門制裁）を！」というシュプレヒコールで閉幕した。ルネサンス期からくり返されてきたカトリック教会への攻撃は結局、エミール・プーラの的を射た表現を借りれば、教会の非妥協的態度を硬化させただけであった。

この頑固な防御の姿勢は、ピウス九世が長く教皇の座に就いていた十九世紀中葉に、最も顕著に示されることになる。ピウス九世が公布した数多くの文書を読むと、自説に偏執する傾向が強いことがよくわかる。この傾向は、保守的なカトリック教徒たちにも見られるようになり、彼らは教皇と同じように、ローマ教会が世界的陰謀の的になっている、と信じ込んでいた。陰謀を企てているのは社会主義者、フリーメイソン団員、共産主義者、自由思想家、哲学者たちであり、しかもリベラルなカトリック教徒たちが、悪魔にそそのかされて共犯者になった！というのだ。

ピウス九世は回勅（教皇が全教会の司教または信者に宛てて、教会全体の重要問題について書き送るラテン語の手紙）「クィ・プルリブス（「どれほど多くの」）——宗教に関する無差別主義について——」（一八四六年十一月九日に発布）の中で、次のように述べている。「尊敬する兄弟の皆さん、この嘆かわしい時代を生きるあなた方の中で、かくも恐ろしく激烈なこの戦いを知らない人はいないでしょう。カトリック信仰が築き上げたものに反発して、この戦いを仕掛けてきたあの連中は、皆で結託して邪悪なことを企んでいるのです。彼らは正統的な教義に耐えられず、真理に耳をふさぎ、暗黒の世界に葬られていた最も忌まわしく残酷な考えを、何の恐れもなく掘り出してくる人たちです。彼らはそれを、まず必死になって溜め込み、次に得意げにひけらかし、それから宣伝効果を悪用して、すべての人に行き渡らせるのです」。

第一バチカン公会議の招集（場所の選定がなんとも象徴的だ）、および教皇不可謬説の宣言（一八七〇）をもって、教皇職を終えたピウス九世であったが、その数年前の一八六四年に彼が公布した文書には、あまりにも独善的、教条主義的な内容が盛り込まれていた。そのため、教会から去って行くか、ローマと距離を置くようになったカトリック知識人が少なくなかった。それが、「シラブス」の名で知られる「近代主義者の誤謬表」である。それまでの回勅を総合した内容が、碑文のような簡潔な文体でまとめられているが、そこには良心と信教の自由、人権、表現の自由、民法上の結婚（教会ではなく市役所で行なわれる結婚式）、政教分離、哲学、無神論、プロテスタンティズム、社会主義、その他諸々が一緒くたに糾弾されている。教皇は反対論を進めたうえ、その結論として、カトリック教会の外に救いはないということ、教会は世俗権と世俗的所有物を有するべきであり、また武力を行使すべきだということを断言した。この回勅の内容全体を要約した最終条項では、「ローマ教皇は進歩、自由主義、近代文明と和解し、妥協することができるし、そうしなければならない」という命題を非とし、厳しく断罪している（第八〇条）。

カトリック教会の硬直化を示すもう一つの徴候は――今日では滑稽に感じるが――、禁書となった（つまり断罪された）書物と作家が、増大し続けたことである。禁書目録には、異端とされたおびただしい数の神学者に加えて、コペルニクスやガリレイのような大科学者たち、スピノザからサルトルとシモーヌ・ド・ボーヴォワールに至る、近現代のほぼすべての哲学者の名が連ねられた。たとえばデカルト、パスカル、ホッブズ、ロック、ヴォルテール、ルソー、モンテスキュー、フロイト、カント（純粋理性批判が非難されているとは！）……までリストアップされている。それに、ピウス九世が「近代思想というペスト」を蔓延させるとした作家たちも、忘れるわけにはいかない。その中にはユゴー、デュマ、ゾラ、ラマルティーヌ、バルザック、フロベール、ルナン、ジッド、カザンザキスのように、政治参加したカトリック教徒も含まれている。

多少とも精神の自由を保ちたいと願う作家であれば、この途方もないリストに名を挙げられないことの方を憂うべきだろう。ヨーロッパが生んだ深遠な思想家や才能豊かな作家たちが、ここにほぼ全員集められている。それなのに、二十世紀最大の犯罪者である二人、ヒトラーとスターリンの名が載っていないのはどうしてか。ローマ教会から見ると、『ボヴァリー夫人』の方が、『我が闘争』よりはるかに秩序を破壊するものらしい。

第二バチカン公会議の劇的な方向転換

禁書目録の作成を忍耐強く続けてきたカトリック教会は、一九六六年になって、ようやくその作業を断念することになった。前の年に第二バチカン公会議が閉幕し、教会はキリスト教社会が終わったことを認めるようになっていた。この公会議の開催は、一九五八年にピウス十二世の後を継いだヨハネ二十三世が指示したものである。ピウス十二世は時流に逆行する反動的な教皇で、ナチスのユダヤ人大虐殺については終始口を閉ざしていたのに、労働司祭運動（昼間一般人と共に労働し、社会に溶け込もうとする司祭たちの動きが拡大していた）をはじめとするさまざまな「時代の誤謬」に対しては、回勅「フマニ・ジェネリス〔「人類の」〕――進化論およびその他の誤謬について――」（一九五〇）で熱心に批判をくり広げている。彼とは対照的だった新教皇は、カトリック教会がもはやかたくなに己を守ることは不可能だと自覚し、現代世界における教会の立場を一から考え直すために、この公会議を招集したのである。

このヨハネ二十三世の遺志を継ぎ、パウロ六世が実施した第二バチカン公会議は、一九六二年に開会し、一九六五年に閉会した。カトリック教会の歴史に大きな転機をもたらした公会議であり、それゆえ会議を主導した何人かの人は、そこにトリエント公会議で露わになった独善的論理からの脱却だけでなく、コンスタンティヌス帝が築いた時代の終焉を見て取ったのである。

実際、カトリック教会は四世紀以来はじめて、自らの霊的使命を明確にし、教会と国家の分離を認識し、人権を認め、信教の自由を許した。「現代世界の諸々の誤謬」をひとくくりにして断罪することはやめ、建設的、批判的な識別力の必要性を説いている。教会が最も大きな前進を見せたのは、良心の自由に関する考え方においてである。「バチカン公会議は、人間が信教の自由を享受する権利を有することを宣言する。この自由とは、すべての人間が個人からも社会集団からも、またどのような人間の力によっても、いっさいの拘束を受けないということであり、したがって宗教においても、誰一人として自分の良心に反して行動するよう強制されることはなく、正当な範囲内であれば、自分の良心に従って行動するのを妨げられることもない[16]」〔第二バチカン公会議が公布した「信教の自由に関する宣言」より〕。

フランス民法の成立から一世紀半経って、カトリック教会はようやく近代社会の諸原則を認めるに至った。しかしながら、本書の結論部で述べるように、この諸原則はキリストの教えの中心にあったものである。しかしながら、目を見張るばかりのこの変わりようは、教会内部に分派を生むことにもなった。一方、ルフェーブル大司教が創始した分派は、ラテン語ミサが廃止されたこと（最近、ベネディクト十六世が復活させたが）以上に、現代の多元主義、相対主義に対する教会の態度を、使命放棄として批判した。

しかし、現実はそれほど簡単ではない。カトリック教会が劇的な方向転換を行なったことは確かである。自由主義者は今までのように、社会を支配しようとしているという理由で、教会を責めることはできなくなった。信徒たちも聖職者たちも、個人の選択の自由をはじめとする現代の主要な価値観を、積極的に取り込むようになった。しかしながら、教会には相変わらず独断的と思われるところがあり（例えば「解放の神学」の弾劾など）、とりわけ倫理面、規律面で規範遵守の傾向が強く見られる。それは避妊と中絶を非難したパウロ六世の回勅「フマネ・ヴィテ〔「人間の生命」〕――産児制限について――」（一九七五）〔正しくは一九六八年〕から、当代のベネディクト十六世の保守的な発言に至るまで、あまり変わってはいない。この教皇は、既婚男性の司祭叙階や離婚・再婚者の聖体拝領に対して、教会が反対の立場を取ることを改めて表明した。カトリック教会と現代世界の関係は、公会議以降もまだ相当ぎくしゃくしている。

第二バチカン公会議文書を注意して読むとわかるが、カトリック教会は結局のところ、完全な真理の保持者としての権威を放棄したわけではない。先ほど引用した「信教の自由に関する宣言」〔二五五頁参照〕の中でも、参加した司教たちの合意により、次のように教会の立場を明確にしている。「公会議は、神自身が人類に救いの道を知らせたことを宣言する。それは人間が神に仕えることで救いを得、至福に達することができる道である。我々はこの唯一の真の宗教が、使徒継承のカトリック教会の中に存続することを信じる。主イエスはカトリック教会に、この宗教をすべての人に伝える任務を託したのである(17)」。

カトリック教会はもう、非キリスト教徒を地獄に落とすことはやめた。思いやりの面で大きく進歩したのだ。他宗教との対話にも積極的に臨むようになった。以前とは対照的に、今日の教会は「諸宗教に見出される真実かつ神聖なものは、何一つ排斥しない。これらの宗教における行動や生活の仕方、戒律や教義について、敬意を持って真摯に検討していく。それらは教会自身が保持し、提示するものとは多くの点で異なってはいるが、すべての人を照らす真理の光をもたらすことも少なくないからである(18)」。

しかし、公会議の最も重要な文書である「教会に関する教義憲章〔教会憲章〕」に明示されているように、ローマ・カトリック教会は今日もなお、人類がキリストを通して恩恵と完全な救いを得る手段、つまり神と人類の仲介者であると自負している。そして教会のこの役割は、秘儀的に神の意志によって与えられたものであるという。確かにカトリック教会は、善意の人々がみな聖霊に導かれ、救われることを認めている。だが他のいかなる宗教も、東方正教会やプロテスタント教会でさえ、この最終的救いの仲介役を自任することはできないし、真理の正統性を主張することも難しい。新約聖書の使徒書簡でいわれているように、キリストの教会は何よりもまず「神の民」であり、「キリストの花嫁」という神秘的象徴体である。カトリックの組織はそのことをはっきり認めているが、公会議で再確認されたのは、このキリストの教会が、あくまでもカトリック教会のうちに存するということである。「この世界に形成され、組織された共同体としてのこの教会は、聖ペトロの後継者および彼と交わりのある司教たちによって治められた、カトリック教会の中に存在する」[19]。

この信条は二〇〇七年七月十日、教皇庁教理省が発表した文書において再確認され、改めて打ち出された。「これらの分離した諸教会と諸共同体は、さまざまな欠陥を背負っていると思われるものの、決して救いの秘儀における意義と価値がないわけではない。というのもキリストの霊は、それら〔諸教会と諸共同体〕を救いの手段として用いることを拒んでいないからである。この救いの力は、カトリック教会に委ねられた溢れんばかりの恩恵と真理に由来するものである[20]」。

カトリック教会はこのようにして、現代が求める寛容の精神に理解を示すようになった（だから、非カトリック教徒が未来永劫、地獄の業火に焼かれると信じる人はいなくなった）。それと同時に、真理はカトリック教会に委託された、という古来の信条への忠実さを、内外に知らしめようとしている。「私以外は誰も助からない」という排他主義的な救済観から、「私を通じて皆が救われる」という包括主義的な救済観に移行したわけだが、その際にこだわったのが、自らのオリジナリティを守ることだった。それは、カトリック教会の最大の特性ともいうべき「聖ペトロの後継者の無謬性」である。これが歴史上どれだけ問題を引き起こしてきたかは、今まで述べてきた通りである。

問題再検討の難しさ

確かに、カトリック教会はもう異端審問を行なっていない。しかし、教会がそれを制度的に実施したとして、自らを断罪したことも一度もない。私が哲学科の学生だったとき、ある神学者が異端審問を真剣に弁護する発言をした。あの時代の歴史的背景を理解していれば、異端審問というものがよくわかるし、認めることができるというのだ。その後、彼は司教に昇格した。

キリスト教徒が歴史上で犯してきた過ちについて、悔悛の情を行為に示したのは、歴代教皇の中でヨハネ・パウロ二世が初めてだった〔二〇〇〇年三月十二日、ヨハネ・パウロ二世はバチカンのサン・ピエトロ寺院で過去二千年にわたる過ちを認め、懺悔のミサを行なった〕。これは教会にとって大きな一歩である。だが、教会組織そのものが道を誤ったことを認めるには至っていない。教皇は使徒的書簡「紀元二〇〇〇年の到来[21]」の中で、反省すべき点として、「真理への奉仕に際して、何世紀にもわたり、不寛容のみならず暴力の行使まで黙認してきたこと」を挙げている。これが暗に異端審問を指していることは明らかである。

教皇はさらに次のように述べている。「当時の状況を考慮に入れたとしても、教会を醜い姿に変えたあれほど多くの信徒たちの弱さ、愚かさは、教会が深く悔いなければならないことである[22]」。前述の神学者とは違って、ヨハネ・パウロ二世は過ちを状況のせいにはしていない。キリストの教えに照らしてみれば、あのような行為は、歴史的背景を持ち出しても正当化され得ないことを認めた。しかしながら、教皇の見解によれば、責任は教会組織ではなく組織のメンバーたちにある。彼らは五世紀もの間、道に迷っていたのだ。

混迷状態にあった過去をそのまま受け入れることの難しさは、最近問題になったベネディクト十六世の発言がよく物語っている。教皇はラティスボンヌ〔レーゲンスブルクのフランス語名〕大学で演説を行なった際、ビザンチン皇帝マヌエル二世パレオロゴスとペルシャ知識人との議論を取り上げ、イスラム教が信仰を剣によって広めたことを非難したのである。教皇がこの野蛮な宗教と対比させたのは、ユダヤ教の信仰とギリシャ哲学の理性を見事に調和させた模範的キリスト教である。

大変けっこうな話だが、長い歴史の中でカトリック教会は何をしてきたか。無数にあるうちのたった一つを取ってみても、模範とはほど遠いことがわかる。前出の議論が行なわれた一三九一年は、スペインでユダヤ人大虐殺が始まった年である。スペインのユダヤ教徒はおよそ五人に一人が、セビリア、バリャドリッド、ジローナ……で、残忍なポグロム〔ロシア語で破滅を意味し、ユダヤ人に対する集団的迫害行為を指す〕のために命を落とした。それに、教皇の主張とは裏腹に、カトリック教会が暴力を放棄することができたのは、古代ギリシャの理性を上手に取り込んだからでも、創始者が平和的な教えを説いたからでもない。教会組織が何世紀にもわたって——理性的なスコラ神学の黄金時代にも——行使し続けた暴力は、近代の世俗国家が確立した時に、ようやく終息に向かったのである。

それはそれとして、カトリック教会史に残る悪い面ばかりを見るのは、まちがっているだろう。ましてや教会をスケープゴートにし、西洋史のすべての罪過を負わせるのは許されないことである。

カトリック教会は文明の発達と繁栄を促進させた。幾多の慈善活動を行ない、ホスピス（救済院）、孤児院、無料診療所などの施設を無数に設けた。霊的刷新の動きを生じさせ、さまざまな修道会を誕生させたのもカトリック教会であり、それらを通して福音の原則に立ち返る必要性を訴え続けてきた。歴史的なことでは、限られた枠組みの中で、きわめて重要な概念の発達を可能にした。理性、平等、個人、人間の尊厳、普遍性の概念がそうである。それがあったからこそ、ガリレイの断罪や異端審問のような組織の錯乱にもかかわらず、カトリック教会は近代世界の母胎になったのであり、福音の教えを近代の戸口まで届けることができたのだろう。これはちょっとした奇跡だ！

それでもやはり、バチカンの教義や規律に対するかたくなな姿勢は（マスコミを通じて、教会での説教よりはるかに効果的に世に知られることになり）、教会に対する一般人の固定観念が、払拭されない原因となっている。今でも相当多くの人々が――キリスト教徒であろうとなかろうと――、現代世界とキリスト教は対立関係にある、という考えを捨てきれないでいるのだ。

第七章　キリスト教の何が残されたのか

神は住まいを変えた

キリスト教は千年以上にわたって我々の文明の主軸となってきたが、今日の西洋には、この宗教の何が残されているだろうか。三十年ほど前、ヨーロッパのキリスト教は、ほとんど瀕死の状態にあるとまでいわれた。確かに前世紀の百年の間に、宗教の個人化が進み、教会は衰退する一方であった。宗教が公的領域から追いやられ、私的領域に封じ込められていったことが、その背景にある。さまざまな経験的データからも、実際に宗教組織が危機に直面していることが明らかになり、また近代化に付随するように、社会の世俗化、非宗教化が著しく進んだことがわかった。その結果、文化面でも宗教面でも、キリスト教の痕跡を洗い流した「ヨーロッパ・モデル」が、いずれはアメリカに浸透し、それが全世界に広まるだろうと確信されるに至った。

しかしながら今日、この診断は多くの社会学者によって疑問視されている。「いつの時代もそうであったように、世界は今もなお極めて宗教的である」というピーター・バーガーの指摘は、否定できないばかりか、多くの西洋諸国において、主要な宗教活動の低下に減速傾向が見られるようになったからだ。しかもカトリック教会（「ＪＭＪ」〔Journées Mondiales de la Jeunesse の略。ローマ法王を迎えて開催される若者の世界集会、日本語では世界青年の日〕の成功）、プロテスタント教会（福音派の発展）、そして特に正教会（かつての共産主義諸国における信仰の大復活）のそれぞれで、復興に向けた内部刷新が図られている。

そうはいってもキリスト教は、もうかなり前から、西洋諸国における社会的絆の中核ではなくなっている。社会が非宗教化しただけでなく、人々の精神も宗教から離れつつある今日、人生の指針となっていたキリスト教的規範は、若い世代にはなきに等しいのが現状である。

キリスト教の将来はヨーロッパよりアメリカに、いやそれ以上に南アメリカ、アフリカ、アジアにかかっているようである。これらの地域では、キリスト教は今もめざましい発展を遂げている。一九〇〇年には世界人口の約三分の一がキリスト教徒であり、その大半が西洋人だった。二〇〇〇年にもこの比率は変わらず、信徒数（その半数がカトリック教徒）は二十億人を少し上回っている。しかしヨーロッパとアメリカのキリスト教徒は、合わせても全信徒数の四分の一強にしかならない。ドイツは西欧で最も受洗者が多い国であるが、世界ランキングでは、アメリカ、ブラジル、メキシコ、中国、ロシア、フィリピン、さらにインドに次いで、やっと七位である。まさしく、「神は死んだのではなく、住まいを変えただけだ」という、オドン・ヴァレの言葉通りである。

キリスト教の将来がもはやヨーロッパでは保証されないとしたら、我々西洋人にとって、キリスト教とは何だったのだろうか。私は本書で、それがたどった長い歴史をかいつまんで述べてきたが、ここまで来た今、キリスト教の何が残されているだろうか。

この疑問に対してできるだけ正確な答えを見出すために、キリスト教を三つの側面に分けて考えてみたいと思う。第一は宗教、祭祀としてのキリスト教で、少数の信者にしか関わりがないとはいえ、多様な顔を見せている。第二は文化としてのキリスト教で、西洋の歴史、文化、言語、祝祭の大部分に浸透している。第三は「目に見えない」キリスト教で、西洋の近代性と一般道徳の導き手となった価値観のことである。脱宗教化した今日も、近代性と道徳には、その基である母胎の性質が染み込んでいる。この三つの側面について詳述する前に、もう一度強調しておきたいことがある。それは近代世界の主要なベクトル——個人の自律と批判的理性——が、母胎であるキリスト教から解き放たれるや逆方向に働き、今度は西洋人の信仰と宗教的態度に、深い影響を及ぼしたということである。

宗教多元主義と信仰内容の変化

今日のキリスト教会は、何世紀ものあいだ西洋社会に与えていた影響力を失った。教会にはもはや、キリスト教の世界観、慣行、道徳などを押しつける力はない。教会で語られる言葉は数ある中の一つとなり、倫理的、社会的問題について、教会は確かに意見を表明しているが、それはもう唯一無二の声ではなくなった。もっと根本的なことでは、信徒たちの宗教性の尺度となる信仰心、信仰実践、帰属意識、道徳心、教義理解などを、教会が一手に引き受けることはもう不可能になった。宗教心を示すこれらの基準が、かつては大なり小なり一つに結びついていたが、今日ではばらばらになったからだ。たとえば、教会に属さなくても信仰を持つことはできるし、信仰がなくても教会に属したり、教会に通わなくても信仰があったり、さらには信仰がなくても教会に通うことさえできる。

ここ数十年加速し続けてきた宗教の個人化は、どのような制度的対策も無に帰せしめ、個人が自由に選ぶ「私的宗教」のようなものを発展させることになった。それは雑多な要素から成り、一個人の中でも、必要に応じてどうにでも変わる宗教である。現代世界における宗教の選択は、「私的な誓い」や「個人の選択」という言葉で表わされることが多い。この表現は、教会と距離を置いた大半の信徒だけでなく、ローマンカラー〔カトリックの司祭や神学生が身につける白い立ち襟〕を付けたカトリックの神学生も、ヴェールを被った若いイスラム女性もよく口にする。

別の言い方をすれば、人々の宗教意識にコペルニクス的転回があったということである。もはや伝統やしきたりが個人を形成するのではなく、個人が、伝統やしきたりから自分に適したものを選び取り、それ以外のものは捨て去る。私的宗教のこのような構造をきわだたせているのが、宗教上の選択肢を著しく拡大させたグローバル化である。西洋人が自分の町で暮らしながら、禅の瞑想に耽ったり、ユダヤ教のカバラの魔術を行なったり、イスラム教の基礎を学ぶことができる時代になったのだ。

多元主義と懐疑主義

こういった諸宗教の共存に、批判的理性のめざましい発達が加わり、もう一つの新しい潮流が生まれることになった。それは宗教多元主義の受容である。今日、真実の宗教は一つしかないと考えている人は、ヨーロッパでもアメリカでも、せいぜい一〇％にしかならない。欧米人の間では、「多くの宗教に基本的な真理がある」(1)という考えが支配的である。このような多元主義的見方が、諸教会の抵抗もむなしく、信者も含めた世間一般で広く認められている。フランス人のカトリック信者を対象とする最近の調査によると、カトリックを「唯一の正しい宗教」と見なしている人は、わずか七％にすぎない。それに対して五〇％の人が、「あらゆる宗教に真理を見出すことができる」と考えており、三九％の人が「すべての宗教に同等の価値がある」(2)とまで言い切っている。

このように現代の宗教には、懐疑主義の刻印が強く押されている。西洋社会を象徴する宗教的寛容は、この懐疑主義が道を開いたのであり、今日では、哲学・宗教における価値観の多元化は、当然の理として受け止められている。これを見事に言い表わしたのが、哲学者マルセル・コンシュである。「私はすべてを懐疑する人間ではなく、私にとって絶対的なものを絶対化しないだけである。私の中で絶対的なものは、私にとっては価値があるが、他の人にとっても価値があるだろうか。この疑問に答えることは、他の人の代わりに考えることである。しかし誰一人として、他の人の代わりに死ねないように、他の人の代わりに哲学することはできない(3)」。

今日の西洋に見られるキリスト教のもう一つの特徴は、これまでの確信に取って代わった「蓋然主義」(人間は絶対的な真理には到達できないので、蓋然的な命題でよしとする懐疑論の一種)である。

信仰はしだいに大きく揺れ動くようになり、神の存在は確かではなく「確からしい」とされ、祈りの効果は「あるらしい」とされる傾向が強まっている。さらに、エドガール・モランの表現を借りれば、それは「点滅する」信仰でもある。神とその摂理への信仰心は、人生の出来事に応じて、火がついたり消えたりしている。

逆向きの信仰

信仰の内容も根本から変化している。「キリストによる贖罪」「三位一体」「無原罪の御宿り」(神の恵みによって、聖母マリアが原罪なしに生まれてきたこと)などの教義に秘められた意味を、今日ではキリスト教徒の大半が、あまりよく理解していない。あるいはまったく知らない信者たちもいる。伝統的なキリスト教信仰と、東洋の信仰が入り交じり(たとえば「復活」と「転生」の混同が頻繁に見られるようになった)、信仰の内容も各信徒が自分なりに再構成していて、本質的な部分が完全に脱け落ちている場合も少なくない。別の著書で言及したように、神の表象にも三重の変化が見られる(4)。人々が信じているのは、自分の外にある神ではなく自分の中にある神、男性的な裁きの神ではなく優しく女性的な神、そして特に、人格を持つ神ではなく人格を持たない神である。今日、神の代わりに聖なるものという言葉が、天の父の代わりにエネルギー(気)という言葉が、好んで用いられるのはそういう理由による。

一九九九年に全欧州で行なわれた調査によると、人格神への信仰を表明しているのは、信者の三八%にすぎない(5)。もっと最近では、フランス人のカトリック信者を対象に行なわれたアンケートから、神を「活力、エネルギー、精気」と見なす人が七九％にのぼることがわかった。それに対して、「神と個人的な関係を持つことができる」と答えた人は一八％にとどまっている。これらの結果からも、キリスト教の伝統的な神観が失われ、従来のような信仰心が減退したことは明白である。

救いについての考え方も大きく変わった。キリスト教徒は長い間ずっと、神の国における永遠の幸福を何よりも重視し、少なくとも理論上は、それをこの世の幸福より優先させてきた。天国への希望を抱くことで、現世の小さな苦しみにも大きな不幸にも頓着せずに生きられたのだ。礼拝の説教では往々にして、この世の不幸は救いを保証するものとして説かれていた。「天国をあなたのものとするため、この世では大いに苦しみなさい！」と。

この確信を最初に揺るがすことになったのが、宗教改革である。すべてが神により予定されており、人間は神の恩寵によってのみ救われるという原理を、プロテスタントが声高に主張したからである。人間個人は、自らの救いに力を及ぼすことはできない。それは神がなすことである。それでも個人が徳の高い生き方をすれば、またその人が神に選ばれた中の一人であるなら、すぐにでも神の恩寵に与《あずか》ることができる、という考え方である。その後、カトリックの説教師たちの説教からも、天国と地獄についての言及がしだいに減っていった。ここに、プロテスタント思想の影響があったことは明らかである。彼らの説教は、キリスト教徒としての現世の行為、すなわち福音の倫理、神と隣人への愛をいかに実践するかに、焦点が移されたのである。

西洋キリスト教諸国ではこのようにして、宗教がこの世の幸福の追求と結びつけられるようになった。そしてそれが、キリスト教の世界的な発展の重要な鍵の一つとなった。福音宣教において、信仰には具体的なご利益があること、祈りは社会的、物質的成功のような実質的な成果をもたらすことが、前面に押し出されたからである。西洋のキリスト教徒はそれ以降、信仰生活によって心身ともに恵みを受けることを願うようになった。何世紀ものあいだ肉体を戒め、ひいては蔑視してきたキリスト教は、ここへ来て逆方向に向かったのである。従来のキリスト教では、時には異常なまでに厳しい規律が重んじられ、肉体はさまざまな誘惑の場であり、あらゆる罪を犯し得ると見なされていたため、精神による肉体の完全なコントロールが求められたのだ。

確信を取り戻す

こういった宗教の個人化、グローバル化を受けて、一九八〇年代から現われてきたのが、アイデンティティを取り戻そうとする動きである。これはキリスト教に限らず、ユダヤ教やイスラム教にも共通して見られる現象である。ユダヤ教徒であることを示すためのキッパ帽〔男性が聖所でかぶるお椀型の帽子〕と長い髭、イスラム教のシンボルであるヴェールの着用、コシェル〔ユダヤ教の律法に基づいた清浄食品〕やハラール〔イスラムの戒律に則った食べ物〕を供する場所の増加などが、この傾向を顕著に示している。

多くのキリスト教徒は、宗教心をそれほど表に出さないものの、アイデンティティへの欲求を同じくらい強く抱いている。たいていの場合はそれが形を変え、生きる指標や確信を得ようとする欲求となって表われる。結束の強いコミュニティに帰属し、周囲に境界線を設ける信者たちがそうである。そこで「真理」に出会った彼らは、コミュニティの中に身を置くことで、現代世界の宗教的、精神的退廃から逃れることができると考えている。この現象がよく表われている例として、カトリックのカリスマ派、プロテスタントのペンテコステ派の躍進が挙げられる。これらの諸教団は、脅威的な無神論と唯物論の発展や、キリスト教をじわじわと崩壊させる教義的混乱の拡大を食い止めようと、信仰復興の最前線に立って闘っている。

このような状況の中からアメリカで起こったのが、「新生〔ボーン・アゲイン〕」体験者が急増するという現象である。文字どおり生まれ変わった——いうまでもなく霊的に——人々のことだが、原理主義の立場を取るクリスチャン〔主にプロテスタントの福音派〕が多く、ダーウィンの進化論を批判するに至った。フランスでもこの流れを受けて、二〇〇七年にはプロテスタント連盟の新議長が、福音派から選出された。フランスでこの連盟が創設されて以来、初めてのことである。それまでは改革派の信徒たちが、プロテスタントの「正統派」として多数派勢力をなし、連盟の上層部は、この改革派の人たちで占められていたからである。

こういった新保守主義の動きは、明らかに現代世界の世俗化や非宗教化に対する反動である。統計数字一つを取ってみても、欧州におけるキリスト教の衰退がどれだけ広がっているかがわかる。フランスのカトリック聖職者に関する統計によると、一九七〇年から二〇〇四年までの間に、司祭の数は四万五〇五九人から二万二一八五人へと半減し、平均年齢は六十八歳と高齢化が進んでいる。司祭数の減少は今後、世代交代が難しい状況下で、さらに深刻化する見通しである。二〇〇五年に司祭に叙階されたのは、わずか一四二人だったが、それでもここ十年の最多記録である。世界の終わりではないが、確実に一つの世界が終わろうとしている。各教区教会を中心に組織されていた社会、神への信仰という共通のリズムで生活が営まれていた社会が、いま消えようとしている。

信仰上のキリスト教徒の割合

今度はヨーロッパとアメリカにおけるキリスト教の現状を、ごく大ざっぱにではあるが、統計的に分析してみることにしよう。教会への所属、信仰心、実践という、宗教性を示す三大尺度で判断したキリスト教徒の実情である。

教会に所属する

ヨーロッパでは、自分がキリスト教徒であることを言明する人が、しだいに減ってきている。一九八一年には八〇％のヨーロッパ人が、カトリックであれプロテスタントであれ、キリスト教への帰属を表明していた。それが一九九九年には、七〇％にまで減少している[6]。アメリカでは二〇〇三年に、七六％の人がキリスト教への帰属を表明しており、この割合は一九九二年から変わっていない[7]。

フランスで二〇〇七年に行なわれたアンケート調査では、さらに衝撃的な数字が出された。長い歴史を通じて国民のほとんどがカトリックだったこの国で、カトリック教徒だと自称している人はわずか二人に一人であり、三分の一の人が無宗教と答えたのである[8]。この後退現象は、人生の大事な節目における、フランス人の教会との関わり方にも顕著に見られる。一九七五年には、市役所で民法上の結婚式（民事婚）を行なった人の七三％が、その後教会で宗教上の結婚式を挙げていたが、二〇〇四年にこの宗教婚を行なったのは、結婚したカップルの三四％にとどまった。これには同棲や事実婚の増加に伴い、民事婚そのものが激減したことも関係している。三十年前は三八万七四〇〇組が民事婚を行なったが、この年は二七万一六〇〇組だった。

洗礼に関していえば、一九七五年には幼児洗礼がほぼ通例になっていた（八〇％近くの子供に洗礼が施されていた）が、二〇〇四年になると、幼児洗礼を望む両親は四六・五％と半数に満たなくなった。教会と和解するのは死を迎えた時だけである。葬儀の八〇％以上が、今も教会でキリスト教式で行なわれている。死者を弔う儀式は、原始時代からあった人間の基本的な宗教心の表われであり、この宗教行為が近代性の瓦解作用にも抗して、最も生き残っているというのは興味深いことだ。

信仰する

信仰面で世界記録を保持しているのはアメリカである。二〇〇七年に行なわれたギャラップ調査によると、アメリカ人の九四％が神を信じている（八六％が神の存在を確信している）。ヨーロッパでは、二〇〇五年の調査によると[9]、七〇％の人が神を信じていると答えている。これは国によってかなり差があり、最も高いポーランドは九七％、最も低いチェコ共和国は三七％である[10]。

もう一つの基本的信仰の表われである死後の生命観についても、似たような序列が確認されている。二〇〇七年のギャラップ調査によると、トップに立っているのはアメリカで、八九％の人が死後の生命を信じている（そのうち八一％が死後の生命の存在を確信している）。ヨーロッパでは、死後の魂（＝生命）の存続を信じている人は、各国平均で五三％にとどまっている[11]。これもポーランドが首位で八一％、チェコ共和国が最下位で三六％、フランスはむしろ下位層に入り四三％である。だが、キリスト教の中心的教義である復活については、信じられないと答えた人の方がかなり多い。代わりに、転生を信じている人の割合が増え続けている。また、死後の世界はまったく存在しないと思っている人も、増加傾向にある。

実践する

ヨーロッパ人の宗教に対する否定的な姿勢は、特に日曜礼拝の出席者の減少に顕著に表われている。これまでは常に、ミサ（聖体祭儀）にあずかることが信仰生活の中心であったが、今日では、日曜日にミサへ行く習慣はほとんど失われている。フランスでは、カトリック教徒だと自称している人の五二％が、洗礼式、結婚式、葬式以外は、ミサにはまったく通っていない。少なくとも月に一度は教会に行くと答えた人は、一七％たらずである[12]。

欧州全体で見られるこの後退現象について、欧州評議会の議員会議は『国家、宗教、政教分離、人権』[13]と題する、二〇〇七年の報告書で取り上げている。「ヨーロッパでは過去二十年の間に、宗教的実践が目に見えて後退した。週に一度は礼拝に行くという人が、二〇％を割っている。この数字は二十年前の半分以下である」。これに対して、アメリカ人は六三％が教会（あるいはユダヤ教会堂）のメンバーになっており（宗教的実践についてのアメリカの調査の多くに記載されている特記事項）、彼らは小教区への所属感を強く抱いている。アメリカの根強い伝統によって、小教区教会は常に市民の社会化の場であったし、現在もそうである。そこでは子供たち向けのスポーツ講習会、両親のための料理や日曜大工の講習会が催されている。この割合はここ何年か変わっていないものの、十数年前に比べるとやはり下降している。一九九二年にはアメリカ人の七〇％が、何よりも礼拝の場として教会への帰属意識を持っていた[14]。

アメリカの宗教性

さまざまな統計に示されているように、ヨーロッパとアメリカの間には大きな違いがある。これはアメリカという国の歴史に由来しており、神意により特別な恵みを得て建国されたというのが、国民に共通する国家観である。ヨーロッパ人の入植者たち、つまりカトリックの国々で迫害されていた新教徒たちは、神の意志に導かれてこの約束の地に上陸し、「新しいエルサレム」を築いた。モーセがエジプト人による迫害から逃れるために、民を率いてヤーウェが示した約束の地〔カナン〕を目指した時のように、それが神の望みであった、と考えられている。この広大な大陸の植民地化が、イスラエル民族の古代パレスチナへの入植と、しばしば同一視されているのである。

歴史家エリーズ・マリアンストラは著書『アメリカの建国神話』において、初期入植者の時代から合衆国独立までのきわめて教訓的な、膨大な歴史資料の数々を公表している。神の選択と摂理によって生まれ、根本的に宗教的なこの時代の文化は、何世紀をも超えて生き続けてきた。その土台の上に築かれた現代文化には、したがって宗教的特徴が色濃く残っている。このような歴史的背景を考えれば、アメリカ人の二七％が、既成諸宗教の社会的影響力が強まることを望んでいても、驚くには当たらない[15]。そして、ヨーロッパではおよそ考えられないことだが、アメリカ人の五人に一人が、なんと！　神はアメリカの味方であるという確信を抱いているそうだ[16]。

文化上のキリスト教徒

教会への所属、信仰心、信仰実践の間にずれが生じている現状から、「文化上のキリスト教徒」（前述の「信仰上のキリスト教徒」と対比させて私が名づけたもの）と呼ぶべき人々が、しだいに増えていることがわかる。事実、キリスト教の衰退は、二つの異なるグループの拡大という形で現われている。一つは無神論、あるいは無宗教を自称する人々のグループ、もう一つは自分をキリスト教徒だと思っているが、神を信じていないし、教会にも通わない人々のグループである。

確信のある無神論者の割合は、結局ずっと低いままである。アメリカと同じくヨーロッパでも約五％に留まっており、フランスが一四％と最も高い[17]。その代わり、不可知論者や特定の宗教を持たない人々から成る「無宗教者」集団が、ヨーロッパで増大し続けている。ヨーロッパ人の価値観に関するアンケート調査によれば、一九八一年には人口の一五％だったこの集団は、一九九九年に二五％に達している。

もう一つの集団である文化上のキリスト教徒も、同じように数が増え続けている。教会にはほとんど行かないか、特別なセレモニー（洗礼式、葬式、場合によってはクリスマス）の時だけ行く人々である。彼らは神を信じていない、あるいは信じられないでいるが、それでもなお自分はキリスト教徒だと言っている。キリスト教的価値観と信仰の継承に、こだわりを持ち続けている人が多い。自分たちの宗教的ルーツを忘れずにいることが、なにより大切だと考えているのだ。しかし、教会に対しては常に距離を置いており、信仰生活よりも、むしろキリスト教の歴史的側面に興味を抱いている。フランスで二〇〇七年にカトリック教徒を対象に行なわれた調査結果から、これらの非宗教的キリスト教徒の割合を推測することができる。カトリック教徒の二人に一人が、神を信じていないと断言しており、ほぼ同じ比率で、自分は教会に通わない信者だといっている。

キリスト教が染みこんだ文化

文化的遺産としてのキリスト教への帰属意識は、個人がそれを表明しようとしまいと、社会全体に関わる普遍的な問題である。我々はみな、中世ヨーロッパのキリスト教文化を受け継ぐ後継者なのである。世俗化した西欧社会は、しだいに宗教性を失いつつあるとはいえ、キリスト教の足跡が色濃く残る歴史に根を下ろしている。そして千年続いたキリスト教社会〔著者は四世紀ごろからルネサンス期までの西洋を「キリスト教社会」としている〕の基準や規範が、西洋文化全体に今も深く浸透している。そのいくつかの実例を駆け足で見てみることにしよう。

西暦――キリスト教暦

まず第一に、社会生活に不可欠な要素である暦が挙げられる。周知のように、現行の西暦はイエス・キリスト生誕の年を元年としている。歴史上の出来事の年代を決める際にも、各人の日常生活で日付を示す際にも、キリストの降誕が唯一の基準となっている。

だが、昔からずっとこうだったわけではない。キリスト教の歴史を見ても、イエスの時代、またその後の数世紀の間、さまざまな年代推定の方法が採られていたことがわかる。よく用いられていたのが、聖書暦のほか、某皇帝の治世あるいは某総督の統治下といった大ざっぱな年代設定である。したがって、この時代の出来事は、いつ起こったかを正確に把握することはできない。たとえばユリウス・カエサルが誕生した年（紀元前一〇〇年頃）も、聖ヒエロニムスのような名高い教父が死去した年（回顧的データからの推定で四二〇年頃）でさえも、かなり曖昧である。二世紀以降、キリスト教徒はまだきわめて少数派であったが、殉教者を記録する際、当時の一般的な年代表記の隣に、「我らの主イエス・キリストの支配の下」という決まった表現を書き入れるようになった。といってもまだ詳しい説明はなく、何年であったかは不明である。

四世紀に入ってキリスト教が公認され、特権を与えられ、ついにはローマ帝国の国教になると、カトリック教会は市民生活の管理に本格的に関わるようになった。その際に必要とされたのが暦である。教会は、ユリウス・カエサル以来ローマ帝国で使われてきたユリウス暦を踏襲し、三六五日から成る一年を十二カ月に分割し、四年に一度の閏《うるう》日を入れた。それに加えて、一カ月を七日ずつの週に細分したが、これはエルサレムのキリスト教共同体で早くから普及していた、ユダヤ教の伝統に従ったものである。キリスト教を公認したコンスタンティヌス帝は、異教の祭りとの折衷を図りながら、キリスト教の祝祭日を帝国にはじめて取り入れた。太陽をまつる冬至祭の日を、クリスマス（聖誕祭）と定めたのは彼である。また、「太陽の日」であった日曜日は、「主の日」とされた。

キリスト教の歴史を語る上での欠落部分、つまり日付のずれに最初に気づいたのは教皇ヒラルスである。四六五年頃、天文学者かつ数学者だったアキテーヌのヴィクトリウスは、教皇ヒラルスの要請を受け、キリスト教固有の教会暦を作成することになった。ヴィクトリウスは、キリストが復活した年を基準にして復活祭の日付を計算をしたが、彼が創案した復活祭暦表は公表されなかった。次に五二五年頃、教皇ヨハネス一世が修道僧ディオニュシウス・エクシグウス（小ディオニュシウス）に、新しい暦の作成を委託した。今度は「受肉」（神が人の形をとって現われること）を象徴的に表わすため、キリスト降誕の年を基準にして日付の計算が行なわれた。ここではキリスト生誕年が、ローマ建国の七五四年後に設定されている。

キリスト生誕年を紀元元年とするこの暦法（西暦）は、今日ではごく普通に使われているが、西洋で広く認められるまでには長い年月がかかった。当時は君主の即位、後には教皇の就任を紀元とする慣習があり、一一〇〇年から一二〇〇年頃までは、その暦法が支配的だったからである。キリスト生誕年を紀元とする暦法は、ごく一部の教養人が使用していたにすぎない。キリスト降誕から遡って数える（紀元前何年という）年代表記は、さらに一般化が遅れ、十六世紀に登場したルターでさえも、まだ使いこなしていなかった。イエスの誕生前の出来事は、すべてユダヤ暦による年代表記がなされ、キリスト教暦である西暦は、もっぱらイエスの誕生後に起こった出来事に用いられていた。実際、西暦による年代表記が広く普及するのは、ようやく啓蒙時代になってからである。教皇グレゴリウスによる暦の改正の後、西洋で暦の日付にずれが生じたことも特筆に値する。一五八二年に制定されたグレゴリオ暦は、復活祭の日付を、ニカイア公会議で定められた基準（春分後の満月に次ぐ最初の日曜日）に戻すことを目的として、十月四日木曜日の次の日を十月十五日金曜日としたため、この年が一挙に十日も短縮されることになった。グレゴリオ暦への改正は、まずカトリックの国々にしか受け入れられず、プロテスタントの国々に広まったのは一七〇〇年頃、ロシアでは一九一八年、ギリシャでは一九二三年になってからである。

キリスト教の祝祭日

欧米の国々の市民生活において、キリスト教の祝祭日は、一年を区切る大事な節目となっている。その中でも特に、キリストの生涯の主要な出来事である生誕（クリスマス）、死と復活（イースター）、昇天、使徒たちへの聖霊降臨（ペンテコステ）を記念した祝日が重視されている。ニューヨークにいてもパリにいても、十二月二十五日は家族で集まる祝日である。しかしながらほとんどの国で、クリスマスはその明確な宗教的意味を失っている。多くの町や村が競って工夫を凝らし、大通りのイルミネーションやツリーの飾り付けに精を出すクリスマスは、今日ではもうおそらく、イエスの降誕を思い起こす日ではなく、欧米で欠くことのできない行事となった。その証拠に、キリスト教徒でなくても、クリスマスには和やかに会食し、贈り物をし、神聖なもみの木を飾る風習を取り入れる人が増えてきている。

よく考えると、クリスマスは世俗化した祭日の典型ではあるが、その中にキリスト教的なものが深く根を下ろしているのではないか。家族の絆を深め合うこと、近親者に対する愛情表現としてのプレゼント交換、喜びを分かち合おうとする気持ち、そしてこのような日にも一人きりでいる人々への同情心、それらにキリスト教精神が息づいていると思う。

復活祭については、「過越《すぎこし》の子羊」〈ユダヤ教の伝統で、過越祭に子羊を屠って捧げる習慣があり、イエスがその期間中に十字架にかけられたことから、子羊はイエスを指すようになった〉からキリストの受難と復活を想起する人は、確かに減ってきたとはいえ、これも最大の伝統行事として今日まで受け継がれている。復活祭の翌月曜日の完全休業という習慣は、今も欧米諸国で守られており、それにもう一日、聖金曜日〈復活祭前の金曜日〉を休日に加えている国も少なくない。

さらに、カトリックの伝統を残している国々では、八月十五日の聖母マリアの祝日と、十一月一日の諸聖人の大祝日も休日にしている。そして忘れてはならないのが日曜日、信者たちがミサに参列できるようにと設けられた、代表的な休業日である。日曜日の営業が各地で抗争を引き起こしているのは、そのためである。ただしアメリカは例外で、お金という王者が「主の日」の安息に打ち勝った。日曜休業令を出しているいくつかの市町村は別として、アメリカでは大部分の店が、日曜日の営業を自由に行なっている。

福音書の言葉を使う

欧米人でも、キリスト教の祝日の意味を知らない人や、一度も聖書を開いたことがない人は少なくない。自ら進んで礼拝に出たことがない人も時々いる。それでも一つ、確実にいえることがある。それは欧米人がみな「キリスト教徒っぽく話す（福音書の言葉を用いて話す）」こと、つまり無尽蔵の表現の宝庫である福音書の比喩や例えを、会話に用いている点である。いかに月並みな表現だとしても、それらは日常の会話にちりばめられている。いくつか例を挙げてみよう。

この遺産は政教分離の「肩にのしかかる重荷」（マタイ二三章四）なのか、あるいは教会にとっての「両刃《もろは》の剣《つるぎ》」（ヘブル人への手紙四章一二）なのか。「目を開いて」（ヨハネ九章二六）よく見よう。そしてこの遺産を「篩《ふるい》にかけること」（ルカ二二章三一）にしよう。これを捨て去る人々が、後に「カルヴァリオの丘〔長く苦しい試練〕」（マタイ二七章三三、ゴルゴタの丘の別名）とおぼしきものを目の当たりにし、「マグダラのマリアのように〔さめざめと〕泣く」（ルカ七章三八に登場する「涙でイエスの足をぬらす罪の女」が、マグダラのマリアと同一視されていることから）ことになるかもしれない。そうだとしても、我々がなすべきことは「カエサルのものはカエサルに、神のものは神に返す」（マタイ二二章二一、マルコ一二章一七）ことだ。それによって「泣き叫んだり、歯がみをしたりする」（マタイ一三章五〇、ルカ一三章二八）ことがあっても、それは仕方がないことだ。

我々が日常用いているこれらの表現のうち、イエスの言葉からの引用が相当な数にのぼる。イエスは平易な言葉づかいとイメージしやすい隠喩によって、聴衆の心を強くとらえた。かつては信者たちが教会で耳にしていたイエスの言葉が、教会の外でも広く使われるようになった理由は、それらの言葉が持つ音楽的な響きにあるのか、それとも話の内容を見事に集約しているイメージの力にあるのか。イエスが用いた比喩や譬え話の中には、俗世間を題材にしたものが少なくない。それらは一見したところ、宗教的な意味を秘めているとは思えず、ましてや宗教的メッセージを伝える目的で引き合いに出されたとは、とても考えにくい。ところが、実際はそうなのである。

人々はよく、「岩の上に自分の家を建てた」（マタイ七章二四、ルカ六章四八）方がいいとか、「良い種を毒麦から分ける〔善悪を区別する〕」（マタイ一三章三〇）べきだと言う。秘密の情報を「屋根の上で言い広め」（マタイ一〇章二七）たがる厄介な人に憤慨し、何かにつけ批判する人には、「兄弟の目にある塵よりも自分の目の中の梁《はり》を」（マタイ七章三、ルカ六章四一―四二）見なさいと助言する。ポンシオ・ピラトのように、自分たちがしたことの責任を負いたくないとき、人々は「そこから手を洗う〔私はもう手を引く〕」（マタイ二七章二四）〔キリスト受難の際に、ピラトが手を洗って自分には責任がないと言ったことから〕と言う。そして誰もが知っているように、「真珠を豚に投げてやる」（マタイ七章六）べきではないし、「最初に石を投げる〔真っ先に糾弾する〕」こともしてはならない。後者は、姦通した女に石を投げて殺そうとしたファリサイ人たちに対して、「一度も罪を犯したことがない者が、まずこの女に石を投げつけるがよい」（ヨハネ八章七）と言ったイエスの厳命に基づいている。

また、新たな出発をする際にも、福音書には「新しいぶどう酒を古い皮袋に入れる者はいない」（マタイ九章一七、マルコ二章二二、ルカ五章三七）、「誰も二人の主人に兼ね仕えることはできない」（マタイ六章二四、ルカ一六章一三）など、良いアドバイスとなる言葉を見つけることができる。さらに、仲間を集めるリーダーのことを言い表わす時の、「めんどりが翼の下にその雛を集めるように」（マタイ二三章三七、ルカ一三章三四）という、ユーモアのある表現も忘れることはできない。

その他多くのイエスの言葉が、良識を超えていながら、良識を示す名言となっている。「一日の苦労はその日一日で十分である」（マタイ六章三四）、「預言者は自分の郷里では受け入れられない」（マタイ一三章五七）、「にせ預言者を警戒せよ」（マタイ七章一五）、「捜す者は見出す」（マタイ七章八、ルカ一一章九）、「死人を葬ることは、死人に任せておくがよい」（マタイ八章二二）、「心は熱しているが、肉体が弱いのである」（マタイ二六章三六―四一）等々。

明らかに宗教的な内容を持つ表現が、日常使う言葉の中に組み入れられているケースも少なくない。しかも、我々はそれらの言葉を、出どころである聖書のことなど忘れて使っている。たとえば、人々が好んで口にする「山をも動かす信仰」（マタイ一七章二〇、二一章二一）という表現がそうである。ほかにも「招かれる者は多いが、選ばれる者は少ない」（マタイ二二章一四）、「先の者があとになるだろう」（マタイ二〇章一六、マルコ一〇章三一、ルカ一三章三〇）、「その日その時があなた方には分からない」（マタイ二五章一三）といった表現を、日常的に使っている。「信じるためにはこの目で見なければ〔百聞は一見に如かず〕」という言い回しもよく耳にするが、これが『ヨハネ福音書』（ヨハネ二〇章二四）に依拠していることに、どれだけの人が気づいているだろう。この表現は確かに、神の道への召命というより、宣伝文句にふさわしいかもしれない。

雑然とした場所を形容する「カファルナウム」〔エルサレムから遠く離れた辺境の地で、イエスが活動の拠点としたにもかかわらず、この町の人は悔い改めなかったため、「ハデス（冥府の王）に落とされる」とイエスが預言、今は廃墟になっている〕（ルカ一〇章一五）、裏切りを想起させる「ユダの接吻」（マタイ二六章四八）、場をわきまえずに利益を得ようとする人々を非難する「神殿の商人たち」（ヨハネ二章一四）のような言葉も、我々の会話に溢れているが、その意味をわざわざ説明する必要はない。話し相手も言葉の出どころを知っているので、これらの暗号めいた言葉をすぐに理解できるからである。

いくつかの命令表現についても同じことがいえる。文化が異なる人には奇妙に思われるかもしれないが、「サタンよ、退け」（マタイ四章一〇、マルコ八章三三）、「起きて歩け」（マタイ九章五、マルコ二章八、ルカ五章二三、ヨハネ五章八）、「信仰の薄い者よ、なぜ疑ったのか」（マタイ一四章三一）、「聞く耳のある者は聞くがよい」（マタイ一一章一五、ルカ八章八、一四章三五）、「右の手のしていることを左の手に知らせるな」（マタイ六章三）のような表現が、ふつうに使われている。さらにまた、福音書の教えと反対のことを言う場合もある。「もし誰かがあなたの右の頬を打つなら、左の頬も向けてやりなさい」（マタイ五章三九、ルカ六章二九）というイエスの言葉に明らかに依拠しながら、「私は左頬を差し出すことはしない」と言ったりする。

そのほかにも、福音書からの引用ではないが、後に形成された教会制度に由来する表現がある。たとえば「禁書とする（危険視する）」という言い方は、トリエント公会議で一五六三年に作成された「禁書目録」（読むことが禁じられた作品のリスト）から来ている。あるいはまた「ミサは終わった（もう後へは引けない）」という言い回しがあるが、これはローマ典礼様式のミサにおいて、司祭が最後の祝福の後でいう退席許可の言葉である。

わかりきったことだが、西洋芸術はイスラム教芸術でも仏教芸術でもなく、また中国やアフリカの芸術でもない。ロンドンでもベルリンでもアムステルダムでも、展示されている絵画や彫刻は、みな独特な記号体系を共通に有しており、一目見れば、それらが世界の特定の地域を起源にしていることがわかる。我々はもう教会には行かないだろうか。そうかもしれない。だがほとんど直観的に、キリスト降誕図、キリスト磔刑図、聖母被昇天の図を解読することができる。ロマネスク様式、シトー修道会様式、ゴシック様式などの建築物は、ヨーロッパ全域で共通の文化遺産となっている。そしてバッハ、シューベルト、グノーの「アヴェ・マリア」は、どこをどう取っても異国風の音楽だとは感じられない。西洋のどの国で演奏されてもそうであり、作曲家の出身地とも無関係である。

古代ギリシャ・ローマの美の基準とその着想の源であった神話が、ルネサンス時代に再発見されるまで、西洋芸術は何といってもキリスト教的であることが特徴であった。キリスト受難後の数十年間は、ユダヤ教の偶像崇拝禁止の戒律を忠実に守っていた初期キリスト教徒たちも、自分たちをユダヤ教徒だとは考えなくなり、清浄規定などの掟の遵守をやめた頃から変わっていった。エルサレム教会の終わりを告げた、神殿の崩壊後のことである。キリストを生前あるいは死後に見た証人がいて、彼を「人となった神」として信仰するようになったことが大きい。それまでは旧約聖書の教えが立ちはだかり、キリストの図像表現を妨げていたが、ここへ来てその障害物が取り除かれたのである。

最初のキリスト教絵画は、子羊、魚〔ともにキリストの象徴〕、十字架を意味する錨などの象徴的モチーフを用いた壁画で、迫害時代にカタコンベ（地下礼拝所）の内壁に描かれていた。しかし、芸術的センスに溢れたギリシャ・ローマ文化に浴し、れっきとしたローマ市民と見なされるようになったキリスト教徒たちは、信仰をイメージ化するための絵画技法を急速に発達させていった。ローマのプリシラ・カタコンベでは、二世紀末に描かれた世界最古の「聖母子像」が見つかっている。聖処女としてのマリア信仰が芽生えはじめた時期のものである。同じ頃、初期キリスト教美術を代表する最初のモザイクが制作されているが、そこに描かれているのは、信仰のために命を捧げる殉教者たちである。当時のローマ帝国で、まだごく少数派だったキリスト教徒にとって、殉教者が信仰の模範であったことが窺われる。

三世紀末、カイサリアのエウセビオスの証言によれば、礼拝を共にするキリストの図像が複数存在していたようだが、三〇〇年のエルヴィラの教会会議で、それらの図像を教会内に置くことは禁じられた。三二五年に開かれた第一回ニカイア公会議以降は、反対にイエスの生涯を描いた図像が奨励され、崇拝の目的で各地の教会でも飾られるようになった。

それ以来、あらゆる芸術制作に力が入れられ、いわゆるキリスト教美術が、二重の目的で発展を遂げることになる。一つは宗教的な目的で、キリストと聖マリアの聖画像や彫像の前で祈り、礼拝するためである。ローマのサン・セバスティアーノ教会のカタコンベにある「キリスト降誕図」は、四世紀に作成され、降誕図としては最古のものとされている。遺体安置室に描かれたその図像には、カタコンベに埋葬されている人々を見守るという役目もあった。

もう一つは図像による教育という目的で、その重要性は急速に高まっていく。キリスト教が根づいた所には、どこでも同じ図像が描かれ、警戒心を抱く司教たちの意に反して、信者たちにイエスの生涯を語る図像の存在は大きくなる一方だった。「字の読める人々が聖書から与えられるものを、絵画は字の読めない人々に与えてくれる。無学文盲の人でも、絵を通して自分のなすべきことが見え、アルファベットを知らない人でも、絵を通して読むことができるからである。したがって絵画は、とりわけ非信徒にとって、書物の代わりをするものである」と言ったのは、大グレゴリオ教皇である。人々が偶像崇拝に走るのを恐れ、教会内の聖画像を破壊させたマルセイユのセレヌス司教に宛てて、教皇が六〇〇年頃に書いた書簡の文章である[18]。

　実際、中世の貧しい人々にとっては、ステンドグラスをはじめとする図像芸術が、公教要理のようなものだった。そこで、各司教区はこぞって一流の芸術家を呼び集め、彼らの技術と才能を宗教教育に役立てるよう促したのである。それによって教会はとても豊かで、威光を放つようになり、そうした教会の力を――そしてキリストの力を――世に示すために、芸術家への注文をさらにいっそう増やしていった。かくしてヨーロッパを行き交うことになった絵画や彫刻の巨匠たちは、諸国を遍歴しながら、滞在先でフレスコ壁画や油彩画などの芸術作品を生み出すことになった。その中にはフラ・アンジェリコ、ジョット、レオナルド・ダ・ヴィンチ、ボッティチェリ、ファン・エイク、ラファエロ、ティツィアーノ、ミケランジェロ、ヴェロネーゼなど、名高い芸術家が数多くいた。

　ここで、聖画像論争について言及しておこう。西方教会は、この論争の煽りをそれほど受けずにすんだが、東方教会では、聖画像（イコン）を偶像だとする見方が優勢になり、教会や修道院に飾られていた芸術作品が、八世紀に大量に破壊された。しかし、七八七年の第二ニカイア公会議により、キリストは実在の人物であったので画像として描かれることに問題はない、と宣言されたことで、この論争に終止符が打たれた。西欧キリスト教美術の最も重要なテーマである「キリスト磔刑」は、ほぼこの時期に、最初の作品群が制作されている。

教会建築においても、同じような芸術上の統一が見られる。すでに述べたように、キリスト教を公認したコンスタンティヌス帝が真っ先に行なったのは、ローマ司教に礼拝所建設のための土地と資金を提供することだった。ラテラノをはじめとする教会建築の壮麗さは、この皇帝の多額の寄進に負うところが大きい。この時に創建された古代ローマのバシリカ式教会堂（旧サン・ピエトロ大聖堂）では、八〇〇年にカール大帝が、西ローマ帝国の皇帝として戴冠した。カール大帝は、この教会堂と華麗さを競わせるように、そして教会建築は美しくあらねばならないという理念の下で、帝国内に教会を次々と建設させた。そういう彼の保護を受けて、彼の熱意から生まれたのがカロリング朝美術である。ビザンティン美術、ゲルマン美術、古代地中海美術を融合したこの美術様式は、後に発展するロマネスク様式とゴシック様式の原型となる。共通の信仰を同じ基準に従って表現する、一つの統一体となったヨーロッパが、ここにはじめて登場したのである。

カロリング朝時代の建築物の大半は、十一世紀から十二世紀にかけて壊され、より一層壮大で威厳に満ちた建物に取って代わられた。その建設資金は、西ヨーロッパの皇帝、国王、諸侯たちが、文芸庇護（メセナ）の伝統に従って負担し、それによって教会との結びつきを強めた。西暦一〇〇〇年という歴史的転換期に、イタリアで発祥したプレ・ロマネスク様式は、フランス、ドイツ、スペインに広がり、それからイギリスと東ヨーロッパに及んだ。国によって若干の違いはあっても、どのロマネスク建築も様式が統一されており、まさにヨーロッパ美術といわれるにふさわしい。建物正面（ファサード）に教育的意図で彫刻が施されていること、身廊〔内部の中央広間〕が壮大になったことが、大きな特徴である。

クリュニー改革〔中世最大のクリュニー修道院を中心に、十、十一世紀に起こった修道院改革運動〕以降、修道院にこもって共同生活をする隠修修道会が発達し、それがロマネスク建築の飛躍的発展に寄与することになった。コンク、モワサック、ル・ベック・エルアン、ヴェズレー、モン・サン・ミシェルに見られるように、主要な巡礼路に沿って、数多くの大修道院が建設されたからである。十二世紀の初頭、クリュニー修道会には何百という修道院があり、それぞれが建物の壮麗さと、そこに収められた芸術品の美しさを競い合っていた。宗教芸術は、典礼の美しさの表現であると同時に、神の栄光の賛美であると見なされ、それが醸し出す荘厳さは、修道者を神の観想へと誘うものであった。

シトー修道会で始まった二度目の修道院改革は、清貧、質素という福音的な根本信条に立ち返ろうとする動きで、建築様式にもその特徴がはっきり表われている。十二世紀に建てられたシトー派修道院には、飾り気のない様式が取り入れられ、祈禱をする修道士が気を散らさないように、彫刻や絵画まで取り除かれた。一一三三年に落成したオーストリアのハイリゲンクロイツ修道院は、シトー会建築を代表する傑作の一つで、そこでは修道者たちの活動が、今日まで途切れることなく続けられてきた。この時期の大部分の建築物がそうであるように、ハイリゲンクロイツ修道院も時代とともに少しずつ増築されて、そのすべてを留めた建物は、ヨーロッパの建築様式の変遷を描いた一冊の書物のようである。十三世紀末には、付属教会に崇高なゴシック様式の内陣とステンドグラスが加えられた（ステンドグラスを用いたこの様式は一一三七年、パリ近郊にサン・ドニのバシリカ教会堂が建造された際に誕生したとされる）。そして十八世紀初頭には、ヴェネチアの芸術家ジョヴァンニ・ジュリアーニによって、建物の各所に見事な彫刻が施された。修道院に飾られたフレスコ画や油彩画は、マルティーノ・アルトモンテ、ゲオルグ・アンドレアス・ヴァシューバーといった、名のある画家たちの作品である。

音楽もまた、キリスト教徒にとっては、神に賛美と感謝を捧げるための手段であった。六世紀末、教会の典礼をはじめて定式化した大グレゴリオ教皇によって、祈りの間にラテン語の聖歌が入れられ、祈りと聖歌が交互にくり返される形式が整えられた。彼が集大成したとされる聖歌は、その後西方のすべての教会で歌い継がれることになる。アルファベットの最初の七文字を使って、音に名前を付けた〔CDEFGAB（H）で、音名といわれるもの〕のもグレゴリオ教皇である。

宗教建築物の発展、とりわけ十一世紀以降のカテドラル建設に伴って発達したのが、ポリフォニー（多声音楽）と呼ばれる音楽形式である。ノートル・ダム楽派〔ノートル・ダム大聖堂で活躍した音楽家たち〕のレオナンが、一一八〇年頃に制作した『オルガヌム大全集』には、この時代の多声ミサ曲であるアレルヤ唱や昇階唱（グラドゥアーレ）〔アレルヤは神を賛美し喜びを表わす聖歌。昇階唱はアレルヤ唱の前に、祭壇に昇る階段で歌われたことに由来する〕が、驚くほどたくさん収められている。

時代が下ると、さまざまな作曲家がミサ曲を書くようになり、そのいくつかは西洋音楽の傑作として後世に残っている。今日まで伝えられた最初の完全ミサ曲の一つが、十四世紀初頭のフランスの作曲家ギヨーム・ド・マショーのミサ曲である。その後、ギヨーム・デュファイ（一四〇〇―一四七四）、一七三八年にはヨハン・セバスティアン・バッハ、そしてヨーゼフ・ハイドン、モーツァルト、ベートーヴェン、フランツ・シューベルト、フランツ・リスト、シャルル・グノー、その他多くの作曲家によって、完全ミサ曲を含めた数々の宗教曲が作られることになる。

このような例はほかにも数多くあるだろう。我々が誇る芸術遺産の大部分は、先祖たちの信仰から生まれたものである。だからといって、信仰がなければその価値がわからないわけではなく、信仰の有無とは無関係に評価し得るものである。しかし、キリスト教の教義と象徴体系について、最低限のことは知っていなければならない。そうでなければ、この膨大な文化遺産を真に理解することは難しいからである。それゆえ、学校教育でキリスト教の歴史を学ばせることは、とても大切なことだと思う。

深層に染み込んだ「キリストの哲学」

ここまで宗教的レベル、文化的レベルでのキリスト教について述べてきたが、最後に、第三の深層レベルでのキリスト教、つまり目には見えない形で、西洋社会に深く浸透したキリスト教について論じておきたい。私が「キリストの哲学」と呼んできたものがそれである。長い時代を経る間に多くの曲解や偏向が避けられなかったにもかかわらず、キリストの哲学は西洋文明に深く根を張ることになった。今日の世界を導いている価値観は、それを模範として形成されたといっても過言ではない。この点については、前の二章で取り上げ、特にキリスト教倫理から世俗倫理への移行がどのようにして起こったかについては、詳しく述べた。ここで同じ話をくり返すつもりはないが、ひとつだけ確認しておきたい重要なことがある。それは表面には現われなくなったキリスト教が、たいていは意識されることなく、我々の中に染み込んでいるという事実である。

ミシェル・オンフレもこの点を見逃していない。彼がその著書『無神学概論』で言っていることは、実に的を射ている。「我々が生きているこの時代は、いまだ無神論の時代ではない。ポスト・キリスト教時代であるとも思えないし、思えたとしてもほんのわずかである。それどころか、世界は逆に、今もなおキリスト教的、人々が思っているよりはるかにキリスト教的である。……ためらわずに無神論といえる時代が来るまで、きわめて強力で安定したユダヤ・キリスト教的エピステーメーと、我々は折り合って生きなければならない(19)」。「エピステーメー」とは、ある社会特有の学的知識の総体を意味する。確かに、キリスト教は我々の社会からほとんど消え去ったかのように見えるし、実際、消滅のきざしが顕著に現われている。しかしながら、どれだけ逆説的で矛盾しているように思われても、キリスト教はまだまだ健在である。我々の基本的な世界観、人間関係、自分との関係、我々を導く指針、行動の基準となる倫理観の中に存続している。

それゆえ、ミシェル・オンフレは「キリスト教的無神論」という言葉を使い、次のように力説している。「世俗思想とは非キリスト教化した思想ではなく、キリスト教が内在する思想である。言葉遣いが理論的になり、概念が示す内容にずれは生じたものの、ユダヤ・キリスト教倫理の真髄は変わらずに残っている。神は天を去って地上に降りてきたのだ。神は死んだのではない。人々に殺されたわけでも、大切に仕舞われたわけでもなく、完全に内在できる土壌に馴化されたのである。イエスは今でも、地上界と天界の両方で英雄と見なされている。ただし、背後の光輪を片づけ、これ見よがしの身振りは控えるよう求められている」[20]。

私はもちろん、この分析の主旨に賛同する。「キリストのメッセージは教会の支配から逃れ、世俗化した形で近代世界に戻ってきた」という、本書の中心命題を裏付けてくれる内容であり、この点で私たちの考えは確かに一致している。しかし、ミシェル・オンフレがそこから導き出した結論には、どうしても賛成しかねる。しかもその食い違いは劇的に大きい。ユダヤ・キリスト教の遺産を批判的に選別することは、私も必要かつ正当なことだと思う。キリスト教的なものの模範例として、彼は苦しみの捉え方、肉体についての考え方、生命倫理などを挙げているが、この選別には完全に納得がいく。

しかしなぜ、ユダヤ・キリスト教から来ているものを、ユダヤ・キリスト教から来ているというだけで、まるごと排除しようとするのか。人権がキリスト教から生まれたとすると、どういう不都合があるのか。重要なことは、人権が存在しているという事実である。フランス共和国の標語が、自由、平等、友愛というキリストの教えを踏襲しているからといって、不安を感じる必要があるのか。近代民主主義が適用した政教分離原則が、キリストから教えられたことだからといって、腹を立てる必要があるのか。人間の同情心や尊厳まで、キリストが説いたという理由で否定しなければならないのか。

ミシェル・オンフレは優れた解体者である。彼が一神教に浴びせている批判には、賛同できる部分が少なくない。しかし、解体した思想の代わりに、彼は何を提議しているだろう。モーセの十戒やカントの倫理学は、勝者の支配という自然法を超え、殺し合いのない社会生活を営むことを可能にしたが、それに代わるものはあるのだろうか。「己の欲せざるところ人に施すことなかれ」という黄金律の代替として、あるいは隣人愛やヒューマニズムの倫理思想、ユダヤ・キリスト教のその他の理念、そしてそこから生まれたさまざまな理念の代替として、何が提示されているだろう。彼が恣意的に「ポスト・キリスト教的エピステーメー」と名付けているものは、結局のところ何で成り立っているのか。人と人との関係、自分との関係、社会生活の秩序を、彼はどのような原理に基づいて打ち立てようとしているのか。このような本質的な問題について、『無神学概論』では一言も言及されていない。既存秩序の解体に躍起になっており、新しい妥当な解決法を示すことなど眼中にないようだ。

既存秩序を解体した比類ない指導者はといえば、異論の余地なくニーチェである。彼の思想は、偽善的な慣習や、人間を疎外する迷信の愚かさを明るみに出した点で、人々に益をもたらした。それに何という文体だろう！　私は十六歳か十七歳の頃、ニーチェを貪るように読み、すっかり虜になった。しかし、そのニーチェも解体作業を成し終えると、目の敵《かたき》にしていた道徳の代替としては、何一つ筋の通った考えを示さなかった。そのうえ、キリスト教に対する反感から、それを基盤とする同情心や人道的感性に対してまで嫌悪感を露わにした。だから、ジャワ島の大地震で無数の犠牲者が出たという時でも、むしろ喜ばしいことだと公言して憚らなかった。独自の論理を貫き通したニーチェは、次のように断言している。「全人類への愛を公に表明するとは、実際上は、病んでいるもの、発育不全のもの、衰えたものすべてを選び、優先させることである……生物種にとって、発育が悪く虚弱で変質した種が滅びることは必要不可欠である」[21]。こういったニーチェの思想がいかにナチスに利用されたかは、多くの人の知るところである。

リュック・フェリーが指摘しているように、解体者は宗教的、形而上学的な体系を破壊するとき、驚くべき力を発揮する。だが自分自身の発言に対しては、その批判力を働かせることができない。宗教か超越者の感化を受けたという理由で、人道主義的価値観を槍玉に挙げる解体者は、実生活ではそういう価値観に従って生きているので、多くの場合、解決できない自己撞着に陥っている。解体者は、「理論の上では相対的な道徳の擁護に躍起となり、絶対的なものを、克服すべき単なる幻想に格下げしていながら、自らの内的体験の中には、がんじがらめにする価値観の存在を認めざるを得ない。そして、そこから生じるこの耐え難い否定の連続[22]」から、抜け出すことができないでいる。

現代社会における目に見えないキリスト教にも、おそらくさまざまな問題点があるだろう。確かに、それは世俗的な形をとった超越性の上に成り立っており、我々の価値観は、その超越性を根拠として打ち立てられている……。しかし、他者への敬意という普遍的倫理の正当性を認めさせ、それを実生活に適用させるのに、これにまさるものがあるだろうか。キリストの哲学を超えるものは未だ見つかっていない。ニーチェのように、平等も隣人愛も友愛も、他人の苦しみを感じる心までも、毛嫌いするのなら話は別だが、ユダヤ・キリスト教の教えとそれに基づく一般道徳が、どのような害を及ぼすのだろうか。それに取って代わるような驚異的なものが、ほかにあるだろうか。目を大きく見開き、批判的理性を覚醒させて、我々に残されたこの遺産を冷静に見つめたい。そして人類のためになる真に良いものを受け入れていこう。我々が理想を持ち続けるためには、暫定的であるにせよ、何らかの形の超越性が必要であることも認めなければならない。どこをどう取っても、ユダヤ・キリスト教の教えから生まれたユマニスムの倫理の方が、野蛮状態よりはるかにいいではないか。

むすび　サマリアの女と対面するイエス

井戸水を汲むサマリアの女

本書は、ドストエフスキーが思い描いたイエスと大審問官の出会いで始まっている。私はこれを、もう一つの出会いの物語で終わらせたいと思う。それは第四福音書の著者――あるいは著者たち――が伝えようとした、イエスとサマリアの女の出会いである。キリスト教の伝承によると、その著者は使徒ヨハネとされている。あえて「著者が伝えようとした」と言ったのは、この出会いの物語が本当にあった話なのか、神学的見地から再構成された話なのか、まだはっきりと解明されていないからである。第四福音書の作成時期が最も遅かったことから、再構成されたという説が有力である。しかし、その中で詳細かつ具体的に語られた内容は、目撃証言と一致している。

キリストの死後、およそ七十年経ってギリシャ語で書かれたこの福音書は、確かにきわめて思弁的であり、神学的観点から入念に作り上げられている。それでいて、一見矛盾しているようだが、細部にまで最もこだわりを見せている。一つ例を挙げると、この福音書の著者は、伝えたい出来事が一日のうちのいつ起こったかを、可能なかぎり明確にし、時にはその正確な時刻まで記している。イエスとはじめて出会った時のことを語る際にも、ヨハネ――この福音書の著者にせよ着想者にせよ――は、「時は第十時ごろ――今の午後四時ごろ――であった」（ヨハネ一章三九）と、時刻の明記にこだわっている。人生における特筆すべき出会いについては、人は誰でも、その出会いがいつあったかを覚えているのではないか。イエスがはじめて病人の癒しを行なった日、王の役人の息子が高熱で死にかかっているのを助けたのは、「第七時（午後一時）であった」（ヨハネ四章五二）。イエスが姦通の女を、石で打ち殺そうとする人々から守り、解放したのは「明け方であった」（ヨハネ八章二）。ピラトがイエスの十字架刑を宣告したのは、「第六時ごろ（昼の十二時ごろ）であった」（ヨハネ一九章一四）。マグダラのマリアがキリストの墓に行った日の朝、「辺りはまだ薄暗かった」（ヨハネ二〇章一）等々。

この福音書の特徴としてもう一つ、イエスの人間性が生き生きと表現されている点も、ここに挙げておくべきだろう。その眼差し、悲しみ、怒り、涙、疲労感といった具体的な細かい描写を通して、人としてのイエス像が浮き彫りにされている。

本書の「序」で述べたように、福音書の著者がイエスの発した言葉をそのまま忠実に伝えているかどうかは、私の論述において本質的な問題ではない。信徒にとっては重要な問題だが、哲学者や宗教史家にとってはそうではない。肝要なのは聖書の文章をあるがままに考察すること、その論理と重要性と教訓を分析すること、そして思想史において、聖句がどれだけの影響力を持ち得るかを理解することである。このような見地に立って、私は本書の締めくくりとして、第四福音書の一節を取り上げたいと思う。この一節には、キリストの哲学が見事に総括されており、その革命的、因習打破的な性質が最もよく表われているからである。少し時間をかけて本文を丹念に読み、事細かな描写を通して著者が何を伝えようとしているのか、その教えの真髄を理解できるようにしたい。

福音書の第四章で、ヨハネ〔言葉の便宜上、福音書の著者はヨハネであることにしよう。いずれにせよ、あまり重要な問題ではない〕が述べているところによれば、イエスと弟子たちはユダヤを去って、ガリラヤに戻ることになった。そのためには、途中でサマリアを通らなければならない。そこで、イエスたちはサマリアのスカルという町に向かい、ヤコブの井戸がある町はずれで一休みすることになった。アブラハムの孫である族長ヤコブが、その子ヨセフに与えたといわれる井戸である。以下に、この話の続きを全文引用する。

イエスは歩き疲れ、井戸にもたれて座っていた。時は第六時ごろ〔昼の十二時ごろ〕であった。一人のサマリアの女が水を汲みにきたので、イエスはこの女に「水を飲ませてください」と言った。弟子たちは食べるものを買いに町へ行っていたのである。すると、サマリアの女はイエスに言った、「えっ！　どうしてユダヤ人であるあなたが、サマリアの女であるわたしに飲ませてほしいと頼むのですか」。というのも、ユダヤ人は実際、サマリア人とは交際していなかったからである。イエスは答えて言った、「あなたが神の賜物を知っていれば、そして「水を飲ませてほしい」と言った人が誰であるかを知っていれば、あなたの方からその人に頼んでいただろう。そしてその人は、あなたに生きた水を与えていただろう」。女は言った、「あなたは汲むものを何も持っていないし、井戸は深いのです。その生きた水を、どこから手に入れるのですか。あなたはわたしたちの先祖のヤコブよりも偉い方なのですか。わたしたちにこの井戸を下さったヤコブ自身も、その息子たちも家畜たちも、この井戸から水を飲んだのです」。イエスは女に答えて言った、「この水を飲む者は誰でも、また渇きを覚えるだろう。しかし、わたしが与える水を飲む者は、もう決して渇くことはないだろう。わたしが与える水は、その人の中で泉となって、そこから永遠の命に至る水が湧き出るだろう」。女はイエスに言った、「わたしが渇きを覚えなくなり、もうここへ汲みに来なくてもいいように、その水をわたしに下さい」。イエスは女に言った、「さあ、あなたの夫を呼びに行って、いっしょに戻って来なさい」。女は答えて言った、「わたしには夫はいません」。イエスは女に言った、「「夫がいない」と言ったのは、もっともなことだ。あなたには五人の夫がいたが、今一緒にいる人はあなたの夫ではないからだ。あなたは真実を言ったのである」。女はイエスに言った、「わたしにはあなたが預言者であることがわかります……わたしたちの先祖はずっとこの山で礼拝をしてきました。それなのにあなた方は、「礼拝すべき場所はエルサレムにある」と言っています」。イエスは女に言った、「女よ、わたしの言うことを信じなさい。あなた方がこの山でもエルサレムでもない所で、父なる神を礼拝する時が来る。あなた方サマリア人は自分が知らないものを拝んでいるが、わたしたちは知っているものを拝んでいる。救いはユダヤ人から来るからである。しかし、真の礼拝者たちが、霊と真理《まこと》によって父を礼拝する時が来る。そして今がその時である。なぜなら父は、このような礼拝者たちを求めておられるからである。神は霊である。だから礼拝する者たちは、霊と真理《まこと》をもって礼拝しなければならない」。女はイエスに言った、「わたしはメシアが来られることを知っています。その方はキリストと呼ばれています。その方が来られたとき、わたしたちにすべてを明かして下さるでしょう」。イエスは女に言った、「あなたと話しているこのわたしがそうである」。その時、弟子たちが戻って来て、イエスが一人の女と話しているのを見て不思議に思った。（ヨハネ四章六―二七）

この物語を通して、著者はきわめて重要な二つの教えを伝えようとしている。だがその前に、この出会いの背景にある、かなり特殊な状況を見てみることにしよう。

奇妙な出会いの場

サマリア人たちはキリストが生まれる数世紀前に、ユダヤ教から離反して新しい教派を形成した。彼らはモーセ五書（旧約聖書の最初の五書）を読んでいるが、その他の文書は聖典として認めていない。もう一つ、ユダヤ教徒との根本的な違いは、聖所についての考え方である。「エルサレムとその神殿が聖所であり、神と民が出会う場である」と考えているユダヤ教徒とは異なり、サマリア人にとっての聖なる場所は、サマリアにあるゲリジム山である。キリストの時代、サマリア人が敬虔なユダヤ教徒から毛嫌いされていたのは、そういった理由による。イエスをおとしめようとしたファリサイ人たちは、この上ない侮辱の言葉として、イエスに「あなたはサマリア人で、悪魔に取り憑かれている」(ヨハネ八章四八)と言っている。

また、隣人を愛するとはどういうことかを教えようとして、イエスは一人の善いサマリア人のたとえ話をしているが、それは話の聞き手〔ユダヤ教の律法学者〕にとって、恐ろしく挑発的な話である。道ばたに怪我をした人が倒れているのを、ある祭司とレビ人は見て見ぬふりをして通り過ぎて行った。ところが、そのすぐ後に通りかかったサマリア人が、倒れていた人を介抱して救ったという話である(ルカ一〇章二九―三七)。当時のユダヤ教徒が異端審問を考え出していたら、サマリア人たちはまちがいなく火刑台で命を奪われていただろう。実際にはサマリア人を軽蔑するだけですんでいたが、その代わり彼らとの接触はいっさい避けていた。それに加えて、当時の律法学者やラビ〔ユダヤ教指導者〕たちは、大半が女性と話をすることも避けていた。彼らにとって女性は、サマリア人と変わらないくらい軽蔑の対象だったのである。

このような背景を知ることで、イエスに話しかけられた時の、サマリアの女の驚きが理解できる。また、イエスがサマリアの女と対話していたことに、弟子たちが驚いたのも当然である。イエスのこの自由さ、予断や偏見のなさ、社会の周縁に生きる人々、疎外された人々に言葉をかける優しい気遣いは、全福音書に一貫して見られる特徴である。物語の発端にあるこの驚きは、これから明らかにしていくように、ここで伝えようとしている二つのメッセージを予告するものである。

特筆すべき奇異な点がもう一つある。このサマリアの女は、真昼の暑いさなかに水を汲みに来たが、これは普通ではない。井戸は町からかなり離れた所にあるので、女たちは朝のうちか夕方、暑さが厳しくない時間帯に水を汲みに出かける。この女が正午を狙って来たのはなぜか。彼女には過去に五人の夫がいて、今一緒にいる人も夫ではないことを考えれば、答えは明らかだと思う。朝と晩、井戸端は女たちが集まり、おしゃべりし、噂話に花を咲かせる場所となる。この女の乱れた異性関係が、噂の種になることは目に見えている。彼女は自分を軽蔑する村の女たちと、顔を合わせたくないだろうし、嘲笑する言葉や厳しい非難の言葉は耳にしたくないだろう。ましてや、自分が奪った男の妻かも知れない女に出くわすことは、何としても避けたいだろう。彼女はそこで、絶対に安心できる唯一の時間帯、すなわち炎天下に、水を汲みに来たわけである。

このことから推察されるのは、彼女がうんざりするほど人から裁かれてきた、ということである。それだけに、このユダヤ人預言者が自分をまったく裁かなかったことは、彼女にとって大きな驚きであった。しかしながら不思議なことに、彼は彼女の心の傷を見抜いた。「あなたには五人の夫がいたが、今一緒にいる人はあなたの夫ではない」と、イエスは事実を言い当てたが、そのような生き方が反道徳的か否かについて、裁定を下すことはしていない。しかも、意外と茶目っ気のあるところも見せている。彼女の境遇を知り尽くしていながら、何食わぬ顔で「あなたの夫を連れて来なさい」と促したからだ。

このようにしてイエスは、彼女が心を開き、決まりきった話をやめて自らの傷を明かし、偽りのない自分を見せるように仕向けている。そして話は核心に入り、「真の神はどこで礼拝すべきか」という問題が提起される。ユダヤ人が礼拝しているエルサレムか、それともサマリア人が礼拝しているこの山の上か、彼女にとってはそれが、最も気にかかる問題だったのである。

愛と自由

イエスがサマリアの女に与えた二つの教えは、一つめが愛について、二つめが信仰の内面化と良心の自由についてである。愛と自由は、キリストが人類にもたらしたメッセージの二本柱であり、四福音書に共通の中心概念となっている。だが、イエスとサマリアの女とのこの短い対話ほど、愛と自由の教えを簡潔に集約している箇所はほかにない。この女は二重三重の軽蔑を受けている。男たちからは女として、ユダヤ教徒からはサマリア人として、他の女たちからは浮気女として蔑《さげす》まれている。そして、二つの大きな傷を負っている。愛情面での傷と信仰面での傷である。

イエスはすぐに本題に入っていった。彼女が乱れた異性関係を持ち、満たされない愛を求め続けているのを知っていたので、「あなたが神の賜物を知っていれば、そして「水を飲ませてほしい」と言った人が誰であるかを知っていれば、あなたの方からその人に頼んでいただろう。そしてその人は、あなたに生きた水を与えていただろう」と、単刀直入に言っている。イエスはこの女に、「わたしはあなたの渇きを真に癒す水を与えることができる」と断言したのである。水瓶さえ持っていないイエスが、このような約束をしたため、彼女が驚きを隠せないでいると、「この水を飲む者は誰でも、また渇きを覚えるだろう。しかし、わたしが与える水を飲む者は、もう決して渇くことはないだろう」と、理由を明らかにする。望むようには愛せず、求めるようには愛されない彼女の心の渇きが、イエスにはわかっていたからだ。そしていよいよ、神の愛をもたらすために来た人、人間の心を癒すことができる唯一の人としてのイエスが、顕現するのである。

第四福音書ではこのエピソードに先立ち、イエスのこの使命が段階的に明かされている。第一章では、イエスがあらゆる預言者をはるかに超えた存在、受肉した神の言葉であることが明示される。「神を見た者はまだ一人もいない。その御ひとり子は父なる神の懐にいて、その方が神を知らしめたのである」（ヨハネ一章一八）。第二章では、イエスが母マリアと共に招かれた婚礼でのエピソードが語られる。招待客に振る舞われるぶどう酒が途中で足りなくなったので、マリアはイエスに水をぶどう酒に変えてほしいと頼む。そこで、イエスの最初の奇跡が行なわれるわけだが、この奇跡は、イエスに定められた運命の特異性を、象徴的に表わすものにほかならない。ここではつまり、イエスは真の婚礼を啓示する人、神と各個人との深い関係を説き明かす人であり、人間の愛だけでは足りなくなった所に、神の愛をもたらすために来た、ということが明かされている。次の章では、イエス自身がそのことを、賢人ニコデモにはっきり表明する。「神はそのひとり子を賜わったほどに、この世を愛して下さった。それは御子を信じる者が一人も滅びないで、永遠の命を得るためである。神が御子を世に遣わされたのは、世を裁くためではなく、御子によって世が救われるためである」（ヨハネ三章一六—一七）。イエスの真のアイデンティティと使命が、こうして徐々に明らかにされ、サマリアの女との出会いを語った第四章は、この段階的顕現の延長線上にある。

イエスとサマリアの女が井戸端で、差し向かいで会話したことには意味がある。旧約聖書では、愛の出会いはしばしば井戸（泉）のほとりで生まれている。アブラハムの僕《しもべ》が、主人の息子イサクの嫁を探す旅に出たとき、「嫁となるべき人を私に指し示してください」と神に祈ったのは泉のそばであり、ちょうどそこに水を汲みに来たリベカが現われている（創世記二四章）。イサクの息子ヤコブが、未来の妻ラケルに一目惚れしたのも井戸の傍らである（創世記二九章）。モーセもまた、井戸端で未来の妻チッポラと出会った（出エジプト記二章）。そして、イエスがサマリアの女と出会ったのも井戸のそばである。それはヤコブが掘ったとされている井戸なので、族長（アブラハム、イサク、ヤコブ、モーセ）たちが作った旧約聖書の歴史と、ゆかりの深い井戸である。

一人の夫を引き留めておけなかったのか、一人の夫では満足できなかったのか、理由はともかく、彼女は愛を追い求めている。イエスはそこで、「真の結婚、永遠の結婚とは神と人とが一つになることである」と説き明かす。その観点に立つと、彼女にかつて夫が五人いようと十人いようと、それは大した問題ではなくなる。彼女の愛の渇きは、彼女が自分個人に向けられた神の愛を見出したとき、はじめて癒されるだろう。イエスが「永遠の命に至る水が湧き出る泉」に譬えている愛である。当然のことながら、この言葉の重要性がよく理解できなかったサマリアの女は、イエスに「もうここへ汲みに来なくてもいいように、その水をわたしに下さい」と頼む。イエスがそのとき、「さあ、あなたの夫を呼びに行って、いっしょに戻って来なさい」と言ったのは、彼女にその生きた水が、愛の象徴であることをわからせるためである。

こうしてイエスに促された彼女は、自分の心の傷を打ち明けることになる。それは「夫がいない」という第一の傷であり、それを癒す薬は、イエスがすでに与えている。その後、イエスが彼女の乱れた異性関係を見抜いて言い当てたとき、彼女はイエスを真の預言者として認める。そして、率直な疑問をイエスにぶつける。「わたしたちの先祖はずっとこの山で礼拝をしてきました。それなのにあなた方は、「礼拝すべき場所はエルサレムにある」と言っています」と。長いあいだ彼女の胸に引っかかっていた疑問である。

何が真の宗教なのか

サマリアの女の愛情面での苦しみは、もっと深い心の傷を隠していた。真の礼拝所がどこにあるかがわからない苦しみである。なかなか本当の愛を見出せなかった彼女は、それと同時に、何が真の宗教なのかを、ずっと知ることができずにいたのである。こういう疑問を抱くことは、われわれ現代人の尺度で考えると、何の不思議もないように思われるだろうが、当時はまったく違っていた。そのようなことは、大部分のサマリア人にとって、問題にもならないことだった。というのは、ユダヤ教徒との相違が、彼らのアイデンティティの根幹を成していたからであり、まさに神を礼拝するのはエルサレムではなく山の上であるべきだという確信から、ユダヤ教徒との対立が生まれていたからである。当時のユダヤ教徒にとっても、事情は同じであった。サマリア人がゲリジム山で礼拝することは、本当にまちがっていたのかどうかと自問するような人は、ほとんどいなかったに違いない。

福音書の著者が描いているこのサマリアの女は、少しも確信を持てないまま生きてきた。最大の関心事は真理を知ることであり、それを求めてやまない彼女にとって、共同体の安泰のために民族的信条を固守することは、二の次、三の次であっただろう。神はどこで礼拝すべきか、何が真の宗教かと自問し続ける姿勢は、この時代のこういった社会状況では、きわめて異例である。

この問題は二千年前から少しも古びていない。それどころか、多元主義が受け入れられ、個人の霊的探究が可能になった今日では、この問題が、今まで以上に論議を呼んでいるのではないだろうか。十七世紀もの間続いたキリスト教社会では、すべての人にとって答えは明白であった。伝統的な宗教界では今でも変わらないかもしれないが、現代の一般社会では、すでにモンテーニュが予告していたように、懐疑主義や懐疑的姿勢が無視できない広がりを見せている。

サマリアの女は、この上なく現代的である。開かれた精神を持ち、疑問を抱き、受け継いだ伝統を見直し、よそで起こっていることに目を向ける……彼女のそういうところが、イエスの気に入ったのである。イエスが究極の教えを説き明かす相手として、この人——女であり異端者であり懐疑的な人——を選んだ理由はそこにあるだろう。少なくとも第四福音書にはそう描かれている。彼女は他の多くの信者のように、話を聞きながら居眠りしたりはしない。真理の前にうやうやしく身をかがめ、それを自分のものにしようとしている。探し求める旅の道中にあり、いつも渇きを覚えている。そういう彼女だからこそイエスは、おそらく弟子たちが疑問にも思わなかったようなことを、明かすことができた。それはどこで神を礼拝すべきか、どれが真正な礼拝なのか、どこに宗教的真理があるのか、ということである。

イエスが彼女に答えて言った言葉は、長い歴史を通して大多数のキリスト教徒が理解するに至らなかったほど、深遠な意味を持っている。その内容は衝撃的であったため、教会組織が危惧の念を抱き、適用を阻むことになる。それが真に意味するところは、このような考え方が浸透する現代まで、おそらく十分に理解されることはなかっただろう。ひとことで言うと、どのような宗教にも見られる慢心を、イエスは打ち砕こうとした。自分のところが真理の場である、という思い上がりを戒めようとしたのである。真の礼拝の場は、エルサレム神殿なのかゲリジム山なのかと尋ねる女に、イエスははっきりと言っている。「わたしの言うことを信じなさい。あなた方がこの山でもエルサレムでもない所で、父なる神を礼拝する時が来る」。そしてそのすぐ後で、「真の礼拝者たちが、霊と真理《まこと》によって父を礼拝する時が来る。そして今がその時である」と付け加えている。

イエスが言ったこの言葉の重大性は、あらゆる宗教的姿勢の根底に、神聖な場所を定め、中心を求める志向性があることを知れば、理解できるだろう。人類史が始まって以来、どのような文明社会においても、信仰者たちは一定の空間を神聖化することに力を注いできた。それは至極もっともなことである。神聖なものが至る所に点在し、捉えどころがないものだとしたら、人間は安心を得ることができない。

それゆえ、他のどこよりも神聖さが宿っている空間を限定することが、宗教の第一の任務となったのである。確実に聖なるものを見出し、祈禱し、供え物をすることができる場所、祈りが聞き届けられ、できれば叶えられると確信できる場所である。先史時代と狩猟採取時代の人々は、大自然の諸力や精霊を崇めていたので、洞窟、泉、山が彼らの神聖な場所になった。それが大きく変化するのは、旧石器時代から新石器時代に移る時である。自然から離れ、定住するようになった人間は、やがて村を作り、それから都市を建設するようになる。それに伴って起こったのが、自然の非神聖化である――マックス・ウェーバーのいう世界の脱魔術化は、この時始まったのである――。

しかし、神聖な空間を世界から切り離そうとする欲求は、変わらずに残った。人々は都市の中心に神殿を築くようになったが、それらは自然の精霊に取って代わった神々に捧げられた。ユダヤ教という一神教が誕生しても、この状況に変化はなかった。唯一神であるヤーウェを礼拝するため、エルサレムに神殿を建てたヘブライ人たちは、エルサレムを聖なる都、すなわち精神世界の中心軸と見なしていた。ユダヤ教徒となった彼らの信仰生活のすべてが、エルサレムとその神殿を中心に回っており、大祭司が供犠——供犠（sacrifice）の語源はラテン語で「神聖なこと（sacré）を行なう」という意味——を行なっていたのは、神殿の奥にある最も聖なる場所、至聖所である。

今日でも、世界のあらゆる宗教に聖地があり（エルサレム、ベナレス、メッカ、ローマ、ブッダガヤ、コンスタンティノープルなど）、神殿、教会、シナゴーグ、モスク、仏塔といった神聖な建物があることは、多くの人々の知るところである。山や河や洞窟のような大自然の特定の場所に、常に神聖さが見出されてきたことはいうまでもない。このように、神聖な空間という概念が、宗教の根幹を成してきたのである。

イエスがサマリアの女に語った言葉は、絶対化されたこの概念を相対化するものだった。これからは、この山でもエルサレムの神殿でもなく、霊と真理《まこと》によって神を礼拝しなければならないと、イエスは説明している。この言葉の第一の意味は、神を礼拝すべき特別な空間はもはや世界のどこにもない、唯一の神聖な空間は人間の精神である、ということである。キリストは信仰の内面性を重視させるために、世界の非神聖化を行なったのである。聖なるものとの出会いがなされる真の神殿は、人間の心の中にある。そうであれば、どこへ祈りに行くか、宗教的建物の敷居をまたぐかどうかは、二義的な問題でしかなくなる。真に重要なことは自分に還ること、自分の内面を見つめること、そして絶対者との関係を自らに問うことである。

集団の外的宗教から個の内的霊性へ

しかし、この言葉にはさらに深い意味がこめられている。なぜなら、エルサレムとサマリアの山は、単なる礼拝の場所ではなく、それぞれの宗教の中心地だからである。エルサレムとゲリジム山のどちらで礼拝すべきかを問うことで、サマリアの女は、どちらが真の宗教なのかを問おうとしたのである。イエスの答えは、そのどちらでもなかった。

イエスはその話題を続ける前に、ユダヤ人がサマリア人より優位にあることを、わざわざ明確にしている。ユダヤ人はより完全な啓示を受けているので、神についてよりよく知っているというのだ。「わたしたちは知っているものを礼拝している。救いはユダヤ人から来るからである」。この言葉は何を意味しているのだろうか。キリストが現われる前の時代、神や絶対者について、すべての宗教が同程度に理解していたわけではない。宗教文化に表われているように、神や聖なるものの認識と明示において、他を凌ぐものもあれば、後れを取っているものもある。しかし、どの宗教も、名状しがたいこの絶対者との結びつきを求めてきた点で一致しており、崇拝という基本的な信仰姿勢は、世界中どこでも同じである。神の奥義について、ユダヤ人がより究極的な啓示を受けてきたことは確かであるが、それでもサマリア人たちが、神を正しく礼拝していることに変わりはない。

この内容は今日、大部分の宗教組織が言明していることである。世界の大宗教がすべて正統かつ正当であることは認めながらも、それぞれの宗教が、自宗教は他より少し——あるいは大いに——優れていると確信している。以前のように、他宗教に対して不寛容ではないが、自宗教は他を超える何かを持ち、人間と神が真に出会う場であり、最高の天啓を授かっている（ユダヤ教、キリスト教、イスラム教）、あるいは絶対者の認識を極めている（仏教、ヒンズー教、道教）、と自負している組織や信徒たちが多い。

イエスはサマリアの女を相手に、話をこの段階で止《とど》めることもできただろう。「伝承によって教えられた通り、あなたはこの山で神を礼拝してもいいが、エルサレムの神殿に礼拝しに行けるなら、その方がもっといいだろう。ユダヤ人は神に選ばれた民であり、サマリア人より多くのものを授かっているからである」というのが、その必然的帰結だったかもしれない。だが、福音書の著者は、イエスにそうは言わせなかった。

宗教史の観点から見て、イエスは驚くべき一歩を踏み出し、次のように断言した。「女よ、わたしの言うことを信じなさい。あなた方がこの山でもエルサレムでもない所で、……霊と真理《まこと》によって父を礼拝する時が来る。そして今がその時である」。ヨハネはイエスに、今後、神の前では宗教に優劣はなくなる、と言わせたのである。サマリア人であろうとユダヤ人であろうと（今日ならここにキリスト教徒、ヒンズー教徒、仏教徒、イスラム教徒を加えてもよさそうだ）、それは本質的な問題ではない。宗教文化の多様性を超えて何より重要視されるべきものは、神との内的関係の真実である。

イエスは宗教的排他主義を厳しく戒め、あらゆる宗教で伝承されてきた、自らの正統性の主張、自宗教こそ摂理の中心であり、唯一の救いの道であるという自負を打ち砕いた。人間がそういう宗教の落とし穴から脱け出せるよう、イエスは手助けしようとしたのだ。必然的に集団性を帯び、競争原理を免れない外的宗教から、人間が解き放たれ、この上なく個人的かつ普遍的な精神性へ至ることが、イエスの願いだったからである。

霊と真理《まこと》によって礼拝する

誤解のないように言っておこう。私はイエスが、宗教というものを根こそぎ否定しようとした、とは言っていない。イエスは一度もユダヤ教を絶やそうとはしていないし、十二使徒を選定したのも彼自身である。イエスが弟子を選んだのは、彼らが形成する共同体に、自分の教えを伝え続けてほしいと願っていたからである。イエスは宗教を否定したのではなく、外的宗教を相対化しただけである。宗教態度がいかに立派で、社会に有用であったとしても、心から生じた偽りのない態度でなければ、片手落ちであるということである。このように理解すると、イエスの「霊と真理によって礼拝する」という言葉は、宗教的姿勢それ自体を問題視しているのではなく、信仰の本質に立ち返らせるために発せられたことがわかる。宗教儀式や制度、集団的宗教行為の存在意義を否定しているのではなく、それらは目的ではなく手段にすぎないことを、明確にしているのである。

宗教的姿勢に、普遍性と恒常性があることからもわかるように、人間は礼拝などの宗教儀式を必要とする存在である。人間は肉体を持っているので、信仰を行為や象徴で具現化することを欲するのである。祈るときの姿勢、祭祀で焚かれる香、聖歌、音楽、ろうそくの火、聖水などがそれである。人間はまた社会的動物なので、他の人々と集って礼拝し、集団で典礼を行なうことを求める。完全な個人主義の、精神のみで成り立つ宗教などあり得ないだろう。純粋知性による哲学的英知であれば、目に見える形や所作を必要としないかも知れないが、それは宗教ではない。古代の叡智や東洋の悟りにおいてさえ、肉体が深く関わっており（たとえば瞑想の姿勢、神前での平伏、仏教の灯明や線香など）、また個人は何らかの団体に加わっている。

キリストは単に、哲学的悟りの境地を示すために来たのではない。世俗的ユマニスムを理論上可能にしたのがキリストだったとしても、彼はそれを説くためではなく、神につながった個人的な信仰を説くために来たのである。唯一の人格神を信仰する一神教において、宗教的姿勢の本質を表しているのが礼拝であり、礼拝の対象である超越者に繋がっているという点で、宗教的姿勢は厳密な意味での哲学的姿勢と区別される。本書で詳しく述べてきたように、この上なく合理的かつ普遍的な性質によって、キリストのメッセージは世俗化、非宗教化され得るものだった。人間的次元を超えないユマニスムを、そこから引き出すことは十分に可能だ。しかし、全体として捉えれば、イエスの教えは、やはり何といっても宗教的である。

イエスは生涯を通じて、自らの「父」であり「愛である」神に聞き従い、神の似姿として造られた人間（創世記一章二六）が、神と一つになり、「彼に似るものとなる」（ヨハネの第一の手紙三章二）ことを説いた。キリストのメッセージを明文化した初期キリスト教の時代から、とりわけ東方教会の精神的伝統として、信仰生活の最終目的は、キリストによって神に似た者になることだ、と教え伝えられてきた。「神は自分に似せて人間を創造した」という言葉は、ギリシャ教父たちにとって、人間は神の刻印を持つ唯一の地上の被造物であることを意味していたのである。

人間は自分の中に理性と自由意志を有しており、その能力によって神に似た者となることができる。だが、神との類似性は、一挙に与えられるものではない。心の空虚感、良心の声、潜在能力、願望などを通して、しだいに顕現してくる。人間はそれゆえ、知性と意志という天与の能力を頼りに、自らの自由な意思で、神に似た存在となることを希求するのである。そして神の恩寵の絶えざる助力を得ることによって、初めてそこに辿り着くことができる。そのためには自分自身を見つめ、心の奥底まで降りていかなければならない。イエスが「神の国はあなた方の心の中にある」（ルカ一七章二一）と言っているように、神との出会いの場は、人の心の内奥にあるからである。

キリスト教神秘神学でも、同じことを強調している。すべての人間は神に似た者となるよう求められており、人間のこの聖化は、人間の世界と神の世界の架け橋である、神人たるキリストを通してなされるという。ここでいう神聖化は、東洋の諸宗教に見られるような神的存在との合一や、無我の境地とは異なるものである。それは神の他者性と人間の他者性を保ちながら、神の生命にあずかることにほかならない。

このように、キリストのメッセージは、言葉の十全な意味において優れて宗教的な（「宗教」とはもともと、人間と神とを「結び直す」という意味である）メッセージであった。それと同時に、内的霊性に目を向けさせるため、外的宗教の相対化を求めたメッセージでもあった。新石器時代への移行と共に諸宗教が現われ、一神教であるユダヤ教が誕生したことによって、自然が非神聖化されたことはすでに述べた。その自然に代わって神聖視されていた宗教を、イエスは非神聖化したのである。だからといって、イエスはすべての神聖概念を打ち崩そうとしたわけではない。人は誰でも神と結ばれた者である限りにおいて、心の内奥に自らの「根源」――天の父、根本原理、唯一者、神的存在、絶対者、どのような名で呼ぶにせよ超越的存在――を見出す限りにおいて、神聖な存在である。イエスはそう教えている。

そうであれば、何よりも重視されるべきは、人間の中にある良心、真理を求める自由な良心の働きである。キリストが遣わされた後も宗教の存続は可能であるが、一つだけ条件がある。それは宗教が、個人の根源的な自律性、主体性を受け入れることだ。エマニュエル・レヴィナスの表現を借りれば、人間は良心において、他者と向き合うように一対一で神と向き合う存在だからである。

もはやどんな宗教組織による媒介も、どんな供犠も礼拝も、必要不可欠なものではない。信者たちが集まることはもちろん可能である。彼らは一緒に祈り、聖句を分かち合い、共に歌い、典礼を執り行なうことができる。だがそれらの行為は、魂の救済にただちに効果を表わすとされていた伝統的宗教行為とは、まったく別のものである。キリストがサマリアの女にわからせようとしたのは、宗教を絶対視していた時代は過ぎ去ったということ、もはや宗教的中心地は存在せず、どのような宗教行為も有益であるとはいえ、絶対不可欠なものではないということである。

自由を得る難しさ

　しかしながら、これまで述べてきたように、キリストの弟子たちもまた、すぐに従来の宗教的態度に戻ることになった。エルサレム神殿の崩壊後、彼らが真っ先に行なったのは、新たな中心地を築き直すことだった。西方教会にとってはローマ、東方教会にとってはコンスタンティノープルがそれである。そうして個人は、再び集団と伝統による支配を受けることになる。しかも、宗教組織はその後、非難されて当然と思えるような深刻な誤りに陥った。手段――教会の制度、儀式、教導権――を過大視するあまり目的を見失い、あの異端審問で証明されたように、目的と手段を完全に履き違えることも少なくなかった。

　教会組織がキリストの革命的メッセージをねじ曲げたおかげで、キルケゴールの言葉を借りれば、人類は「四つん這いに戻る」ことを許されたのだ。教会が権力を誇示するために代々引き継いできた「武器庫」は、唯一絶対の真理、不可侵の道徳、全世界的な社会秩序が存在するという安心感を人々に与え、典礼の力で悪霊から守られ、永遠の救いが得られるという確信を抱かせていた。

　しかし、教会に非難を浴びせたところで何も得るものはない。まず第一に、宗教を超えられないという理由で、宗教自体を責められるだろうか。共同体を代表し、教え導く任務がある宗教組織にとって、それは至難の業だ。キリスト教徒一人ひとりが精神的に宗教を超えることの方が、はるかに容易であることはいうまでもない。それに、教会組織は、数多のキリスト教徒の意思から生まれた歴史的所産である。長い時代を経て教義を作り出し、その支配を受け入れたのは、キリスト教徒自身なのだ。小集団が長期にわたって群衆を支配できるのは、ド・ラ・ボエシの表現を借りて言えば、群衆の中に「自発的服従」の願望がある場合である。(1) 大審問官がイエスに向かって、「人間は自由よりも安心を得ることを欲する反逆者である」と言った言葉は、おそらくまちがっていなかっただろう。人間にとって自由は、「それほどの苦悩をもたらした忌まわしい賜物」でしかなかったのだ。

その後、教会支配下での安定した状況が耐え難くなるほど、自由を求める精神が成熟し、ようやく個人の自立が成し遂げられたが、それには千五百年もの長い月日が必要であった。しかし、この最初の解放の動きが収束すると、近現代史が証明しているように、人類は再びこの貴重な自由を、新たな暴君の手に委ねることになった。全体主義国家の台頭である。西洋人はその辛い経験を教訓にして、もう二度と宗教的・政治的全体主義に後戻りはしないだろう。だが今度は、もっと巧妙に忍び寄る新しい形の疎外、たとえば消費文化、科学技術といったイデオロギー支配に、我々は抗することができるだろうか。

確かに、自由を享受するほど難しいことはないようだ。ここでいう自由は、いうまでもなく、望むことは何をしてもいいという自由の幻想ではない。それは人間をたちまち欲望の奴隷にし、他者を支配しようとさせる偽りの自由である。そうではなく、我々が真に自立した、他者に対して責任の取れる人間になるよう導く、内的自由のことである。イエスが福音の教えを通して言わんとしたのは、真の自由は神との結びつきによって初めて得られる、ということである。その絆は人間を隷属させるどころか、自由と解放をもたらす。

非宗教的な近代以降の考え方からすれば、これはおよそ理解できないことだろう。なぜなら西洋で構築された自治・自律の思想は、高次の存在に依存することへの反発と抵抗から生まれたからである。その思想は、政治レベルでは完全に正しいといえる。だが、古代ギリシャの哲学者やブッダが提起した問題は、政治的自由では解決できない。それは心の自由の問題、どのようにして我々を縛りつけているものから解かれ、真に自由になれるか、という問題である。キリストは人間が、外的にも内的にも自由になることを願った。外的には、これまで見てきたように、個人を伝統と権威から自立させることで、内的には、心の内奥における神への依存性を明らかにすることで、人間を解放しようとした。

キリストは人間を大きく成長させ、個の自由をも拡大させる依存関係があることを説いたのである。いうまでもないが、キリストのいう神は人の姿をした神ではなく、言葉では言い表わせない存在、目に見えない霊である。そして威圧する神ではなく、人間に恵みと息吹を与える愛なる神である。人間はその愛を受けて人格を完成し、神的な高みに至ることができる。キリストはサマリアの女に、「エルサレムでもこの山でもない所で礼拝する時が来る」と言っているが、ここで言わんとしている礼拝とは、すなわち神と人間との内的な契約である。それは社会的・法的正当性を問われることのない、あらゆる伝統と宗教的権威を超えた契約である。それを他の誰かが強いたり、義務づけたり、合法化したりすることはできない。純粋に霊的な契約、自由な交わりなのである。

サマリアの女との対話に先立って、キリストがニコデモと語り合う場面がある。その中でキリストは、神と契約を結ぶことを第二の誕生になぞらえ、捕らえられない風のイメージを用いて、神との交わりに生きる自由さを表現している。「あなた方は新しく生まれなければならない。風は思いのままに吹く。あなたはその音を聞いても、それがどこから来て、どこへ行くかを知らない。霊から生まれた者もみな、それと同じである」（ヨハネ三章八）。ヨハネ福音書では、その後もたびたびこのテーマが登場する。キリストの死後、神の息吹である聖霊が人間に送られ、その聖霊の導きで、人間は真理のすべてを悟るだろう（ヨハネ一六章一三）。そして、その「真理はあなた方に自由を得させるだろう」（ヨハネ八章三二）。キリスト教世界観では、つまり真理が人間を解放するのである。そしてこの真理は究極的には、神の霊に導かれた個々人の心の中に示されるのである。

愛だけが信仰に値する

しかし、その真理も自由も、神の本質である愛においてしか意味を持たない。新約聖書の聖句で、「神は愛である」とくり返し述べられているのは、そのためである。信仰生活の究極目的も、神に似た者となるまで、常により多く愛することにある。聖パウロが言っているように、信仰があっても愛がなければ虚しいのだ。「たとえわたしが、人々や天使たちの異言（聖霊に満たされて語る霊の言葉）を語ったとしても、愛がなければ、わたしはただの騒々しい銅鑼《どら》、やかましいシンバルにすぎない。たとえわたしに預言する力があったとしても、わたしがあらゆる奥義、あらゆる学問に通じていたとしても、また山をも動かすほどの完全な信仰を持っていたとしても、愛がなければ、わたしは無に等しい。たとえわたしが全財産を人に施したとしても、また自分の体を焼かれるために引き渡したとしても、愛がなければ、それは何の益にもならない」（コリント人への第一の手紙一三章一―三）[2]。

大審問官はおそらく、毎日何時間も礼拝祈禱に費やしていたことだろう。今日でも聖戦の名において、テロ行為に走る人々がいるが、彼らも神を崇拝しているという。ところがイエスは、礼拝や崇拝が愛に基づいたものでなければ、より大きな愛へと導くものでなければ、それは何の意味もないと断言しているのである。

こうして見ると、キリストのメッセージが、いかに非凡で特異であったかがわかる。明示的な礼拝行為は、人間が神と結ばれるのに必要不可欠ではない。それがなくても人間の心は、「思いのままに吹く」聖霊の息吹を受けることができる。「愛と真実によって礼拝する」という福音のメッセージが、真に伝えようとしているのは、真実と愛をもって振る舞う人は、みな神に繫がれているということである。イエスにとって神は善意の源であり、その善意が人の心に湧き上がり、言動となって表われるのに、宗教的知識は必要とされないということである。プロテスタント神学者であるディートリヒ・ボンヘッファー――ヒトラー暗殺計画に加担したとして一九四五年、フロッセンビュルクの強制収容所で処刑された――が、キリストを「無宗教者たちの主《しゅ》[3]」と言っているのは、そのような考え方が根底にあったからである。

聖典の知識や信仰宣言、礼拝行為は、信仰生活の支えにはなるだろうが、善なる行ないを保証するものではない。それはどのような宗教の信者たちを見ても、容易にわかることだ。反対に、宗教を持たなくても、真に正しく善なる人間になることはできる。これを普遍的公理にしたのが、キリストのメッセージである。「神を崇め、愛することとは結局、隣人を愛することにほかならない」という神学的根拠が与えられたのである。良心に従って誠実に生きる善意の人は、誰でも救いを受けることができる。イエスがサマリアの女に向かって、「人間が神と結ばれるのに、いかなる仲介者も礼拝行為も不可欠ではない」と教えたのは、そういう理由からである。それがなくても、人間は神の恩寵に生き、永遠の命にいたる門を開けることができるからである。

最後の審判についての有名な喩え話の中でも、イエスは同じことを言おうとしている。「人の子が栄光に包まれ、すべての御使《みつかい》たちを従えて来るとき、彼はその栄光の座につくであろう。そして彼の前にすべての国の民が集められると、羊飼いが羊と山羊を分けるように、彼は人々を選り分け、羊を自分の右に、山羊を自分の左に置くであろう。そのとき、王は右側にいる人々に言うだろう、「わたしの父に祝福された人たちよ、さあ、世の初めからあなた方のために用意されている御国《みくに》を受け継ぎなさい。あなた方はわたしが空腹のときに食べさせ、喉が渇いていたときに飲ませ、旅人であったときに宿を貸し、裸であったときに服を着せ、病気のときに見舞い、牢獄にいたときに訪ねてくれたからである」。すると、正しい者たちは答えて言うだろう、「主よ、わたしたちはいつ、あなたが飢えているのを見て食べさせ、喉が渇いているのを見て飲ませ、旅人であるのを見て宿を貸し、裸なのを見て服を着せたでしょうか。また、病気をし牢獄にいるあなたに、わたしたちはいつ会いに行ったでしょうか」。そこで、王は答えて言うだろう、「まことにわたしはあなた方に言う。あなた方がこのわたしの兄弟たちに、最も小さい者たちの一人にしてあげたことは、すべてわたしのためにしたことである」」（マタイ二五章三一―四〇）。

キリストのメッセージはなぜ理解されにくいのか

ヨハネの一節をめぐるこの「考察」を締めくくるにあたって、ごく素朴な疑問をここに提示しておきたい。それは、サマリアの女との対話に集約されたイエスのメッセージが、長い間ほとんど注目されてこなかったのはなぜか、ということである。そして今日でもなお、キリスト教徒や宗教家たちでさえ、これに関心を示さないのはなぜか。キリストの教えの最も深い霊的内容が、これほど理解されにくい理由はどこにあるのか。イエスのメッセージは結局、古来の宗教的慣習を根本から批判するものであった。その批判は主に四つの点に向けられていたが、どれも人間の普遍的欲求に応じて守られてきた慣習である。サマリアの女との対話には、多少の差はあれ、この四つの点がすべて明確に示されている。

前述したとおり、イエスは神聖な空間という概念、宗教の中心地として定義された伝統的概念を打ち崩そうとした。だが宗教者にとって、神聖な空間つまり中心地は存在せず、所属する宗教が真理の受託者ではないなどという考えは、とうてい受け入れ難いものである。キリスト教社会ではそれゆえ、「人となった神の言葉であるキリスト以外に救いはない」という新約聖書の教えに代わって、「教会の外に救いはない」という謳い文句が唱えられるようになった。他のすべての宗教についても同じことがいえる。どのような宗教者も、自らの信仰が具体化される場所（言い換えれば宗教的伝統）が唯一の真実であり、どんなに控えめに言っても、最良であると信じたがっている。それはごく人間的な欲求である。

しかしながら、キリストはそれに異論を唱えるために来た。どの時代にも、宗教は特定の空間すなわち人間文化と深く結びつきながら、信者たちに戒律と安心感を与えてきたわけだが、キリストはそのような宗教に安住するのではなく、霊と真実によって神を崇めるよう求めたのである。いうまでもなく、この批判の矛先は教会や高位聖職者たちにも向けられていた。キリストは彼らに権力の限界を示し、教権は個人が超越者と自由で直接的な関係を結ぶための手段にすぎないことを諭した。

広い意味での神聖な空間に加えて、問題視されたのは宗教的な時間概念である。過去はつねに現在と未来にまさり、完全性は原初に見出されるという、宗教的視点に基づいた価値観ができあがっていたが、イエスはそれにも異論を差し挟んだ。第六章で述べたように、「全き真理へと導く」聖霊を送ることを約束したキリストは、それまでの価値観をひっくり返したのである。最善は常に未来にあり、人類は進歩し続けている、という正反対の見方である。イエスがサマリアの女に、「真の礼拝者たちが、霊と真理によって父を礼拝する時が来る。そして今がその時である」と告げたとき、過去との決別がなされた。彼はまったく新しい宗教観を打ち立て、どんな時にも、どんな所でも、良心を通して神と直接つながっていることが、最も重要だと説いたのである。「時が満ちた」とはそういう意味である。

イエスのこの言葉は、今日では解放をもたらす言葉のように思えるかも知れないが、当時はそうではなかっただろう。それが人々に大きな影響を及ぼしたであろうことは、容易に推察できる。完全無欠な過去が社会全体の模範となっていた時代に、未来はもはや過去を拠り所として築かれるのではなく、個々人の今の心のあり方にかかっていると言っているのだ。いつの時代も変わることなく、人間は未来の不確かさや自分の弱さと向き合い、何よりも安心を得たいと願ってきた。その拠り所となったのが過去であり社会集団であったので、このようなメッセージは安心を与えるどころか、逆に不安を与えただろう。個人を過去と伝統の重圧から解放したとしても、ある人々にとっては、不安や苦しみの原因となったに違いない。

もう一つの価値転倒は、清浄と不浄についてのキリストの教えである。聖俗分離――上述のような神聖な空間の限定など――の必然的結果として、多少の違いはあれさまざまな宗教が、清い食物と汚れた食物、人間を汚す要素（月経、精液）と清める要素（水、火）、清い人間と汚れた人間（たとえばインドの不可触賤民）を、分けて考えるようになっていた。ところがイエスは、信者たちのこの基本的メンタリティーを根本から否定した。サマリアの女と対話することで、彼は当時の敬虔なユダヤ教徒から見て、二重に自分を汚したのである。対話の相手が女であり非ユダヤ教徒だからだ。それ以前にもファリサイ人の家で食事をし、罪深き女が体に触れるのを許していたイエスは、彼らと完全に袂を分かっている。

食べ物についてはイエス自身が、聞き手の気分を害することは承知で、はっきり考えを述べている。「人を汚すのは口に入るものではなく、口から出るものが人を汚すのである」（マタイ一五章一〇）。人が何を食べるかは問題ではない。いかなる食物にも浄・不浄はなく、またいかなる自然物にも浄・不浄はない。ましてやある民族、ある宗教、ある階級に属するという外的基準で、人間を浄・不浄に分けることはできない。清いか汚れているかは、人間の心のあり方しだいであり、心の中から出てくる言葉、思い、行動が人を汚すのである。新石器革命と一神教革命によって始まった自然の非神聖化は、イエスによって成し遂げられた。神は霊であり、霊のみが神聖であること、それゆえ唯一重要なのは、人間の内面性、人の内に宿る霊性であることを、イエスが明確にしたのである。

無力なメシア像

最後の四つ目は神観の転換である。イエスは民を導き、加護する万軍の主、全能の神という従来の概念を覆した。古代のあらゆる民族、あらゆる都市国家によって崇められていた神（あるいは神々）は、他を超越し加護してくれる存在だった。ユダヤ教という一神教の誕生により、この神観は存続したばかりか、さらに推し進められることになった。階級に応じて威力を振るう複数の神ではなく、アブラハムとモーセに現われた唯一神の存在が、確信されるようになったのである。この神は絶対的な力を示す全能なる神であるから、民を救って敵の手から解放し、彼らに勝利を与えることができる。我々が旧約聖書と呼んでいる『ヘブライ語聖書』には、ユダヤ民族と、この「万軍の神ヤーウェ」との愛の歴史が詳述されている。

だが、ユダヤ民族はエジプトを脱出した後も、ギリシャ、ローマの支配を受けることになり、手に負えない難問に直面せざるを得なかった。それは全能の神が、なぜ自分たちを圧政のくびきから解放しないのか、ということである。この問題は、ユダヤ教成立の時から孕まれていた矛盾、もっと根本的なもう一つの問題と深く結びついている。それは、唯一神による普遍的召命〔すべての人が神に召し出され、伝道者としての使命を与えられること〕と、あらゆる民の中からイスラエルが神に選ばれたという選民思想をどう両立させるか、という問題である。

救世主を待ち望むメシア運動が起こり、大きく発展した背景には、おそらくこの二つの矛盾を解決しようとする民の意思があっただろう。神は民を解放し、エルサレムを中心とする普遍的な王国（神の国）を築くために、偉大な王ともいうべきメシア（文字通りの意味は「油を注がれ、聖別された者」）を世に送るという思想である。マルセル・ゴーシェが指摘しているように、メシア思想は、いわば「霊的帝国主義」である。「選民意識を正当化したイスラエルはその後、神の掟を全世界に行き渡らせるため、すべての国を配下に置くという運命をたどる[4]」。

サマリアの女との対話の最後に、イエスは自らのメシア性を明らかにしている。「わたしはメシアが来られることを知っています。その方はキリストと呼ばれています。その方が来られたとき、わたしたちにすべてを明かして下さるでしょう」と彼女が言ったとき、イエスははっきりと、「あなたと話しているこのわたしがそうである」と答えた。ところがイエスは、期待されるメシア像、すなわち勝ち誇った偉大な王のイメージとはほど遠かった。指物師だった彼が生まれたのは、片田舎の小さな村であり、放浪生活を送っていたイエスの取り巻きは、教養のない弟子たちの一群と数多の女たちだった。

それゆえ、イエスがメシアの使命を表明しはじめた時から、身分の高い宗教者たちは懐疑的態度を示し続けた。「この人は大工ヨセフの子ではないか」（マタイ一三章五五）。「ナザレから何の良いものが出ようか」（ヨハネ一章四六）。「彼は徴税人や罪人の仲間ではないか」（ルカ七章三四）。その出生からして、イエスには待ち望まれたメシアらしい側面はなかった。そして悲惨な死によって、イエスはそれまでのメシア観を、ひいては伝統的な神観を、百八十度ひっくり返したのである。

地上に神の支配を行き渡らせるべきメシアが、下層階級の出であることは極めて衝撃的なことだが、それならまだ許せる。しかしながら、メシアが十字架につけられ、すべての人に否認され、神からも見捨てられたような最期を遂げたことは、絶対に受け入れられないだろう。預言者イザヤ（前八世紀）は、「苦難の僕《しもべ》」を語った歌の中で、キリストの運命を奇しくも言い当てていた。「彼が背負っていたのはわれわれの苦しみであり、担っていたのはわれわれの悲しみである。それなのにわれわれは彼が罰せられ、神に打たれ、辱められたのだと思った」（イザヤ書五三章四）。しかし、キリスト教が誕生する前――ということは、キリストの受難と復活の直後には、――まだこの謎の人物がメシアであるとは、誰も思っていなかった。だから、イエスが三度にわたって、これからエルサレムに上《のぼ》り、そこで命を奪われるだろうと告げたとき、弟子たちは「そんなことあるわけがない！」と憤慨する。メシアたる者が人々の手で殺されるはずがないのだ。

「序」で触れたように、受難の予告を拒絶したペトロに対し、イエスは「サタンよ、引き下がれ。あなたの思いは神からのものではなく、人間たちの思いなのだ」（マルコ八章三三）とまで言っている。イエスのあまりにも霊的な話と、政治的問題への関わりを拒む姿勢に失望して、弟子たちの多くが途中で彼から離れていった。彼らが期待していたのは、ローマの支配から解放してくれる強大な力を持つメシアであって、慎ましく平和を好むメシアではなかった。ユダの裏切りの本当の理由は、このような深い失望にあったとも考えられる。イエスを祭司長らに売り渡し、悲惨な死へと追いやることで、ユダはその恨みを晴らそうとしたのか。あるいは土壇場に追いつめ、挑戦状を叩きつければ、イエスが反撃の狼煙《のろし》を上げてくれると思っていたのか。

実際はどうかといえば、キリストの死に方は、実にその教えに適っていた。彼は早い者勝ちという社会的価値観を覆し（「先の者は後になるだろう」マタイ二〇章一六）、卑しい人々を高め、誰よりも貧しい人たち、のけ者にされた人たちに言葉をかけ、子供たちを称賛し、弟子たちの足を洗い、ユダヤ教徒ではない女に教えの真髄を明かし……そしてこの上なく不名誉な死に方で（辱めと拷問を受け、十字架に架けられて）、この世を去った。つまり、イエスは敵を粉砕する輝かしいメシア像ではなく、「柔和で心のへりくだった」（マタイ一一章二九）慎ましいメシア像、自分を迫害する人々に対して権力の行使を拒む、無力なメシア像を示したのである。

そうであるなら、福音書にイエスが奇跡を行なったことが明記されているのはなぜか。その象徴的意味を超えて、奇跡の威力――イエスの教えと一見矛盾しているように思われる威力――が顕示された理由を理解する必要がある。もしイエスが大いなるしるし――盲人、らい病者、聾唖者、中風患者たちの病を癒やし、パンを増やし、水をぶどう酒に変え、そしてラザロを生き返らせるなど――を通して、その偉大な力を示していなかったとしたなら、どうだっただろう。死を免れるために、この超自然の力を使えたはずのイエスが、自らの意思であえてそうしなかったことに、誰も気づかなかっただろう。自分の悲惨な最期を回避するためには、何もすることができなかった彼を、人々は行動力のないただの夢想家だと思ったに違いない。

受難において示されたイエスの無力さは、それまで奇跡を通して示されていた彼の絶大な力と相反するものである。しかるに、この相反性こそが、福音書の――そこに記述された内容が真実であろうとなかろうと――劇的な迫力を生み出している。誰の目にも明らかなこの矛盾、この不条理を、キリスト磔刑の目撃者たちも見逃しはしなかった。「彼は他人を救った。もし彼が神のキリスト、選ばれた者であるなら、自分自身を救うがよい」（ルカ二三章三五）。

イエスは絶大な力を持つメシア像を打ち壊しただけでなく、「わたしの国はこの世のものではない」と明言することで、この世的なメシア像も覆した。真の神の王国は、来たるべき世界にあると説いた彼は、現世から脱却することで、ユダヤ教が抱えていた構造的矛盾を解決したのである。キリストの復活の意味も――それが本当にあったと仮定しての話だが――、現世からの脱却、地上の王国から天の王国への移行という論理によって、十全に理解される。福音書にはっきり記されているように、イエスが地上に降臨したのは、この世を神の支配下に置くためではなく、天の王国へと導く道を人々に示すためであった。そして復活とその後の昇天（天は物理的空間ではなく、来世すなわち永遠の世界の象徴である）によって、天の王国の存在を明らかにしたのである。

戦闘的なメシアであれば、地上に神の掟を行き渡らせるため、力で敵をねじ伏せたであろう。だが、イエスは十字架にかけられたメシアである。十字架上の死は、パウロの言葉を借りれば、「ユダヤ人にとっては躓《つまず》き、異邦人にとっては愚か」（コリント人への第一の手紙一章二三）でしかないだろうが、イエスはその無力さを通して、「唯一の真の掟は愛の掟である」ことを示したのである。

　メシアであることを明かす直前に、イエスがサマリアの女に語った言葉は、次のように説明できるだろう。人間は愛によって共同体から自由になることができる。その前提として各個人に求められるのが、共同体と内的に距離を置くことである。愛はこうして人間に新しい自由を与え、現世から脱却しながら現世に生きることを可能にしてくれる。個人が社会に帰属すること――場合によっては特定の宗教団体に帰属すること――は必要なことであり、イエスもそれを否定しているわけではない。イエスが教えようとしていたのは、各人があらゆる外的規範に縛られることなく、何よりも内的な精神生活と良心の声を優先させること、心に宿る神の霊に内から照らされ、導かれて生きることである。

　イエスの神性ないし人性がどうであったにせよ、福音書に記されたキリストの教えがなかなか世に受け入れられなかったことは、確かな事実である。そのメッセージが、なぜこれほどまで伝統を重んじる人々の反発を招いたのか。それが世に広まるまでに、なぜこれほど長い年月がかかり、さらには改変されることになったのか。そしてまた、そのメッセージがなぜ、近代社会で新たな共鳴を生み、近代性の形成に貢献することになったのか。それらの理由を本書で明らかにしてきた。それはイエスが、従来の宗教的価値観に混乱と変革をもたらしたからである。神聖視されていた世界と空間、過去の伝統という権威、宗教固有の論理を、イエスは非神聖化し、それとは逆に、個人を集団から解放することで、個人の自由意志と良心を神聖化したからである。規範となっていた社会的、宗教的イデオロギーを打ち砕き、平等と隣人愛という新しい倫理概念を打ち立てたのも、まさにイエスなのである。

しかしそれだけではない。彼は宗教者が、おそらく何よりも執着していたものを奪い取った。それは、掟を守れば救われるという自力救済、自己正当化の論理である。どんな人間も神の愛によって救われる、と説いたイエスは、義務を果たし、祈りを唱え、規範どおりに行動すれば天国に行けるという、当時の救済観を覆したのである。そして最後に、イエスが愛と無力さで示した叡智は、恐れを抱かせる伝統的な神観を根本から変えるものであった。それればかりか、きわめて普遍的な人間の本能、つまり他者を支配することで自己肯定感を得ようとする本能的欲求とは、絶対に相容れないものであった。

新しいユマニスムを求めて

キリスト教は、現代西洋社会から消えていく運命にあるのだろうか。確かに、キリスト教諸教会は先例のない歴史的危機に陥っており、そう思われても仕方のない状況が続いている。しかし、キリスト教を、単なる宗教組織という形態として論じることができるだろうか。四世紀に、コンスタンティヌス帝の改宗とともにキリスト教化した西洋社会は、ルネサンス期および啓蒙時代以降、徐々に非キリスト教化したというのが通説である。

だが、これまで述べてきたように、私はこの説の妥当性を疑っており、それとはまったく逆の主張を本書で擁護してきた。キリスト教は教義、秘蹟、聖職者を有する宗教である前に、まず何よりも個人的な霊性の道であり、万人が理解できる自己超越の倫理である。キリスト教がローマ帝国の国教となったとき、キリストのメッセージは大きく歪められたが、前述のようにルネサンス期以降、世俗的ユマニスムの形で部分的に蘇ることになった。福音のメッセージは思想闘争に敗れるどころか、人々が思っているよりはるかに、非宗教化した一般社会に浸透している。今日の西洋では、キリストの霊的な教えは個人の問題として捉えられている。人々の心を動かしているのは、キリスト教の教義や公の礼拝よりも、人としてのイエスであり、彼が残した言葉なのである。

キリストの哲学がもたらした革命は真の衝撃波を生み、人類史を大きく変えることになった。だが、変革はまだ終わっておらず、その波はおそらく広がり続けるだろう。それほど人間の尊厳、平等、人類愛という倫理の大原則は実行しがたく、ただの空疎な言葉になっている場合が少なくない。ヴィクトル・ユゴーが十九世紀の信仰者らしく、「イエス・キリストの聖なる教えは、我々の文明を導いてはいるが、未だ深く根を下ろしていない(5)」と言っているが、まさにその通りである。

最後にひとつ、キリスト教は今後どうなるかという問題を超えて、私が深く確信していることがある。それは信仰者と無信仰者を隔てている壁を乗り超え、広い視野で今日、ユマニスムを再構築する必要性である。そのために肝要なのは、我々が受け継いできたユマニスムの遺産を受け入れ、学び直すこと、それによって我々の歴史と和解することである。言い換えれば、古代ギリシャとユダヤ教から始まり、キリスト教を経て近代啓蒙思想に至った歴史を、深く知ることである。西洋が誇る確固とした価値観に根ざすことで、異なる文明圏で異なる歴史を経ながら、同じように人間の尊厳を重んじてきた人々と、実りある対話をすることが可能になるだろう。

今日の世界は、宗教にありがちな排他的狂信、全体主義的な社会ビジョン、そして物質中心の消費社会による非人間化など、さまざまな脅威に晒されている。このような世界で求められているのは、何よりも人格の尊厳と内心の自由を大事にする人々であり、そういう人々を繋ぐ新しいユマニスムの高まりではないだろうか。

謝辞

『宗教の世界』誌主筆のジェナーヌ・カレ・タジェール、神父であり哲学者であり永遠の友であるサミュエル・ルヴィロワの両氏に、数々の的確な指摘をいただいた。ここに記して謝意を表したい。共感する部分は言うまでもなく、意見が衝突することも多々あったが、二人のかけがえのない助力なしには、この本が日の目を見ることはなかっただろう。また、遠くから支えてくれたパトリック・ミシェル氏に、熱い感謝の気持ちを捧げる。この作品を推敲するにあたり、彼との刺激に満ちたやり取りに大いに感化された。

著者のウェブサイトは　http://www.fredericlenoir.com

原註

序

（1）一九二八年に書かれたフロイトの文章をJ・B・ポンタリスが仏訳し、『カラマーゾフの兄弟』（フォリオ叢書、ガリマール）の中で公表したもの。この後の小説の抜粋文は、アンリ・モンゴー訳の同書の本文から引用した。
（2）『キルケゴール全集』第十九巻（ロラント、パリ、一九八二）の『二十一の論説（Vingt et un articles）』、四一頁。
（3）同書、五五頁。
（4）同書、七八頁。
（5）同書『瞬間（L'instant）』、二九四頁。
（6）同書、二一〇頁。
（7）同書、四五頁。
（8）同書、一九九頁。
（9）同書、一七九頁。
（10）同書、一四五頁。
（11）J・エリュール『キリスト教の崩壊』（スイユ、パリ、一九八四）、九頁。
（12）M・ゴーシェ『脱魔術化』（ガリマール、一九八五）。
（13）『ルナの神託（L'Oracle della Luna）』（アルバン・ミシェル、二〇〇六）。

第一章

（1）ドイツのこの流派の誕生とその思想のフランスへの伝播については、ダニエル・マルグラ『ナザレのイエス、謎への新しいアプローチ（Jésus de Nazareth, nouvelles approches d'une énigme）』（ラポール・エ・フィード、一九九八）を参照のこと。

（2）モーリス・ゴゲル『イエス（Jésus）』（パリ、一九五〇）、一四七頁〔出版社不明〕。

（3）ジョン・メイヤー『イエスという名のユダヤ教徒（Un certain juif Jésus）』（セルフ、二〇〇六）。「彼を人と呼ぶべきであれば」という挿入文の信憑性については、かなり疑いが持たれているようである。我々が読んでいる翻訳版のとおりに、ヨセフスが次の文章を書いたとは考えられない。「なぜなら彼は、復活して三日後に彼らの前に現われたからだ。彼に関しては神聖な預言者たちが、復活のことや無数の奇跡のことを告げ知らせていた」。

（4）フラウィウス・ヨセフス『ユダヤ古代誌』一八巻六三―六四節〔秦剛平訳、筑摩書房、全六巻〕。

（5）同書二〇巻二〇〇節。

（6）タキトゥス『年代記』一五巻四四章〔国原吉之助訳、岩波文庫、全二巻〕。

（7）小プリニウスの手紙九六〔『プリニウス書簡集』、国原吉之助訳、講談社〕。

（8）この「忘れられた」一節は一九二〇年代の中頃、ヨーゼフ・クラウスナーにより銘句として引用された。クラウスナーはタルムードの専門家で、歴史的イエスについて多くの研究論文を書いている。この一節の信憑性を裏づけたのがグラハム・スタントン（『福音の言葉（Parole d'Évangile?）』（セルフ・ノバリス、一九九七）である。彼はこの一節を、ユダヤ教徒トゥリフォンとキリスト教徒ジャスティンの間で、一六〇年に行なわれた議論の文言と比較対照している。ジャスティンはその中で「彼らはその人が魔術師であり、民衆を惑わしているとはばかることなく主張した」と明記している（ジャスティン『対話』六九章七節）。

（9）放射性炭素年代測定法によれば、クムランの洞窟で一九四七年以降に見つかった写本群は、紀元前二世紀からその後二百年の間に書かれたものが圧倒的多数を占める。紀元一世紀に書かれたものは一つもない。

(10)『反異端（Contre les hérésies）』三巻一章一節。
(11)『教会史』三巻三九章一五節〔秦剛平訳、講談社、全二巻〕。
(12)一八〇年頃、リヨンの司教イレニウスが、制作された四福音書の存在を確証している。彼はそれを、唯一の福音を支える四本の支柱にたとえ、「教会の支柱であり土台である」と書いている。ヨハネ黙示録は最後の書で、その正典性は四世紀に認められた。
(13)『トマスによる福音書』（『トマスによるイエスの幼時福音』とは別）については、グラハム・スタントンの『福音の言葉（Parole d'Évangile?）』一〇九―一一九頁（セルフ・ノバリス、一九九七）を参照。
(14)ジャック・シュロッセはジョン・メイヤーに続いて、この基準を扱う難しさを強調している。一九五〇年代には最も重要視されていた基準だが、適用しすぎると、イエスをユダヤ人のルーツから切り離す結果となる。それでもこの「強烈な独創性」という基準は、現代の聖書解釈の基本であることに変わりはない。
(15)これはエジェジップが直接聞いた話ではなく、言い伝えられてきた話を、エウセビオスが四世紀に『教会史』（三巻三二章一―二節）の中で引用したものである。
(16)『ユダヤ古代誌』一八巻一一六―一一九節。
(17)イエスが行なった奇跡に関してより詳しく調べるには、グザヴィエ・レオン＝デュフールの『新約聖書によるイエスの奇跡（Les Miracles de Jésus selon le Nouveau Testament）』（スイユ、一九七七）を参照。
(18)イエスが亡くなったのは、ユダヤ暦のニサン（太陽暦の三―四月）十四日金曜日、過越祭の前日である。年代は三〇年か三三年がもっとも可能性が高い。その年はポンシオ・ピラトの統治下にあり、過越祭がちょうどニサン十五日に当たっていた。
(19)『ナザレのイエス』（一九三三年版）、五一四頁。
(20)最も古い時代に書かれたマルコ福音書には、イエスの三回の出現を手みじかに語った補遺（一六章九―一九）が加えられている。歴史家たちは、これが二世紀の加筆であるというのは「本当らしい」としている。マタイは墓を訪れた女たちの前に出現したのを含めて、二度の出現のことしか語っていない。いちばん後に書かれたヨハネ福音書は、四回の出現を長々と描写しており、「ほかにも多くのしるし」（二〇章三〇）があったと付け加えている。

(21)「主」という言葉はイエスの時代、異なる二つの意味合いで用いられていた。ユダヤ教徒にとっては神を指し示す語であり、ローマ人にとっては皇帝に与えられた称号の一つだった。

第二章

(1) ルネ・ジラール『暴力と聖なるもの』（古田幸男訳、法政大学出版局、一九八二）、『世の初めから隠されていること』（小池健男訳、法政大学出版局、一九八四）。

(2) ルネ・ジラール『躓きの石となる人―マリア・ステラ・バルベリとの対話―（Celui par qui le scandale arrive, entretiens avec Maria Stella Barberi）』（アシェット・リテラチュール、パリ、二〇〇一）、一〇三頁。

(3)「孟子における人類の美徳について」、『英知の書（Le Livre des sagesses）』（共著、F・ルノワール、Y・T・マスクリエ監修、バイヤール、二〇〇五）、一五二七頁。

(4) 聖ジェローム『書簡』七七章六節。

(5) ディオゲネス・ラエルティオス『哲学者列伝』五章二一節。

(6) セネカ『善行について』第二巻一章一節。

(7) ミドラーシュ・シフラー（レビ記）一九章一八節。

(8) フィロン『徳について（De Virtutibus）』一〇三章。

(9) キケロ『国家論』三章二二節。

(10) セネカ『幸福な人生について』三章三節。

(11) エピクテトス『要録』一七章。

(12) セネカ『善行について』一巻二章四節。

(13) キケロ『義務について』一巻三〇章一〇七節。

（14）エピクテトス『談話集』三巻一章一節。

第三章

（1）フラウィウス・ヨセフス『自伝』二章一一節（秦剛平訳、山本書店、一九七八）。

（2）アラム語のアッバ（abba）という言葉は、ギリシャ語圏も含めたすべてのキリスト教徒が、初期の頃から祈りの中で用いていた。研究者たちは一致して、この意外な慣例は、イエスが作り出した伝統を守ろうとする意思の表われと見なしている。

（3）一世紀末まで、「ラビ」という称号は学識のある人々に、敬意を表わすしるしとして与えられていた。現在の意味を持つようになったのは、七〇年に神殿が崩壊した後、ヤムニアに亡命した霊的指導者、ヨハナン・ベン・ザカイの推進力で、ラビ的ユダヤ教が形成されてからである。

（4）エチエンヌ・トロクメは、パウロがゼロテ党員だったという説の主要な支持者である。パウロのキリスト教徒に対する苛烈な迫害はもちろん、彼が「秘密結社に対する忠誠の誓いを破った」かのように、ユダヤ人グループから二度殺害されかかったことも、ゼロテ党との関わりによって説明がつくという。『キリスト教の揺籃期（L'Enfance du christianisme）』（ノエジス、一九九七）、八一―八二頁参照（加藤隆訳、新教出版社、一九九八）。

（5）『ユダヤ古代誌』（二〇巻九章一節）でフラウィウス・ヨセフスは、「キリストと呼ばれたイエスの兄弟でヤコブと名乗る人、ならびに他の何人か」が、サドカイ派の人々によって死刑にされ、それがエルサレムのユダヤ人たちに反感を抱かせたと語っている。

（6）今日まで伝えられたヘラクレイトスの数少ない断章は、三世紀にディオゲネス・ラエルティオスがその著書に書き残したものである。彼が著した『哲学者列伝（Vies, doctrines et sentences des phiolosophes illustrés）』は、古代ギリシャの哲学者たちの人生と作品と、彼らが生み出した学説のアンソロジーである（『ギリシャ哲学者列伝』全三巻、加来彰俊訳、岩波文庫）。

（7）クレメンス『教育者』一巻五章、一巻八章。

（8）『プラクセアス反論または三位一体論』一。テルトリアヌスはこの書簡の中で、父と子と聖霊の関係についての神学論を練り上げた。その内容はキリスト教の信仰宣言に引き継がれている〔『キリスト教教父著作集』第一三巻、土岐正策訳、教文館〕。

（9）『ヤコブ原福音書』は数多くの言語に翻訳（全訳または抄訳）されて、広範囲に影響を及ぼした。古代シリア語をはじめとしてコプト語、ラテン語、アルメニア語、エチオピア語、さらにアラブ語の訳本も見つかっている。

（10）ペトゥルスの手紙、四章一二―一三節。

（11）アンティオキアの聖イグナティオスのローマ人への書簡。

（12）同じくスミルナ人への手紙。

（13）この表明はキリスト教信仰の基盤を築き、三二五年のニケア公会議の信条でも、これとほぼ同じ文言がくり返されている。

（14）アンミアヌス・マルケリヌス『歴史』三三巻五章四節。

（15）『雅歌講話』における『子と聖霊の神性について（De deitate Filii et Spiritus Sancti）』四六章五五七節〔大森正樹訳、新世社、一九九一〕。

第四章

（1）『コンスタンティヌス帝在位三十周年祭頌辞（Triakontaeterikos）』五章五節。

（2）『ディダケー』四章六―七節。

（3）この表現はテルトゥリアヌスの『護教論』（三九章七―八節）で、はじめて用いられた。

（4）スルピキウス・セウェルス『対話（Dialogues）』四〇四。

（5）ヨハネス・クリゾストモス『彫像についての宗教講話（Homélies sur les statues）』二一章一三節。

（6）『告白』八巻八章一九節。
（7）この数字はトゥールのグレゴリウスが著した『フランク族の歴史』（二巻三一章）に記載されていたもの。
（8）『神曲』地獄篇、第一九歌。
（9）『教皇令』九条、一二条、二七条。
（10）ブロニスワフ・ゲレメク『絞首刑か貧困か—中世から今日に至るヨーロッパと貧民たち—（La Potence ou la pitié, l'Europe et les pauvres du Moyen Age à nos jours）』（ガリマール、一九八六）九頁〔『憐れみと縛り首—ヨーロッパ史のなかの貧民—』早坂真理訳、平凡社、一九九三〕。
（11）第三ラテラン公会議、決議第一八条。
（12）『ファウストゥス論駁』仏訳はドゥヴォワル神父、『聖アウグスティヌス全集』（M・ロー監修、ゲラン、一八六九年）二二巻七一章。
（13）前掲書二二巻七二章。
（14）前掲書二二巻七四章。
（15）前掲書二二巻七六章。
（16）聖アウグスティヌス『書簡』一八五。
（17）テルトゥリアヌス『慎みについて』二一a。
（18）『神学大全』（第）二・二部一一問（題）三項。
（19）ラス・カサス『インディアスの破壊についての簡潔な報告』（ミル・エ・ユヌ・ニュイ、一九九九）一五頁〔染田秀藤訳、岩波文庫〕。
（20）バリャドリッド論争の全文は『ラス・カサスとセプルベダの論争—ネストル・カプデビラによる序文—（La Controverse entre Las Casas et Sepulveda）』（ヴラン、二〇〇七）参照。
（21）同右。

第五章

（1）ジョヴァンニ・ピコ・デラ・ミランドラ『人間の尊厳について』（エディション・ドゥ・レクラ、パリ、一九九三）、九頁。

（2）エラスムスの主要な教育論から引用した箴言。あらゆる教育者に有益で、再読に値する教育論であろう。「子供たちにはごく早い時期から自由な教育（自由人にふさわしい教育）を施さなければならない」という格言もある。

（3）『キリスト教兵士提要』、エラスムス著作集四（ブキャン叢書、ロベール・ラフォン、パリ、一九九二）、五六一頁。

（4）『ヴォルツ宛の手紙』、エラスムス著作集四、六三二頁。

（5）近代世界における宗教問題については、すでにF・ルノワール『神の変容（les Métamorphoses de Dieu）』（プロン、パリ、二〇〇三、およびアシェット・リテラチュール、二〇〇五）で論じており、そこで詳述したいくつかのテーマを、この章と次章で再度取り上げている。

（6）『啓蒙とは何か』（フォリオ叢書、ガリマール、パリ、一九九六）、三三頁。

（7）イマヌエル・カント『歴史哲学』（オビエ、パリ、一九四七）、八三頁。

（8）ヴォルテール『哲学辞典』の「寛容」（GFフラマリオン、パリ、一九六四）、三六八頁。

（9）ヴォルテール『寛容論』（GFフラマリオン、パリ、一九八九）、一〇七頁。

（10）ロック『寛容書簡』（GFフラマリオン、パリ、一九九二）、二〇六頁。

（11）ヴォルテール『哲学辞典』の「無神論」（GFフラマリオン、パリ、一九六四）、五六―五七頁。

（12）これらの引用文の出典はフォイエルバッハ『キリスト教の本質』（テル叢書、ガリマール、パリ、一九六八）、一三〇、一三五、一四三―一四四、一五三頁。

（13）マルクス『ヘーゲル法哲学批判序説』（一八四四）。G・バディア、P・バンジュ、E・ボッティジェリによって翻訳された名文選『カール・マルクス、フリードリヒ・エンゲルス　宗教について』（エディシォン・ソシアル、パリ、一九六八）、四一―四二頁からの引用。
（14）フロイト『ある幻想の未来』（カドリージュ叢書、PUF、パリ、一九九五）、四四頁。
（15）フロイト／ユング『往復書簡集』（ガリマール、パリ、一九九二）、三七二頁。
（16）『ある幻想の未来』前掲書、三〇―三一頁。「Hilflosigkeit（無援）」という語の訳は、前掲書の訳者が用いている「désaide（悲嘆に暮れること、精神的混乱）」よりも、「désemparement（途方に暮れること、茫然自失）」の方がふさわしいと思い、この訳語を用いた（和訳はドイツ語の方に近い「よるべなさ」とした）。
（17）『ある幻想の未来』前掲書、五〇頁。

第六章

（1）『神の変容（les Métamorphoses de Dieu）』（プロン、パリ、二〇〇三、およびアシェット・リテラチュール、二〇〇五）。近代における宗教について述べたこの書の内容（数頁分）を、ここで再び取り上げている。
（2）前掲書、五五頁。
（3）ジャン・ボベロ、セヴリーヌ・マティウ『英国とフランスにおける宗教、近代性、文化（Religion, modernité et culture au Royaume-Uni et en France）』（ポワン・イストワール叢書、スイユ、パリ、二〇〇二）、六一頁に引用された文章。
（4）ローザ・ルクセンブルク『教会と社会主義（Kirche und Sozialismus）』（一九〇五）。『国際主義と階級闘争（Internationalismus und Klassenkampf）』（ルフターハント、ノイヴィート、一九七一）、四五―四七頁および六七―七五頁。
（5）『悦ばしき知恵』第一二五番。
（6）同書、第三五七番。
（7）『経済と社会』（プロン、パリ、一九七一）、四七三頁。

（8）『経済史』（ガリマール、パリ、一九九一）、三七九頁。

（9）『古代ユダヤ教』（プロン、一九七〇）、二〇頁。

（10）ジャン＝ポール・ヴィレーム、ダニエル・エルヴュ＝レジェ共著『社会学と宗教への古典的アプローチ（Sociologies et religion, approches classiques）』（PUF、パリ、二〇〇一）、一〇一頁。

（11）マックス・ウェーバー『プロテスタンティズムの倫理と資本主義の精神』（フラマリオン、パリ、二〇〇〇）、三〇一頁。

（12）『ストロマティス』第六巻八。

（13）バーナード・コーエン『アイザック・ニュートン――自然哲学についての論文と書簡（Isaac Newton : Papers and letters on Natural Philosophy）』（ハーバード大学出版局、ケンブリッジ、一九五八）、二八四頁。

（14）『世界の脱魔術化』（ガリマール、パリ、一九八五）、一一頁。

（15）リュック・フェリー『生き方を学ぶ―若い世代のための哲学概論―（Apprendre à vivre. Traité de philosophie à l'usage des jeunes générations）』（プロン、二〇〇六）、七五頁。

（16）「ディニタティス・フマネ〔「人間の尊厳」〕―信教の自由に関する宣言―」二。

（17）同右一（序文）。

（18）「ノストラ・エターテ〔「我々の時代」〕―キリスト教以外の諸宗教に対する教会の態度についての宣言―」二。

（19）「ルーメン・ジェンティウム〔「諸国民の光」〕―教会に関する教義憲章―」八。

（20）教皇庁教理省「教会論のいくつかの側面に関する問いに対する回答」。

（21）「紀元二〇〇〇年の聖年の準備についての使徒的書簡」、一九九四年十一月十日公布。

（22）同書簡、第三五節。

第七章

（1）ピエール・ブレション『宗教の進化（L'évolution du religieux）』、「フュテュリーブル」誌（二〇〇一年一月号）『信仰世界（L'univers des croyances）』に掲載。
（2）隔月誌『宗教の世界（Le Monde des religions）』（二〇〇七年一―二月号）に発表されたＣＳＡ〔フランスの調査機関〕のアンケート結果。
（3）マルセル・コンシュ『ある哲学者の告白（Confession d'un philosophe）』、アンドレ・コント＝スポンヴィルへの反論（アルバン・ミシェル、二〇〇三）、一六五頁。
（4）『神の変容』前掲書。
（5）一九九九年の調査「ヨーロッパ人の価値観」。
（6）西欧九カ国で行なわれたアンケート調査で、「フュテュリーブル」誌、二七七号（二〇〇二年七―八月号）に掲載された。一三四頁。
（7）ギャラップ調査。
（8）註（2）参照。
（9）「リーダーズ・ダイジェスト」誌から欧州十四カ国の国立研究所に依頼された二〇〇五年の調査結果。
（10）ポーランド九七％、ポルトガル九〇％、ロシア八七％、オーストリア八四％、スペイン八〇％、スイス七七％、フィンランド七四％、ハンガリー七三％、ドイツ六七％、イギリス六四％、フランス六〇％、ベルギー五八％、オランダ五一％、チェコ共和国三七％。
（11）註（9）参照。この質問に対する回答では、各国が以下の通りパーセンテージを下げている。ポーランド八一％、オーストリア六七％、スイス六四％、スペイン六〇％、イギリス五八％、ポルトガル五七％、ロシア、フィンランド五一％、オランダ四五％、フランス、ドイツ、ハンガリー四三％、ベルギー三七％、チェコ共和国三六％。
（12）註（2）参照。

(13) 欧州評議会の議員会議によって二〇〇七年六月二十九日に採択された文書、勧告　第一八〇七条。
(14) 二〇〇六年と一九九二年のギャラップ調査。
(15) 二〇〇七年一月のギャラップ調査。
(16) 二〇〇六年のギャラップ調査。
(17) 註（2）参照。
(18) 大グレゴリオ『書簡摘要』一一番一〇。
(19) ミシェル・オンフレ『無神学概論』（グラッセ、パリ、二〇〇六）、七〇頁。
(20) 同書、二五九頁。
(21) ニーチェ『権力への意志』（リーヴル・ドゥ・ポーシュ一五一）、一六六頁。
(22)『生き方を学ぶ（Apprendre à vivre）』前掲書、二七五―二七六頁。

むすび

(1) エティエンヌ・ド・ラ・ボエシ『自発的服従（Discours de la servitude volontaire）』（ヴラン、パリ）。
(2) 本書で取り上げている聖句は、フランス語の『エルサレム聖書』からの引用であるが、この一節には私の判断で変更した訳語が一つある。それはギリシャ語の「agapé（アガペー）」の訳語で、私は「charité（チャリティー）」の代わりに「amour（愛）」という語を用いた。「チャリティー（博愛、慈愛）」という語は言外の意味を含みすぎており、今日では「慈善活動」を指すことが多いため、パウロが「アガペー（神から来ている愛を意味する）」という語で言わんとしたものを表現するのに適さないからである。余談になるが、エルサレム聖書学院の創立者であるドゥ・ヴォー神父が、ダヴィド・ベン゠グリオン（イスラエルの政治家、初代首相）に聖書の訳本を贈呈したとき、「アガペーという語は愛と訳した方が良かったのではないか」と、正直な感想を述べていたらしい。同意見の人は多い。
(3) ディートリヒ・ボンヘッファーの晩年の思想は、彼の獄中書簡から知ることができる。書簡集は『抵抗と服従（Résistance et soumission）』（ラボール・エ・フィード）という表題で一九五一年に出版された。

（4）マルセル・ゴーシェ『世界の脱魔術化』前掲書、一五七―一七〇頁。

（5）ヴィクトル・ユゴー『レ・ミゼラブル』第一巻、第五部九章。

訳者あとがき

本書はフレデリック・ルノワール著 *Le Christ philosophe*（哲学者キリスト）の全訳である。キリスト教の始祖であり、救い主と信じられてきたキリストを、著者は「哲学者」と呼び、あえてそれを表題にしている。私はこの大胆な表題に驚くと同時に、そこに挑戦的な姿勢を感じ、興味を引かれた。イエスの神性と三位一体の教義を掲げるキリスト教会や、定説を崩したがらない人々にとって、これは許容しがたいタイトルだろう。著者は反論があることは承知の上で、人間としてのイエスとその哲学を前面に押し出したのである。そうすることで伝統的キリスト教に、いわば挑戦状を突きつけたとも言える。

その理由は何か。論争を仕掛けるためでも世論を煽るためでもないことは、本文を読めばわかる。結果的に批判を浴びることになったとしても、著者には身を賭して訴えたいことがあったのである。強大になったキリスト教組織が、長い歴史を経る間に腐敗し、キリストの教えとはかけ離れた蛮行愚行を重ねたことは、決して看過できない。その問題は本書でも大きく取り上げられ、厳しく批判されている。しかし、ここで何よりも重大だとされるのは、教会組織が

「霊魂の益のために」といって、人々の良心の自由を侵したこと、愛の名において非道な行ないをし、自らを正当化するために、キリストが説いた倫理的価値観を覆したことである。この「道徳的倒錯」が何世紀ものあいだ続いたために、著者が「キリストの哲学」と呼んでいる愛、自由、平等などの普遍的倫理は、長く理解されずに埋もれることになった。それを明らかにすることで、著者はキリストの倫理の真の価値を浮き彫りにし、その現代的意義を示そうとしている。

周知のように、千数百年にわたりキリスト教圏として安定しているかに見えた西洋で、キリスト教は危機的状況に陥っており、人々のキリスト教離れが進んでいる。その兆候が現われてすでに久しく、これについては著者も第七章で詳述している。かつて国民の九〇％以上がカトリック教徒だったというフランスでは、公共の場から徹底的に宗教を排する政教分離法の影響もあり、社会の世俗化、脱キリスト教化が特に著しい。そういう背景があればこそ、こういう題のこういう本が生まれてきたのである。

「序」で著者は、「私が読者に何よりも伝えたかったのは、キリストのメッセージのこの上ない普遍性、信者の集まりや教理問答の枠〔宗教の枠〕をはるかに超えた叡智である。そのことを作品のタイトルでわかってもらうには、キリストを哲学者として紹介した方がいいと思ったのである」と書いている。そこには、社会の要請に応じようとする著者の、物書きとしての戦略も感じられる。キリスト教を語る時に考慮すべきことは、教会からの批判よりも教会に対する批判であり、またキリスト教において憂慮すべきは、批判よりも無関心の蔓延だと考えている。

では、日本ではどうか。キリスト教は、信徒数が国民の一％といわれるマイナーな宗教であり、しかも仏教、儒教、神道以外の宗教に対しては、総じてマイナスイメージが強い。これは、キリシタン迫害が尾を引いているからか、唯物論や共産主義思想の影響か、それとも単に一神教が肌に合わないからか。ともかく日本人は、西洋文化を積極的に取り入れておきながら、それを生み出したキリスト教には共感を示さなかった。カトリックもプロテスタントも、さまざまな形で入って来たが普及しなかった。そういう事情を考えると、キリストを哲学者として紹介するのは、かえって良さそうである。日本には残念ながら、哲学は難解で退屈だという先入観もあるが、著者のいう「キリストの哲学」はむしろ東洋的な人生哲学に近く、きわめて平易に解説されているので、本書の衝撃と面白さは、日本の読者にも充分に伝わるはずだと信じている。

フレデリック・ルノワールは、雑誌『宗教の世界』の編集長を務めるかたわら、哲学、宗教学、社会学、文芸など幅広い分野で活躍し、フランスで今もっとも注目されている思想家・著述家の一人である。今年初めに邦訳刊行された『人類の宗教の歴史』（トランスビュー、二〇一二）を読むと、彼がキリスト教のみならず世界の諸宗教に精通するとともに、そこに共通する宗教の本質をよく捉えていることがわかる。広範にわたる知識の豊富さ、全体を包括する鳥瞰的な視点、史実に立脚した実証的考察、それでいて通説にとらわれない独自の見解、とくに歴史解釈の新しさ、そして多くの情報を簡潔にまとめるジャーナリスティックな筆致は、ルノワールの著書に共通して見られる特徴である。天性のものにせよ努力して獲得したにせよ、彼の並はずれた力量には、どの本を見ても驚かされる。

ルノワール自身の宗教について言えば、自称クリスチャンであるが、そこに至るまでの道は決して平坦ではなかった。「むすび」で語られたサマリアの女のように、多くの疑問を抱えて、「真実の宗教は何か」を問い続けてきた人であろう。それゆえ、自身の宗教こそが正しいと主張し、他の宗教の価値を認めない偏狭さや狂信的態度、宗教にありがちな全体主義的、原理主義的な傾向を、とりわけ厳しく戒めている。

「むすび」で彼は、「何よりも重視されるべきは、人間の中にある良心、真理を求める自由な良心の働きである……〔キリストは〕まったく新しい宗教観を打ち立て……どんな所でも、良心を通して神と直接つながっていることが、最も重要だと説いたのである」と力説している。昨年フランスで出版された『神』（仮題、春秋社より刊行予定）では、「そういうキリストに結びついている〔少なくとも彼はそう信じている〕点で、たとえ異端視されていても、自分はクリスチャンであると思う」と言っている。フランス語のchrétienは、ここではクリスチャンと訳し、本書ではキリスト教徒と訳したが、「キリストの弟子」という訳語が、彼には最もふさわしい気がする。

ルノワールはフランスでカトリックの教育を受けて育ったが、キリスト教にはほとんど関心がなく、むしろ反発していたという。人生に疑問を持ちはじめる十六歳頃から、哲学書や文学書を読みあさり、諸宗教に答えを求めた彼が、最初に出会った人生の師はソクラテスであり、次がブッダである。そして十九歳の時、たまたま読んだ『ヨハネ福音書』に強い衝撃を受け、それがキリストとの出会いのきっかけとなった。『ソクラテス・イエス・ブッダ』（柏書房、二〇一一年）で述べているように、彼はこの三賢者のメッセージに共通の普遍的倫理を見出している。その後、スイスの大学で哲学の勉強を続けるとともに、チベットのラマ僧のもとで瞑想修行をしたり、インドの修道院付属のらい病院で働いたり、またカトリックの修道院で三年近く清貧生活を送ったりと、さまざまな宗教的実践を積んだ。さらに、働きながら社会科学高等研究院で仏教の研究をし、『仏教と西洋の出会い』（トランスビュー、二〇一〇）で博士号を取得している。このような精神遍歴を知ると、自身の心の欲求に従って積み上げてきた研究と体験が、その著書によく活かされていることがわかる。

それゆえ、彼が本書を書いたのも、宗教を否定するためではないことは明らかである。キリスト教の揺籃期（第三章）から円熟期（第四章）を経て、近・現代（第六章）に至る長い歴史を、主要な史実を網羅しながら簡明に解説しているのは、多くの人にキリスト教を正しく知ってほしいからである。また欧米に、ひいては世界中に計り知れない影響を及ぼし、欧米人および欧米化した国の人々に深く浸透しているキリスト教の思想を、固定観念や偏見なく見つめ直してほしいからである。ヨーロッパに住んでいても、同じ様式の大聖堂が各地にある理由を知らない人もいるし、キリストが誰なのかを知らない人さえいるという。学校で教えなくなったキリスト教は、宗教として十分な役割を果たせなくなっているのだ。著者がその現状と未来を憂えていることは、本書の端々から感じられる。

さて、ここで本書の中心テーマを取り上げておく。大まかに言って二つあるこのテーマは、著者がくり返し強調し、非常に独創的で注目すべき内容である。

一つめは、今日では社会的倫理と思われている人間の尊厳、個人の自由、万人の平等、非暴力などの諸原理が、キリストの教えである普遍的倫理から生まれたということ、それが土台となって、後に民主主義と人権が確立したということである。言い換えれば「キリストの哲学」の中に、「近代社会の大原則が早くも明示されていた」ということだ。革命的なキリストの教えは、それまで支配的だった考え方や価値観を根底から覆すものであり、また当時としてはとっぴで新しすぎたために、その真の意味と価値は理解されず、長い間闇に葬られることになった。

ところが、西洋社会を支配する教会権力への反発から、ルネサンスと啓蒙主義が起こったとき、福音書の教えが復活することになった。古典古代を発見したユマニストたちが、キリスト教の信仰を保ち、古代ギリシャの叡智と合致するキリストのメッセージに則って、教会の悪弊を批判したからである。そして個人の解放を訴え、世俗的道徳を打ち立てようとした啓蒙思想家たちも、意識的・無意識的に、キリストの教えである人間の尊厳や個人の自由をよりどころとした。「もはや教会の扉を通って人々に届けられることが難しくなっていた」キリストの倫理は、「ルネサンスのユマニスムと啓蒙思想の窓を通って戻ってきた」わけである。

二つめは、批判的理性、個人の自律、進歩思想、政教分離を主たる要素とする近代性が、なぜ西洋キリスト教社会でのみ誕生し、成熟し得たのか、それにもかかわらず、そうして生まれた近代世界が、キリスト教と対立する結果になったのはなぜか、ということである。著者の巧みな表現を借りれば、「キリスト教を母胎として……長い成熟の過程を経て、はじめて発展し得た」近代性は、その後「胎内から解き放たれると母胎に背を向け、ついには歯向かうように」なったのである。この皮肉な展開は、一つめのテーマと深い関わりがある。そこで大きな役割を果たした啓蒙思想家たちが、「倫理道徳の基盤を、神ではなく人間の理性におくという一大転換」を生じさせたからである。近代人は進歩に対する強い信念をもち、理性という普遍的な道具を頼みにして、キリスト教から飛び立ったわけだが、進歩という概念の発達も、合理性を追求する理性の発達も、ユダヤ・キリスト教によって促され、可能になったものである。

この二つは著者が提唱した新説ではないが、西洋の歴史を踏まえてこの説を検証し、詳しく解説したのは、ルノワールの本書がはじめてだろう。歴史を動かした主要な思想家たちの言説を、キリスト教の観点から取り上げ、キリスト教と思想史の深い関わりを明らかにするとともに、人類史におけるキリストの影響力の大きさを証明したことは、きわめて注目に値する。

本書にはもう一つ、特筆すべき点がある。それは『ヨハネ福音書』の「サマリアの女」の一節を解説しながら、新しい宗教観を提示していることである。これまであまり関心を集めてこなかったこの一節に、著者は深い意味を読み取り、一見何の変哲もなく思われる「霊と真理《まこと》によって礼拝する」という聖句に、かなり大胆な新しい解釈を施している。それは「人間が神と結ばれるのに、いかなる仲介者も礼拝行為も不可欠ではない」ということ、「神を崇め、愛することとは結局、隣人を愛することにほかならない」ということ、突きつめていえば、神と結ばれて愛の人になるなら、もはや宗教は要らない、ということである。著者はキリストの教えをこう解釈しながら、自身の認識と探究と体験に基づいて確信するに至った、新しい宗教の可能性を説いている。

この本との出会いは、今からおよそ三年前、『チベット真実の時Q&A』(二〇〇九)を刊行した二玄社の前社長、黒須雪子氏が、これに興味を示されたことから始まった。「ルノワール氏が語ったキリスト教ならば、出版する価値がある」と、まわりの反対を押し切って決断してくださったが、半年後、志半ばで病に倒れ、そのまま他界されてしまった。そのため出版中止となったこの本は、あてもなくさまようことになった。キリスト教に関わる人文・思想書の出版が難しいことは知っていたが、これに惚れ込んでいた私は、何としても翻訳したかったし、いつかは出版できると思っていた。それでも、三百ページ近い原書を訳すのは大変な作業だったので、出版社が見つからないことに、ある意味でほっとしていた。そして昨年三月十一日、あの大地震が起こった。揺れ続ける日本列島の上で、明日のことは分からない自分の命を思ったとき、真っ先に頭に浮かんだのが、この本を早く形にすることだった。

トランスビューの中嶋廣氏が救いの手を差し伸べてくださったのは、それから間もなくのことである。この一年、最良の理解者として、力強い励ましの言葉をかけてくださり、数多くの的確な指摘をしてくださった中嶋氏に、この場を借りて深く御礼申し上げたい。また、二章と四章の翻訳に協力してくださった谷口きみ子氏と、行き場を失った翻訳原稿の引取り先を探し、中嶋氏に引き合わせてくださったスタジオ・フォンテの赤羽高樹氏に、心より謝意を表したい。

そして最後に、恩師である故ジャック・ベジノ氏の名をここに挙げておく。イエズス会士であり上智大学仏文科の支柱であられた先生なくして、私には翻訳もキリスト教もなかっただろうし、この本と出会うこともなかっただろう。本書を黒須雪子氏とジャック・ベジノ氏の霊前に捧げたい。

二〇一二年五月

田島葉子

著者紹介

フレデリック・ルノワール（Frédéric Lenoir）

1962年、マダガスカルに生まれる。スイスのフリブール大学で哲学を専攻。雑誌編集者、国立社会科学高等研究院の客員研究員を経て、04年に『ル・モンド』の隔月刊誌『宗教の世界』編集長に就任。宗教学、哲学、社会学から小説、脚本まで多彩な分野で活躍し、フランスの思想界、読書界で最も注目される作家の一人。邦訳に『チベット　真実の時Q&A』（二玄社）、『ソクラテス・イエス・ブッダ』（柏書房）、『仏教と西洋の出会い』『人類の宗教の歴史―9大潮流の誕生・本質・将来―』（共にトランスビュー）などがある。

訳者紹介

田島葉子（たじま ようこ）

1951年生まれ。上智大学外国語学部フランス語学科卒業、同大学院仏文学専攻修士課程修了。75年より主に故ジャック・ベジノ神父の文学、哲学、宗教の論文翻訳に携わる。99年より東京外国語センターのフランス語講師を務める。翻訳書に『利瑪竇―天主の僕として生きたマテオ・リッチ―』（共訳、サンパウロ）、『モリス・カレーム詩集―お母さんにあげたい花がある―』（清流出版）などがある。

哲学者キリスト
二〇一二年 七 月五日 初版第一刷発行
二〇一二年一一月五日 初版第二刷発行
著 者 フレデリック・ルノワール
訳 者 田島葉子
発行者 中嶋 廣
発行所 株式会社トランスビュー
東京都中央区日本橋浜町二-一〇-一
郵便番号一〇三-〇〇〇七
電話〇三（三六六四）七三三四
URL http://www.transview.co.jp
印刷・製本 中央精版印刷 ©2012 *Printed in Japan*

ISBN978-4-7987-0125-7 C1016